山东大学"部校共建"资助出版项目

公共关系学

李欣人　等　编著

山东大学出版社
·济南·

图书在版编目(CIP)数据

公共关系学/李欣人等编著. 一济南:山东大学出版社,2021.1

ISBN 978-7-5607-6864-9

Ⅰ. ①公… Ⅱ. ①李… Ⅲ. ①公共关系学 Ⅳ. ①C912.31

中国版本图书馆 CIP 数据核字(2021)第 011606 号

策划编辑 滕希功
责任编辑 李艳玲
封面设计 泽坤广告

出版发行 山东大学出版社
社　　址 山东省济南市山大南路 20 号
邮政编码 250100
发行热线 (0531)88363008
经　　销 新华书店
印　　刷 泰安金彩印务有限公司
规　　格 720 毫米×1000 毫米 1/16
　　　　 16.75 印张 298 千字
版　　次 2021 年 1 月第 1 版
印　　次 2021 年 1 月第 1 次印刷
定　　价 46.00 元

目 录

第一章 公共关系的本质

随着社会发展,公共关系在社会组织的生存与发展中发挥着越来越重要的作用,逐渐完善成为一门相对独立的学科——公共关系学,并进一步影响和推动着公关社会的形成。作为一门新兴学科,"公共关系"的含义一直众说纷纭。探究公共关系的本质是该学科的核心问题,也是其建立成熟完善的科学体系的关键所在。

第一节 公共关系的含义、结构及其相关学科

长期以来,公共关系的定义一直存在着争论。有学者认为,托马斯·杰斐逊(Thomas Jefferson)在 1870 年第一次提出了"公共关系"的概念;也有人认为,1882 年耶鲁大学毕业生多尔曼·伊顿(Dorman Eaton)在演讲时提出了"公共关系"。但是可以确定的是,自从 1897 年"美国铁路协会"出版的《铁路年鉴》中出现这一名称后,"公共关系"一词便大受欢迎。美国著名公共关系学者莱克斯·哈罗(Rex L. Harlow)博士就曾收集到 472 个有关公共关系的定义。公共关系学作为一门新兴学科,直到 20 世纪以后才逐渐发展成熟,短暂的发展历史和较强的边缘性特征使学者很难对其有一个统一的定义。

20 世纪初,西方经济集团把公关作为维护自身利益的工具,以此对抗政府与记者。此阶段着重关注对舆论的反击,认为公共关系是为了获得公众的理解与好感而进行的社会舆论控制与社会局势诱导活动。在为公共关系的诞生提供"温床"的时代,负责揭发丑闻的新闻记者受到防御性新闻的反击,西奥多·罗斯福(Theodore Roosevelt)和伍德罗·威尔逊(Woodrow Wilson)在此时期通过公共关系加大了宣传力度,推动了对国家影响深远的政治改革,单向

“劝服型”传播就此占据主导地位。

第二次世界大战开始后数十年间，双向传播与互动的观念开始受到重视，公共关系开始作为一种交互式的过程为大众所理解，互利观念凸显。互利的基本假设在于：组织利益与公众利益越是趋于一致，越能够满足公众的利益，越能获得公众的认同，越有利于组织的发展壮大。公共关系从单向报道演变为双向沟通，意味着组织不仅要通过单向说服来维护自身利益，而且还要兼顾公众需求，进行双向交流。《韦伯斯特国际新词典》将公关概念定义为“发展相互理解和善意的科学或者艺术”。而在《有效的公共关系》中，斯科特·卡特里普(Scott M. Cutlip)则表示公共关系是“基于令人满意的双向传播，通过良好的特性和负责任的表现，有计划地影响意见的努力”。

20世纪30年代后，哈伍德·蔡尔兹(Harwood L. Childs)提出了有关公共关系协调组织行为的概念，认为公共关系可以帮助组织适应环境，对个体或组织的对社会影响较大的行为进行有利于维护公众利益的协调或调整。这意味着公共关系战略将深入到管理层面。在国际公共关系协会1978年所下的定义中，这一观点被认定为核心内容，该定义强调“给组织领导人提供咨询和实施有计划的行动方案，这种行动方案将服务于组织和公众的共同利益”。

一、公共关系的含义

目前，学界大体把公共关系的定义归纳为以下几种：

(一)管理职能论

管理职能论认为公共关系是一种管理职能。公共关系是社会组织对社会公众的一种有目的的传播与沟通活动，以此来影响公众的行动，实现组织的目标。因此，公共关系是社会组织的一项重要管理职能，甚至有人将其视为一种新的管理哲学或管理方法。这类定义比较强调公共关系的目标，认为公共关系就是组织实现自己目标的一项重要管理职能。

国际公共关系协会曾给公共关系作过如下定义：公共关系是一种管理功能。它具有连续性和计划性。通过公共关系，公立的和私人的组织、机构借助对舆论的评估，尽可能地协调同自身有关公众的关系，并试图赢得公众对自己的政策和做法的理解、同情与支持，依靠有计划的、广泛的信息传播，赢得更有效的合作，更好地实现组织/机构与公众的共同利益。这个定义鲜明地强调了公共关系的管理职能，其活动形式是“有计划的、广泛的信息传播”，结果是“更好地实现组织/机构与公众的共同利益”。可见，持这种观点的研究者认为，公共关系是一种管理功能。

美国学者斯科特·卡特里普和艾伦·森特(Ailen. H. Center)也认为:公共关系是这样一种管理功能:它确定、建立和维持一个组织与决定其成败的各类公众之间的互益关系。

(二)传播沟通论

公共关系本身带有新闻传播的重要特性。持"传播沟通论"论点的人认为公共关系是社会组织与公众的一种相互沟通方式,强调公共关系是一种信息传播交流活动,即通过运用一定的符号,借助一定的媒介,将信息传递给对方。对方接收到信息后产生一定的反应,也会以一定的信息形式反馈回来。通过这种双向的交流,双方逐渐达到分享信息、相互了解、达成共识的目的。

传播沟通论的关注点在于公共关系的"传播属性",侧重于它在社会组织与公众之间的沟通联系作用。弗兰克·杰夫金斯(Frank Jefkins)认为:"公共关系是由为达到与相互理解有关的特定目标而进行的各种有计划的沟通联络所组成的,这种沟通联络处于组织和公众之间,既是内向的,也是外向的。"[①]可以看出,杰夫金斯是从公共关系的运作特点来考虑的,强调公共关系在运作方式和手段上依赖沟通联络的特点。1981 年出版的《大不列颠百科全书》对公共关系的定义是:"公共关系是旨在传递有关个人、公司、政府机构或其他组织信息,并改善公众对其态度的种种政策或行动。"

(三)社会关系论

持"社会关系论"的人是从社会学研究的角度来分析公共关系,认为公共关系是社会关系的一种类型,可以把公共关系看成是一种社会关系或是处理社会关系的方式和手段,发挥其在社会组织之间、公众之间、社会组织与公众之间沟通、改善关系的作用。

日本学者田中宽次郎表示:"公共关系就是良好的公共关系状态,即与社会保持良好的关系的技术。以企业的经营而言,若不能与外界社会保持良好的关系,就不可能继续经营下去。"[②]

美国普林斯顿大学的希尔兹(H. L. Chils)认为,公共关系是我们所从事的各种活动、所发生的各种关系的统称,这些活动与关系都具有公众性,并且都有社会意义。[③]

---

① 转引自张彩霞、胡蕾、刘晗:《公共关系学》,合肥工业大学出版社 2015 年版,第 5 页。

② 转引自徐白主编:《公共关系教程》,同济大学出版社 2013 年版,第 5 页。

③ 参见廖为建:《公共关系的公共性解读》,《中山大学学报》2005 年第 5 期。

英国公共关系协会对公共关系所作的定义是：公共关系的实施是一种积极的、有计划的以及持久的努力，目的是建立和维护一个机构与其公众之间的相互了解的关系。公共关系是社会关系的一种。

（四）组织形象论

“组织形象论”从塑造形象的角度，揭示公共关系的基本属性，强调公共关系的宗旨是为组织塑造良好的形象。组织形象是组织精神文化的一种外在表现形式，它是社会公众在与组织接触交往过程中对组织的总体印象。持“组织形象论”的人认为，组织形象问题是公共关系理论的核心问题，组织形象概念是公共关系理论概念群中的核心概念。

相似的定义在国内学者的著作中也可以发现。如熊源伟在其主编的《公共关系学》中认为：“公共关系是社会组织为了塑造组织形象，通过传播、沟通等手段来影响公众的科学和艺术。”

（五）现象描述论

美国全国公共关系协会征询了2000多位公共关系专家的意见，从中选出4种有关公共关系的定义，都带有很浓的现象描述色彩。

1. 公共关系是企业管理机构经过自我检讨与改进后，将其态度与改革措施公布于众，借此获得顾客、员工及社会好感的一项工作。

2. 首先，公共关系是一个人或一个组织为获取大众之信任与好感，借以迎合大众之兴趣而调整其政策与服务方针的一项经常性的工作。其次，公共关系是对已调整的政策与服务方针加以说明，以获取大众了解与欢迎的一种工作。

3. 公共关系是一种技术，此种技术旨在激发大众对于一个人或一个组织了解的兴趣并产生信任。

4. 公共关系是企业用以测验大众态度，检查本企业的政策与服务方针是否获得大众的了解与欢迎的一种职能。

此外，还有一些定义更为具体直观、简洁明了，如公共关系就是争取对你有用的朋友；公共关系是一项说服和左右社会大众思维的技术；公共关系是一场信任与爱的运动；公共关系就是讨公众喜欢；公共关系即通过良好的人际关系来辅助事业成功；公共关系是90%靠自己做得对，10%靠宣传；公共关系就是促进善意。

（六）表征综合论

这种观点主要考虑到公共关系的复杂性，采用表征综合的方法来界定公共关系。美国《公共关系》(季刊)详细列举了公共关系的14个表征,认为公共关系是一个完整的职能,公共关系并不制定政策。1978年在墨西哥城召开的世界公共关系协会大会认为,公共关系是一门艺术和社会科学,其实施过程是分析趋势——预测后果——向机构领导人提供意见——开展一连串有计划的活动,以服务于本机构和公众利益。1982年,美国全国公共关系协会采用了"关于公共关系的官方陈述",里面包含了多种研究成果,其陈述成为公共关系学研究的重要依据。

二、公共关系的结构

公共关系的基本结构包括社会组织、社会公众、传播沟通三个要素,其中社会组织是公共关系的主体,社会公众是公共关系的对象,传播沟通是二者的联结。

(一)社会组织

社会组织是公共关系的主体,是公共关系的发起者与主导者。通常我们把社会组织看作人们为有效地实现某一特定目标,按照一定宗旨和制度建立的共同活动群体。斯丁奇·康姆(Stic Com)认为社会组织的形成是为了解决问题而结合更多人的力量,长期来看其建立对人类生存有利,可以减少被对手击败的可能。社会组织通常具备群体性、系统性、目的性、变化性等特点。

(二)社会公众

公众是公共关系传播的对象,公众对公关活动的效果与目标的实现有直接影响,公众评价是评判公关活动成功与否的标准。居延安在《公共关系学》中将公众定义为"任何与社会组织发生直接或间接联系的、正在或将会影响到它的形象塑造和组织目标实现的特定社会群体"①。在具体的公关活动中,斯科特·卡特里普等人认为,从业人员需要抛弃"一般公众"的概念,有效的活动项目是与具体界定的目标公众进行传播和建立相互关系。一般来说,公众具有群体性、共同性、多维性、相关性和互动性等特点。

就公众的定义和特点而言,公众是一个集合概念,它有着广泛的含义和复杂的结构。为界定其含义、剖析其结构,对公众进行科学分类是很有必要的。同时,对公众进行分类可以帮助组织清晰地把握住每一类公众的特征,并且了解和掌握公众舆论变化的趋势。

---

① 居延安:《公共关系学》,复旦大学出版社2005年版,第74页。

（三）传播沟通

公共关系的过程是组织与其公众之间信息传递、信息交流的过程。传播沟通是公共关系的本质特征之一，是区别于组织其他社会关系（如人力关系、财务关系）的主要特征。

传播沟通是公共关系的手段和职能。公共关系传播是通过一定的媒介或载体将传播的信息准确地传递给受传者，同时获得信息反馈的过程。传播的内容、载体是研究公共关系传播的主要内容。此外，公共关系传播也非常重视信息的反馈，只有及时了解行动效果，才能采取措施加以有效控制，保障公关活动顺利进行。同时，公关专业人员在进行传播时应恰当把握传播规律，运用相应的理论及媒介，使公关传播效果最大化。

三、公共关系学与相关学科

公共关系学作为一门边缘交叉性和综合性较强的学科，需要综合运用社会学、心理学、传播学、舆论学、管理学、市场营销学等学科内容知识。为全面系统地了解公共关系学与相关学科的关系，现选取市场营销学、传播学、广告学、管理学加以分析研究。

（一）公共关系学与市场营销学

市场营销中交换关系是核心，而公共关系则关注建立与维持组织与公众之间的传播沟通关系。从整体上看，公共关系学涉及范围广于市场营销学，它广泛适用于各类组织，而市场营销学的主体则是企业。从影响范围来看，市场营销仅限于企业生产流通领域与经济市场领域，但公共关系所涉及的是社会任何一种组织与公众的关系。除企业外，公共关系还涉及政府、学校、医院等各种组织，远远超过了经济领域。公共关系比市场营销有更广泛的社会性，学科应用范围也更为广阔。从目的来看，市场营销的直接目的是销售产品，从而进一步扩大盈利，产生经济效益；公共关系的目的是树立组织形象，产生良好的公众信誉，从而使组织获得长足的发展。从手段来看，市场营销所采用的手段是价格、推销、广告、包装、商标、产品设计、分销等，这些手段都紧紧地围绕着产品销售的目的；而公共关系所采用的手段是宣传或组织各种专题活动，公共关系可以涉及市场营销的各个环节。

公共关系学与市场营销学在一定程度上也存在着联系，主要表现在三个方面：第一，都是商品生产高度发展的产物。公共关系学与市场营销学同为商品经济发展的产物。经济的高速发展加剧了市场竞争，市场营销逐渐成为企业经营的重点;同时,竞争对象由商品逐步扩展到品牌形象,公共关系学应运而生。第二,重视用户与公众,目标都包含社会效益。公共关系学和市场营销学在制定规划、实施规划和产生影响的过程中,都需要十分重视公众的意见和反馈。接受公众反馈并及时修改计划和策略是公共关系学和市场营销学都需要注意的,而二者的最终目的也大致相同,即产生良好的社会效益,进而对企业自身产生积极影响,使组织能够更好地生存和发展。第三,公共关系学的研究范围包括宣传,而宣传也在市场营销中发挥着重要作用。因此,公共关系学与市场营销学既有严格区别,又有密切联系。

(二)公共关系学与传播学

公共关系学与传播学在研究对象与范围上有所不同。公共关系学旨在利用传播手段建立社会组织的良好形象,而传播学的目的在于向社会大众传达信息。公共关系学面向组织特定的公众,传播学则面向大众。除此之外,公共关系学与传播学也有着极强的相关性。20 世纪 90 年代初期,有学者认为"公共关系"与"传播学"及"管理/行政科学"的关联性最高。美国学者多尔费(Doerfel)及巴尼特(Barnet)研究发现,在"大众传播"与"人际传播"的二维向度上,"公共关系"与"大众传播"的语意距离相对较近;在"大众传播"与"组织传播"的二维向度上,"公共关系"约与二者等距;在"政治传播"与"女性主义"的二维向度上,"公共关系"与"政治传播"的距离也相对较近。这证实了"公共关系"与"传播学"的高度相关性。同时,公共关系学作为美国新闻与大众传播教育学会中 17 个独立学科之一,在社团组织上也与传播学密不可分。传播学的分支理论,包括大众传播、组织传播、人际传播与内向传播。而从传播学的理论基础来检视公共关系的理论,就可以辨析两者之间的关联。西方公共关系理论在 20 世纪 90 年代出现了三个学派,分别为管理学派、语意修辞学派、整合传播学派。21 世纪初期,关系管理学派成为新典范。从这四个学派的观点来看,由于公共关系需要传达组织的观点,因此通过研究传播学的传播效果来了解、评估传播行为是相当重要的。管理学派提出的组织传播理论,是协助组织赢得公众支持的理论支柱。在语意学派和整合营销学派中,公关目标必须借助大众传播媒介才能实现。在关系管理学派中,人际传播模式与相关理论已成为公共关系理论有价值的来源。在对公共关系学的定义中,持"传播沟通论"观点的学者认为公共关系是组织与公众之间的一种传播沟通方式,他们极为重视研究社会组织与公众之间的沟通行为与规律。他们认为,现代传播学是研究人类信息社会的重要学术范畴。而公共关系是指社会组织与公众之间的一种传播方式，公共关系的本质是交流。因此，公共关系学应是现代传播学的一个应用分支。传播作为公共关系必不可少的一种工具，是强调公共关系的一种手段。公共关系研究的是组织与公众之间的交往，归根结底属于一种传播活动，传播学研究为公共关系学的发展提供了坚实的理论基础。

(三)公共关系学与广告学

广告学产生于20世纪初，先于公共关系学发展与成熟。广告是以直接地推销产品或劳务为目标。而公共关系活动则以增进公众好感为目标，旨在树立和维护社会组织的形象。阿尔·里斯(Al Ries)与劳拉·里斯(Laura Ries)在《公关第一，广告第二》一书中认为，“广告是风，公共关系是太阳”。他们认为，广告和公关就像古老的伊索寓言中的北风和太阳，当风拼命吹时，人们往往是把大衣裹紧；而太阳则利用它的温暖光芒，轻松地让人脱下大衣。公共关系会在潜移默化中影响消费者，而消费者无法察觉到任何强迫性，广告宣传的方式则具有一定冲击性，容易引起消费者的警觉和反抗心理。因此，从传播手法来看，广告为在很短的时间内引人注目，允许采用各种奇特想象、各种艺术夸张的手法来达到其目的。公共关系的传播手法诚挚朴素，更多的是让第三者说话，其传播手法常是隐蔽的，使人难于直接觉察到其深层动机。从产生效果来看，广告的效果是直接的、可测的，其经济效果是显而易见的；对某个广告而言，其效果也往往是局部的，只影响到某个商品或某项服务的销路。因此，广告的效果是局部性的、战术性的。而公共关系的效果一般较间接，不易觉察，不易计算，是战略性的、全局性的。只要确立了正确的公共关系思想，并开展了成功的公共关系工作，组织就能在外界建立起良好的信誉和形象，并使自己在长远获益。

即便如此，公共关系学与广告学仍有着相似之处：二者在诸多领域交叉融合。从传播介质上看，二者都需要把大众传媒作为主要的传播手段；从影响群体上看，公共关系和广告都是针对特定的公众群体传播特定的信息。二者也在发展和应用过程中相互借鉴，相互完善，为组织整体目标服务。

(四)公共关系学与管理学

管理学是一门综合性的学科，是系统研究管理活动的基本规律和一般方法的学科。管理学注重的是组织的秩序和效率，强调的是通过计划、组织、领导和控制实现既定目标的过程。公共关系学是以公共关系的客观现象和活动规律为研究对象的一门综合性的应用学科，注重的是组织的信誉和形象。

公共关系学与管理学密不可分，而管理职能也是公共关系的重要职能之一。美国公共关系研究权威布鲁姆、卡特里普和森特曾定义:“公共关系是这样一种管理功能,它建立并维护一个组织和决定其成败的各类公众之间的互利互惠关系。”①这强调了公共关系具有的调整组织、继而影响其中的各种因素之间关系的原则,也强调了公共关系与管理学存在的共通性。

管理学奠定了公共关系学的学科基础,与公共关系学有着诸多联系。管理学是公共关系学的重要理论来源,其中管理职能贯穿于公共关系活动的始终。管理职能主要执行的是社会组织对社会公众的协调、沟通、教育、引导功能,其管理范围超越了特定社会组织的范畴。它既要对组织内部的公众进行管理,也要对组织外部的公众进行管理,是一种管理范围扩大化、管理手段软化性的形态。而公共关系学的研究也丰富了管理学学科内涵,推动了管理学理论体系的完善。

第二节 公共关系的误读

将公关等同于庸俗关系学、“黄色公关”、“黑色公关”以及公关简单化、公关无用论等误解,使得公共关系在我国尚无法真正融入到组织的发展中,无法真正成为连接组织与公众的桥梁。本节将从四个角度分析当下公众对于公共关系的误解之处,以便让读者对公共关系的本质有一个更加清晰正确的认识。

一、公共关系学与庸俗关系学

首先,有必要区分一下公共关系与人际关系。严格来说,公共关系与人际关系有联系,良好的人际关系是成功开展公共关系的必备条件,但公共关系并不等同于人际关系。从产生条件看,公共关系是在日益发展的商品经济条件下,为满足企业扩大影响力、提高竞争力的需求而产生的,历史短、普及快、专业化程度高;而人际关系是个人在社会生活与交往实践中形成的,自人类诞生之日起便存在,专业化程度低。从沟通渠道来看,公共关系主要通过媒体,尤其是大众媒体进行传播,手段多样;人际关系则主要是通过人与人之间直接的交往来实现,经由思想、情感、语言等达到沟通效果。此外,公共关系的主体是社会组织,属于组织的一种管理职能;人际关系的行为主体则是个人或人群,属于交际技能。

---

① [美]格伦·布鲁姆、艾伦·森特、斯科特·卡特里普:《有效的公共关系》,明安香译,华夏出版社2002年版,第8页。

庸俗关系学就是平常所说的“拉关系”“走后门”等庸俗的社会现象，是一种非正常的、不健康的、庸俗化的人际关系，它以损公肥私、侵占他人利益及危害社会利益为特征，是一种赤裸裸的私利关系。公共关系引进我国之初，人们对其含义理解不够准确，不少人将公共关系等同于庸俗关系学。此种误解即将公共关系看作一种“拉关系”的形式，一种以平庸鄙俗的私人利益为目的而暂时缔结的关系，这种关系大多时候与社会的不正之风和腐败现象相关联。社会组织是公共关系的主体。公共关系在现代社会中以谋求组织利益与社会公众利益基本一致，维护组织形象，为组织生存发展创造良好环境为目标，追求集体利益与内外部关系和谐，采取的手段为社会所认可，多利用大众媒介，合理合法。庸俗关系由私人关系构成，以“利己”为中心，追求以个人为基本点的社会关系，多采取非法手段和非正常途径，严重破坏了社会风气。可以说，公共关系是符合历史潮流的，具有专门的研究对象和严密的逻辑结构，有益于组织发展和社会进步；庸俗关系则是一种违背科学精神、人格扭曲或变形的社会病态现象，是有损于国家和集体利益的不正之风。

二、公共关系污名化——“黄色公关”与“黑色公关”

1989 年，电视剧《公关小姐》的热播使观众认识了“公共关系”一词，同时，人们对公共关系的认识也开始与电视剧中灯红酒绿的生活联系在了一起。20 世纪 90 年代后，随着娱乐业的发展，公关人员更多地与陪酒小姐联系在一起，被简单化为礼仪人员、接待人员、陪同人员。德国社会学家诺伯特·埃利亚斯(Norbert Elias)曾提出“污名化”的概念：污名化是将人性低劣强加于事物并加以维持的过程，污名化的过程将不断发展并最终形成公众的刻板印象。“黄色公关”无疑是公共关系被“污名化”的一种结果。

与“黄色公关”相似，“黑色公关”的出现也是“污名化”的表现，这与一大批网络公关公司的行为失范密不可分。这种所谓的“网络公关公司”主要提供话题炒作、灌水删帖等一系列网络服务，其中不乏诋毁、诽谤的情况出现。新东方、万科等公司都曾遭受过密集发帖的攻击。2009 年，中央电视台还曾策划过以“揭秘‘网络黑社会’”为主题的相关系列报道，从王老吉被封杀，到康师傅的“水源门”，报道详细揭露了网络公关公司扭曲事实、制造热点、控制舆论从而谋取利益的行为。实际上，这些行为是网络暴力的一种。从此，“暴力公关”“黑色公关”也为公众所熟知，甚至被认为是公关的工作内容。

2010 年 7 月 14 日，蒙牛“未来星”品牌经理安勇与北京博思智奇公关顾问有限公司共同商讨炒作打击竞争对手——伊利“QQ星儿童奶”，并制定了名为“731计划”，全称为“《DHA借势口碑传播》的网络攻击方案”。安勇一系列黑公关操作的起点始于《生命日报》7月14日发表的一篇文章：《深海鱼油大多有问题 专家称造假现象严重》，7月15日出版的《京华时报》《东方早报》也都发表了质疑深海鱼油的文章。安勇以此为炒作点，与博思智奇将传播策略定性为“借势传播”。第一步是攻击深海鱼油产品有问题，引发社会公众的恐慌；第二步，通过网络推手，开始以网络为主阵地的深度攻击，引出深海鱼油中的EPA导致儿童性早熟，并在讨论中将矛头指向伊利、金龙鱼、圣元、安利等使用深海鱼油生产产品的企业；第三步，通过网络推手集中打击伊利QQ星儿童奶导致“性早熟”。在7～10天的公关执行周期中，北京博思智奇公关顾问有限公司借助网络推手公司——北京戴斯普瑞网络营销顾问有限责任公司在“天涯问答”“百度知道”等发布问答，全面覆盖所有亲子育儿论坛，甚至伪装消费者发起“万人签名拒绝鱼油DHA”的签字活动。该策划案直接提供了近80条完整的问答稿，并详述了草根博客、口水帖的写作要求。口水帖的内容被精心设计为“温柔版”和“暴力版”等多个版本。伊利公司在7月下旬的舆情监控中监测到对伊利QQ星不利的舆论情况，与发帖者联系无果，随后报案。10月21日，内蒙古呼和浩特市公安局经济技术开发区分局负责人在接受央视采访时明确表示，该案件“属于项目负责人个人行为”。同日，蒙牛在新闻声明中称“安勇事件”与其私利有关，不是蒙牛集团的企业行为。值得注意的是，当晚蒙牛在两个小时中对声明内容一改再改，先后发送了四个版本的声明，强调安勇是在未向任何上级请示的情况下，擅自与合作公司联系，发表了鱼油中含有的EPA成分对婴幼儿健康不利的言论。[①]

此案例中，网络公关公司通过密集发帖以诋毁、诽谤客户的竞争对手，甚至能控制舆论，左右网民意见。网络这个一度被颂扬为自由、平等、开放的舆论平台已扭曲变形，其信息生态被“水军公司”破坏，这种现象的出现违背了公共关系的基本原则和职业道德要求，对公关行业和整个社会造成恶劣影响。

公共关系被污名化反映了我国公共关系体制尚不成熟，市场环境尚不稳定。历史表明，公共关系的发展往往需要经历一个漫长的过程；同时应该看到，公共关系在我国的实践为全球公关业的发展提供了“独一无二”的经验，并日益发挥着重要作用。

---

① 参见闫肃、轩子伟：《2010年十大公关事件》，《公关世界》2011年第2期。

三、公共关系无用论

在某些企业看来，产品的质量与价格才是效益的决定性因素，公共关系并没有实质性作用。实际上，在现代经济生活中，卖方市场逐渐过渡为买方市场，日趋激烈的竞争使企业的生存和发展越来越依赖于良好的公共关系和社会环境。有的企业不注重公关，实行一次性公关，不理解公关工作讲究持久性与科学性，策划的“游击式”的公关工作不符合科学规律，难以取得理想效果。公共关系作为一项长期性的工作，很难在短时间内看到显著成效，其主要作用在于为企业长期良性的发展提供保障；在企业形象的树立尤其是品牌的建立上，公共关系所发挥的作用要远远大于广告和营销。从长远看，企业公共关系是一种战略管理，是一门关于如何建立和维护社会组织在特定公众中良好形象的科学和艺术。它既能帮助企业实现既定商业目标，促进组织变革，又能实现企业可持续发展。一个有战略管理意识的公关部门，会从企业使命和愿景出发，除了协助利益相关人员进行关系管理外，还会负责制定公司各部门的关系策略，通过传播沟通提升企业品牌形象和声誉，有效避免危机。

公关活动的效果在通常情况下不是立竿见影的，这是因为公共关系并不是广告与营销，它与商品的售卖和企业的利益获取不一定具有直接的关系。公共关系更多是立足于宣传企业价值、树立企业形象，以求得更多消费者的认可与支持。例如，作为一家全球领先的百年化学公司，陶氏化学企业立足企业实际，围绕“人元素”展开与媒体的沟通并加强在公众中的宣传，强调可持续发展的必要性以及“人”在可持续发展过程中的重要性。陶氏化学企业在公关过程中处处展现着对社会的长期贡献和支持、与政府机构及非政府组织的合作等。陶氏举办了以“志同道合，以人为本”为主题的化学媒体营活动，与 27 家媒体代表沟通 2015 年可持续发展目标，随后召开了“蓝色星球长跑”媒体发布会。“蓝色星球长跑”是世界上首个环球分段长跑，目的在于加强全球对安全饮用水的关注并筹集善款用于安全饮用水项目。此外，陶氏还推出了“人元素”系列广告，实施为期 3 年的“清洁生产示范项目”与“危险化学品安全管理合作项目”等等。通过媒体交流，公司内部沟通，电视、平面广告及网络推广等方式，陶氏在此次公关活动中凸显了自身在可持续发展中扮演的重要角色，在成为全球规模最大、盈利最佳且最受尊敬的化学公司道路上大步前进，获得“最具中国心的跨国公司奖”“中国杰出雇主奖”“2007 年第四届中国最佳企业公民奖”等奖项，在《财富》杂志“最受尊敬的公司”2007 年排行榜上跃升至第

50位。陶氏的可持续发展公关项目最终帮助公司获得了公众好评与业务上的成功。

良好的公关活动不仅能为企业塑造良好的形象，而且在危机时刻往往还可以救企业于水火。2006年8月14日，戴尔突然宣布召回由索尼生产的可能引起着火事故的笔记本电池410万块。8月25日，苹果电脑宣布在全球召回部分苹果笔记本电脑上使用的锂离子电池，相关的锂离子电池组中包含由索尼公司生产的电池芯。9月下旬，索尼集团宣布，为了消除人们对这一时期电池过热事故引发的疑虑，将在全球范围内启动更换计划。此次涉及更换的电池多达960万块，各大知名笔记本品牌均加入了该项"自主更换"计划。在此次危机事件中，索尼面临着众多挑战：一是中国媒体及公众对"召回"更多持消极态度，容易将其定义为企业的负面行为；二是多数媒体及公众对电池起火原因了解不够，认为电池本身存在安全隐患；三是媒体和公众对召回背景、原因、细节了解不够，容易高估事件危害程度；四是索尼面临着"日企"的尴尬问题，舆论易将事件上升到政治层面。在此种环境下，索尼本着不掩盖和尊重事实真相的原则，通过有效沟通尝试改变公众态度，在把控、引导和修复三个策略的引导下进行了有效的公关活动。索尼向媒体建议采访业内权威专家，以澄清锂电池的安全性问题，引导舆论向理性、客观方向发展。在索尼中国总部，不仅确立了各个区域的发言人，而且还对口径和内涵进行统一，同时举办媒体见面会，向外界准确统一地传达索尼的态度。9月，索尼举行了支持中国女足事业的新闻发布会；10月，举办了索尼(中国)有限公司十周年系列活动，成功转移了媒体注意力，电池事件报道篇数大幅降低；12月，通过沟通与安排，中央电视台播放了采访索尼的《高端访问》栏目，国内财经类主流杂志也全程跟进报道索尼的品牌成长与发展战略，通过向公众呈现客观全面的评价来修复电池事件的负面影响。2006年年底对50家京城主流媒体的抽样调查显示，75%的媒体并不认为电池事件对索尼构成影响。本着承担责任、真诚沟通、权威证实等原则的索尼在此次危机公关中牢固维护了品牌形象。2006财年索尼的全年销售额历史性地突破了700亿美元，可以说正是成功的危机公关淡化了事件的影响，使公司化被动为主动、化危机为转机。[①]

在公共关系的发展过程中，无论是庸俗关系学、"黄色公关"、"黑色公关"还是公关"无用论"，都是对公共关系本质的误读。只有充分了解公共关系的

① 参见张丽君：《索尼：公益是企业基础理念》，《国际公关》2007年第4期。

本质，才能灵活运用公关策略，组织公关活动，进而发挥公共关系的职能与作用。

第三节　公共关系的职能与作用

一、公共关系的职能

公共关系的职能是公共关系在组织中所应发挥的作用和应承担的职责。公共关系的职能主要分为以下几个方面：

（一）塑造形象，建立信誉

社会组织形象，简称“组织形象”，是指在一定的社会环境下，社会公众对一个组织综合认识后形成的总体评价。组织形象对社会组织十分重要。组织形象体现了组织的凝聚力、创造力、吸引力和竞争力，而公共关系的一项重要职能就是协助社会组织塑造良好的形象，促进组织的良性发展。良好的组织形象是组织无形的财富。公共关系可以使社会组织进一步得到社会公众的认同、好感和信任，有利于企业塑造独具个性的组织形象，进而在市场竞争中获得社会的高额回报。公关活动中组织形象的确立也为组织自身的生存和发展树立了一面旗帜，使组织价值观在得到公众的认可、接受和拥护后产生巨大的组织凝聚力、吸引力，从而建立与维护组织信誉。

（二）采集信息，监测环境

公众信息是组织决策的基础，因此公共关系要发挥收集信息、监测环境的作用。简单来说，就是作为组织的预警系统，公关部门通过各种方法，收集信息、监视环境、反馈舆论、预测趋势、评估效果，以帮助组织对复杂多变的公众环境保持高度敏感，维持组织与整个社会环境之间的动态平衡。

采集信息是公关工作的必要前提。在当今社会中，随着互联网的普及和信息化的发展，海量信息出现在公众和组织的视野中，信息已经成为公认的巨大资源。从这个意义上说，公共关系也是一种信息产业，无论是内部公关还是外部公关，组织的任何策划都应基于信息，从采集信息开始。采集信息的职能要求公关人员具备信息意识，注意随时采集有关组织的信息。公共关系首先要注意与本组织的形象评价有关的各种信息。这些信息包括以下几类：

1. 产品形象信息

这方面的信息包括公众对组织的产品或服务的价格、性能、质量以及用途等主要指标的印象和评价，同时也包含对产品正面和负面的信息反馈。产品或服务是社会组织进入市场、与公众联系的最直接的方式。成功的组织都非常重视公众对组织产品和服务的意见与建议，因此，公共关系需要特别注意此类信息的收集。

2. 组织形象信息

组织形象信息相比产品形象信息来说更为重要。它指的是公众对社会组织所产生的整体印象和评价。公共关系的目标是在公众中树立良好的组织形象，因此，公众对组织形象的评价更能显示公共关系工作的效果。

3. 其他社会信息

对于一个社会组织而言，想要保持自身良好的运行发展状态，除了要掌握自身产品形象信息与组织形象信息之外，还需要掌握许多外部条件信息，如经济、政治、文化等方面的环境信息，要对社会环境的变化和时代舆论热点有所把控，才能做到知己知彼，立于不败之地。

信息的采集并不是最终目的，只有在对信息进行归纳整理与分析之后，预测趋势，发挥监测作用，才是公共关系的根本任务。所谓监测环境，是指观察和预测影响组织目标实现的公众情况和各种社会环境，使组织对环境的发展变化保持清醒的认识、敏锐的感觉和灵敏的反应，从而保证科学地塑造组织形象，实现组织目标。

（三）咨询建议，参与决策

公共关系领域的咨询建议，指的是公共关系人员就某些问题，向社会组织决策层提供有关组织形象和公众动向的情况说明，并提出参考意见，使组织决策更加科学化、系统化以及合理化，并照顾到社会公众的利益。这是公共关系最有价值的职能，公共关系因此被称为"咨询业"或"智业"。公共关系的咨询建议与采集信息是有紧密关系的。信息的获取是咨询建议的前提，没有大量的信息作为基础，咨询和建议只能是空谈。而只有向组织提供在信息采集基础上形成的有价值的建议，才能充分发挥信息的价值。公共关系人员向组织提供的咨询建议通常包括以下几类：

1. 关于公众的一般情况咨询

这类情况咨询主要是公共关系从业人员（以下简称"公关人员"）向组织说明公众的一般状态，如员工归属感、组织的口碑、消费者对产品服务的满意度、媒体对组织的态度等。这类咨询是社会组织公共关系团队经常性和定期性的工作。

2. 关于公众的专门情况咨询

这类情况咨询指的是社会组织通过举办各类专题活动，向有关部门提供情况说明。如公关人员可以向公司领导介绍媒体的近期报道动向、媒体记者对组织的了解程度以及负责组织新产品的新闻发布会等。

3. 关于公众心理、行为和发展的咨询

这类情况咨询是公关人员通过对公众心理和行为变化的趋势进行长期观察和总结，结合组织自身的情况和目标规划，向决策层进行汇报和建议。这类咨询能够有效地为组织中长期战略规划的制定提供依据。

决策指的是确定社会组织运行的具体目标和实现方法，是社会组织通过平衡自身情况和外部环境后作出的选择。而在决策环节，公关人员的作用不可忽视。公关人员不仅要向组织提供一般的咨询建议，而且还要尽可能地参与决策，为领导决策提供必要的信息建议，间接或直接地影响决策过程。公关人员要努力开展工作，在决策之前广泛征询公众意见，获取全面信息，使决策方案具有较强的社会适应性和应变弹性；同时，在这个过程中尽可能多地展现公关工作的成效，使领导层更加重视公关工作，为公关人员更多地参与决策活动提供机会。

（四）协调沟通，平衡利益

组织在实现运行策略的过程中，有可能与所处的现实环境以及各项因素产生矛盾和冲突，这些矛盾和冲突能否得到有效合理的解决，关系到组织目标的实现与否。公共关系中的协调指的是在沟通的基础上，经过调整，达到组织与公众互惠互利、平衡和谐的状态。协调的作用在于保持组织管理系统的整体稳定与平衡，使局部能步调一致，从而发挥出总体优势，确保计划的落实和目标的实现。公共关系的这一职能主要包括内外两个方面。

1. 组织内部的沟通协调

在社会组织的内部存在着各种关系，简而言之就是纵向的上下级关系与横向的各部门、各环节间的关系。组织内部上下级关系的好坏，直接关系到组织底层人员的积极性、主动性和创造性的发挥，也关系到组织能否形成积极向上的集体精神，从而产生有效的协调作用。因此，公共关系必须发挥好承上启下的作用，一方面及时将员工的利益诉求、情绪意见反馈给领导层，使领导层掌握员工的动向和状态，及时调整决策；另一方面需要把领导层的意见传达给员工，并且加以解释和说明，达到消除误会和便于执行公司决策的作用，使组织上下级形成良好的协作关系。

组织内各部门、各环节间关系的协调也同样重要。公关人员应当积极协调各部门、各环节之间的利益冲突，消除矛盾，保证信息渠道的畅通。通过沟通协调，加强各部门、各环节之间的联系，使之相互支持，相互配合，共同努力，实现组织目标。

2.组织外部的沟通协调

组织外部的协调工作是公关人员一项常规性的工作。任何一个组织在发展和运行的过程中，都可能因为各种原因与外部环境发生矛盾和冲突，因此组织外部的沟通协调也很重要。一旦出现矛盾，公关人员就要及时了解情况，进行协调，妥善处理各种矛盾和冲突。否则，组织的良好稳定发展就会受到影响。

（五）教育引导，培育市场

为了更好地发挥公共关系的社会职能，促进社会发展，组织的公共关系的教育引导职能也不容忽视。这种教育引导职能主要表现在对内、对外两个方面。

1.公共关系的对内教育引导

公共关系的职能之一是传播公关意识和公共关系的思想、技巧，促使人树立公关意识。因此，对内教育引导的主要任务是说服组织的领导接受公共关系的思想，重视公共关系的作用，推进公共关系活动在组织内部的开展，包括对员工进行公共关系的教育引导、开展内部主题公共活动等，让社会组织的内部产生公关意识，从而促进组织的良性稳定发展。

2.公共关系的对外教育引导

组织公共关系的对外教育引导指的是对公众进行的教育及引导。公关人员也需要有意识地培育市场。受到多种因素的限制，公众不可能及时了解大量的新产品与新服务，需要公关人员通过多种手段和方法对公众进行商品知识以及消费意识等方面的教育和引导，更新公众的消费理念，使其与组织实现价值认同。

二、公共关系的作用

公共关系的作用指的是公共关系机构或从业人员在具体履行职责和功能的过程中产生的影响和效用。公共关系所起的作用是不容小觑的，总的来说，可以概括为监测作用、调节作用、应变作用和凝聚作用。

（一）监测作用

公共关系的监测作用，指的是对信息资源进行选择，对公共关系主体和客体的行为或态度进行监测。公共关系的监测作用是以信息为基础，通过对信息的采集、处理和反馈来实现的，整个过程是对信息的有效合理的利用。当今社会信息量急剧膨胀，处理好大量的信息，并且对有效信息进行合理的整合利用，是一个社会组织实现立足和发展的重要保障。而公共关系的监测职能就是对信息资源进行有效合理的利用，从而使得组织能够更好地完成这项任务。这种监测作用体现在对内监测和对外监测两个方面。

对内监测针对的是社会组织本身。它通过对信息的采集、处理和反馈，及时把握组织内部的各种细微的变化，并将信息汇聚到决策层，使组织及时作出调整。

对外监测主要通过把握与社会组织有关的信息及其走向，监视和预测公众的态度及其变化趋势，使社会组织能够有效预测事情发展趋势，并及时采取合适的策略应对。社会组织的监测范围很广，既要注意当前与社会组织直接有关的各种信息，也要注意今后可能会对社会组织产生影响的信息。

（二）调节作用

每一个社会组织都需要制定符合自身实际情况和外部现实环境的组织目标，并通过正确合理的规划来保证组织的发展，最终实现目标。在实现组织目标的过程中，公共关系可以渗透到组织运行的所有环节中，因此组织不仅可以对公共关系进行监测，而且还可以对其进行调节。这种调节作用具体表现在以下两个方面：

首先是对日常摩擦、矛盾的预先调节。社会组织在运行过程中会与外界产生联系，也必然会产生各种摩擦和矛盾。公共关系的调节作用可以有效地减少或避免摩擦的发生，实现防患于未然的效果。

调节作用除了表现在预先调节之外，还表现在摩擦发生之后。通过合理的公关活动和手段，可以有效地避免矛盾的加深和激化，从而最大限度地减少给组织带来的负面影响。这也要求公关人员在摩擦和矛盾发生后，不能单纯地为所在的社会组织进行辩护，而应该通过多种措施和手段，妥善解决矛盾和纠纷，争取矛盾对立方的谅解；同时还要了解和评估公众对组织处理摩擦纠纷所采取措施的意见反馈，及时发现和处理存在的不足和有待改进之处，避免矛盾再次发生。

（三）应变作用

由于外部环境复杂且多变，社会组织在运行和发展的过程中，即使有专门的公共关系部门或人员了解信息、收集信息、传递信息和反馈信息，也无法对组织运行中发生的所有状况和发展趋势进行完全准确的掌握和预测。社会组织一旦面临自身形象受损的问题或是与公众关系出现危机，就需要公关部门或人员发挥应变和抵御作用。一般来说，社会组织出现问题通常是由以下两种原因造成的。

1.因自身原因使组织形象受损，与公众关系出现裂痕

在这种条件下，公共关系工作要发挥应变作用。在查清事实之前，公共关系工作的出发点是站在公众立场上考虑问题，主动承担责任。待事实查清后，如果原因在社会组织自身，那么公关人员就应该立刻作出积极的应变，修复组织形象。

2.因外部原因使组织形象受损，与公众关系出现裂痕

在这种情况下，公共关系工作要发挥应变作用进行抵御。社会组织因外部因素致使形象受损十分常见，如对手恶意竞争、传播谣言等。当社会组织有确凿的证据表明产生问题的原因不在组织自身，而是来自外部的时候，公共关系工作就应当进行抵御。公共关系工作的“抵御”不是通过行政、法律等刚性手段来实现，而是通过柔性的手段来达到目的。如对恶意中伤和造谣的信息进行辟谣，澄清事实；对假冒产品进行披露，让公众明白真相并产生警觉。这些应变的柔性手段若采用得当，可以产生比刚性手段更好的效果，使问题获得有效解决。

（四）凝聚作用

公共关系是一门“内求团结，外求发展”的艺术，公共关系的凝聚作用是对组织内部而言的。构成组织的基础因素是人，只有组织内部的关系处理得当，才能发挥组织成员的能动作用，组织才能够保持活力，才能够不断发展并实现目标。若关系处理不当，组织内部便会失去活力，产生内耗和分歧，对组织的运行和发展产生负面影响。公共关系的凝聚作用就是要把对组织的负面影响转化为正面影响，促进组织的发展。

社会组织内部个体关系的维持，往往经济因素占主导地位，但情感因素、心理因素也会产生重要作用。公共关系的凝聚作用就在于通过合理有效的信息交流来实现组织与个体的情感沟通，对个体进行有效引导，从而凝聚个体力量，实现组织的各项目标。这种方法与命令和规定不同，它不是通过强制手段来管理员工，因此，这种方法产生的效果也比较持久和有效。

第二章　公共关系学的产生和发展

本章通过对中西方公共关系发展的历史梳理，更清晰地展现公共关系学科的发展脉络和内在逻辑关系，从而更好地把握公共关系在当今社会的发展趋向和在新媒体环境下面临的挑战，探索公共关系学科自身的道德伦理根基，从历史的角度展现公共关系开放的学科知识体系。

第一节　早期公共关系

公共关系学起源于20世纪初的美国，但其中蕴含的思维方式和行为方式在古代社会中早已出现，这一时期被称为“准公共关系期”或“类公共关系期”。此阶段的许多历史事实与思想理论都具有鲜明的公共关系色彩，特别是奴隶社会与封建社会时期，“类公共关系”的社会思想与行为在人们的日常交往中大量涌现，并在政治和经济生活中得到较快的发展。早期“类公共关系”行为为现代公共关系积累了丰富的历史经验，也为研究者们提供了大量珍贵的研究资料。

一、西方早期公共关系

综观西方历史，早在古埃及、古巴比伦、古波斯、古希腊、古罗马时期，类公共关系活动就已经出现。当时的统治者一方面用武力手段，另一方面用舆论手段来控制社会，处理与民众的关系。他们动用大量的金钱和人力去修建雕像、寺院、陵墓，写赞美诗等，用精湛的艺术手法描述他们的英雄业绩，树立自己的声誉，宣扬自己伟大和独特的身份，同时也传播生产知识，而这一系列的活动都是最原始的“公共关系意识”的体现。古印度的早期书籍中甚至出现了关于国王特使的记载，这些国王与百姓之间的联系人发挥着宣传政府政策、刺探情报等作用。

考古学家发现，公元前 1800 年伊拉克的一种农业公告与现代某些农业组织公共关系部的宣传资料十分相似。它告诉农民如何播种、灌溉，如何对付危害庄稼的老鼠，如何收获庄稼等。这也是迄今为止发现的最早的与公共关系相关的活动。

古希腊与古罗马人十分重视人文理念，这与西方“原始民主”的政治体制有关。为推行民主政体，“劝服”作为一种重要技巧和方法开始出现。以亚里士多德为代表的一批思想家具有高超的辩论技巧，他们通过著书立作对演讲和修辞进行了探讨，对处理君臣关系提出独到的见解。亚里士多德的《修辞学》被认为是最早探讨公共关系学的理论专著。此书详细阐述了如何运用语言来影响民众以使其理解政治家的思想，认为修辞是与社会公众沟通、寻求相互了解信任的重要工具，建议从感情入手增强艺术感召力，论述中包含着丰富的公共关系思想。

古罗马时代的演讲与辩论艺术发展迅速，贵族会雇用游说者来赞美自己，一些重要问题也时常被拿到元老院以及露天会场上通过演说来决定，大型群众集会、游行等也经常出现。

古罗马时期，诗歌因易传播、易记忆的韵律成为重要沟通手段。上层贵族为了树立形象、推行政策、稳定社会而雇佣诗人专门进行创作，诗歌形式愈发精练，维吉尔的田园诗曾用于协助古罗马政府稳定农业人口，减轻城市压力。

古罗马的统治者恺撒也十分擅长运用沟通技巧，他认为通过散发传单获得民众支持十分重要。为宣传自己，恺撒与自己的副将希尔提乌斯撰写了《高卢战记》，通过看似“平实”的记录宣扬自己的丰功伟绩，以提高自身威望，实现个人政治目标。《高卢战记》被称为“出色的公共关系实务宣传佳作”[1]。恺撒还设置了官方公告牌，将其放置于公共场所以供民众了解元老院最新活动。手抄小册子《每日纪闻》被某些学者看作世界上最早的日报。

在其他社会实践方面，古雅典曾实行“贝壳放逐法”，即公民将其认为有危害的人名记于贝壳上，在每年的民众大会上，票数过半的人将被放逐。在古罗马，“十二铜表法”的公开发布对贵族权力作出了一定限制，也成为争取民众支持的一种手段。

① 李道平：《公共关系学》，经济科学出版社 2000 年版，第 37 页。

此外，传教士们充分利用了当时所有的传播工具来传播基督教，并取得了巨大成功。教会除了散发《圣经》外，还通过游说各地的统治者、布道演讲、礼拜、弥撒、策划各种活动等来传播基督教的教义。基督教的传教士奔走四方传播教义，著书立论，丰富和发展了教义。他们根据不同国家与民族的文化不断完善并创造新的宣讲技巧，是出色的"公共关系专家"；基督教的劝服艺术和沟通技巧也为现代公共关系工作提供了宝贵经验。马丁·路德为争取基督教新教教徒，发表了《九十五条论纲》并进行了多次演说，通过一系列宣传活动推动了宗教改革的发展。值得注意的是，"宣传"一词正是诞生于17世纪的天主教教会。1622年教皇格列高利十五世建立了"传布信仰圣部"(Congregatio de Propaganda Fide)，"宣传"即由此而来。在古代的巴比伦和波斯，雕像、寺庙、金字塔、赞美诗等被统治者用来处理与民众的关系。通过艺术形式讲述故事、树立形象、宣扬神圣，是古代西方统治者们最常用于控制舆论的方式。

二、中国早期公共关系

古代中国历朝历代统治者都很重视民意。早在周朝时，宫廷就有"采诗"制度。中国最早的诗歌总集《诗经》，既是先秦诗歌艺术的总结，同时也是这种制度的反映。《诗经》中的《风》，主体是当时宫廷派出的人从民间收集来的诗歌，其目的之一就是以此来体察民情民意。周代的民间采风是早期较为成功的公关活动。政府组织在民间收集信息情报，据以调整自身政策，在政府与民众之间建立了较为有效的信息沟通渠道。政府政策得以下达，民间舆论得以被采集上传，这种双向传播的沟通活动与现代公共关系有着相通之处。先秦时期的史籍里也记载了献诗采风的情况，如《小戴礼·王制》中的"命太师陈诗以观民风"，《左传·夏书》中的"遒人以木铎殉于道路"等，都描述了较为稳定的采风制度。

在奴隶社会早期，部分统治阶级就广开言路，检讨政治得失。例如商王盘庚迁都时进行了规模巨大的宣传与动员活动。西周末年，针对周历王的暴政，大臣提出要考虑民意，"防民之口，甚于防川"，认为社会舆论的好坏直接关系到政权是否稳定，强调重视民众宣传。为战争、迁都等重大活动所作的政治宣传与动员等也是我国早期较为典型的类公关活动，这在《尚书》中的《甘誓》《汤誓》《盘庚》及诗经中的《大雅·公刘》等著作中都有体现。古代君王在战争动员过程中不单是简单的发号施令，他们已经能够灵活运用说服、诱导等公关技巧，这些技巧有利于实现较好的传播效果。

与古希腊大致同一时期的先秦，言说同样有着重要意义。但与古希腊人对“修辞”的执着不同，以孔子为代表的中国先哲并不强调对修辞的研究与训练，他们认为祸从口出、多说无益，强调寡言、希声。胡百精认为，自先秦以来，中国人在言说问题上形成了三种表达境界：最高者为“忘言”，其次为“慎言”“寡言”“讷于言”，最后才是工于“修辞”或“辞令”。而道家和儒家在言说上的态度呈现一分为二的状态。道家认为言当自然，而自然者无为。假如两者辩论，最终的胜负并不能代表实际的对错，所以不如不辩。但另一方面，老子又承认言说的价值，庄子也提倡明确、通达的表达方式，这就要求区分“大言”与“小言”的不同。儒家对修辞的看法可以归结为“修辞立其诚”。孔子认为修辞应以道德为基础，应以“诚”为本，要求言说内容与情感均真实可靠，这一点与亚里士多德的观点有相似之处。[①]

除言说外，最为典型的是儒家“五常”中处于核心的“仁”思想。“仁”是人际交往的最高准则，孔子在《论语》中定义了“仁”的三个层次，即“仁者爱人”“克己复礼为人”和“仁者仁也”。“义”指公平合理地获取利益，是区分君子与小人的标准。“智”不仅要求具备智慧，而且还要求明德，现代公共关系就曾被称作“智业”。“礼”是社会秩序的标尺，具体表现为礼乐之风。“礼”被认为和现代公共关系思想最为贴近，20 世纪 80 年代的中国公共关系有着“礼仪化”趋势，礼仪被认为是公共关系的重要内容之一，是引导社会成员交往、促进群体认同的重要形式。“信”，乃人言，是指人要言而有信，讲话要负责任，这是兴业之道、治世之道，也是做人的根本。综观历史，以孔、孟为代表的儒家思想在维系人文关系方面提出了系统、全面和成熟的见解。首先是前文中“仁”的观念，孔子对其进行了高度的概括，认为“仁”是人与人之间交往的最高准则，并提出“仁者，人也”。此外，孔子还提出人与人交往中的“忠恕”之道：“己所不欲，勿施于人”，“己欲立而立人，己欲达而达人”。孟子的儒家思想中对于人文关系也有许多论述，其中最著名的就是“君轻民重”的思想，表达了对于民众的重视，指出民心向背关系到国家的安危。孟子还提出了关于君臣关系的思想，如“君之视臣如手足，则臣视君如腹心”。孔孟之后，儒家学说又有了发展和完善，如唐代魏征提出的“水能载舟，亦能覆舟”的思想，相比早期“君轻民重”的思想，对民众的作用更加重视。

此外，老子主张小国寡民，“民至老死不相往来”；墨子主张与人为善的交

---

① 参见胡百精：《先秦修辞思想与中国古代公共关系史》，《当代传播》2014 年第 2 期。

往原则，提出“兼爱”“非攻”；兵家推崇“不战而战”，认为“攻城为下，攻心为上”；法家的理论根源是“性恶论”，向帝王宣扬“法”“术”“权”“势”的治民之道；纵横家则宣扬“远交近攻”“纵横捭阖”的外交政策。

在古代，一些开明的统治者已经意识到民意与舆论的重要性。早在原始社会，部落首领会召开部落联盟首长大会，“咨四岳”以相互沟通，协调部落关系。到了氏族社会向奴隶社会的过渡时期，尧、舜、禹、汤、武王等君王都设有专门听取谏议的地点，尧帝时代还出现了专门宣传指令、传递民众意见的官职[①]，后有大禹“合诸侯于涂山”，协商治水问题。周朝宫廷的“采诗”制度即为考察民情而设，西周末年的召公更是提出“防民之口，甚于防川”的观点，认为社会舆论关系到政权稳定和统治集团的利益。[②] 许多政治家为了实现政治目标，或是取得民众的信任，也往往会通过某些方式建立信誉，聚拢民心。最为著名的就是“立木取信”。秦国商鞅将黄金赏赐给搬木头的百姓，在民众心中树立了良好信誉，为法令的良好推行奠定了基础。许多政治家还注意国家之间的交往，以实现政治上的目的。如汉代张骞出使西域，历时多年，将汉文化传播到西域各国，与西域国家建立了政治、文化上的沟通与联系，开辟了东西方文化交流新纪元。明代郑和七次下西洋，加强了与其他国家的经济文化交流，产生的影响和积极意义在世界公共关系史上是十分珍贵和罕见的。日常经济生活中，战国前期白圭的“仁术”经商、《元曲・后庭苑》中所描述的“酒店门前三尺布，过来过往寻主顾”的情景也有着接近现代公共关系思想的积极色彩。值得注意的是，我国古代的说服技巧已十分发达，苏秦、张仪等人都凭借雄辩的口才显露于世。

东西方早期的各种沟通、协调活动带有明显的自发性和盲目性，朴素、直观、零散，缺乏系统性、理论性。由于当时社会生产力水平相对低下，早期的公共关系活动主要发生在政治领域，带有比较强烈的政治色彩和伦理色彩。受经济发展水平限制，公共关系也只能发挥有限的作用。此外，在传播手段上以人际传播和艺术表现形式为主。受到客观条件如文化水平和传播技术等的限制，古代类公共关系的理论建构和操作技巧大多十分简单，甚至有些粗糙、随意，无法与现代社会的公共关系相提并论。

---

① 参见姚喁冰：《“禅让”及其历史变幻》，《文史知识》1986 年第 3 期。

② 参见李智林：《中国古代“采诗观风”制度》，《大众文艺》2017 年第 7 期。

第二节 现代公共关系

公共关系作为一种科学、系统的理论，一种全新的职业，产生于20世纪初的美国。公共关系之所以在美国发展得更为快速，历史学家艾伦·劳切尔将其归功于美国社会、政治、文化和经济环境优势:美国成立时间较短，善于接纳新鲜事物，学习他国执政经验;美国是多民族国家，平等、自由意识较强，为求生存群体间更有相互联系的必要;美国的共和政府、民主意识、自由市场以及民众较高的教育水平等，都使美国成为铸就公共关系的“熔炉”。

一、现代公共关系产生的基本条件

(一)经济条件:商品经济快速发展

18世纪中期以后，商品经济赶超自然经济，突破时空和血缘局限，社会化大生产开始形成，专业化程度不断提高。在商品经济条件下，通过市场与分工，开放关系网络得以形成，人们生产的产品在交换中实现价值。随着市场经济的发展，消费者消费水平提高，需求由满足基本生活转为满足个性、情感等选择性需要，买方市场逐渐形成，竞争也随之加剧。生产者、销售者面对多样化选择，除了提供高质量产品和合理价格外，还需通过与客户发展良好的关系，得到社会广泛认可，这样才能获得生存空间。市场经济背景下，能否争取到公众的认可与支持从而占领更大的市场份额，成为现代公共关系产生的重要原因。

(二)政治条件:民主政治制度产生

民主政治制度取代封建专制政治是现代公共关系产生的前提。资产阶级革命以后，民主观念逐渐发展。政府出于对自身利益的考虑，重视社会舆论，推行民主政治，在客观上促进了社会各群体间相互联系、相互合作关系的形成。以代议制、纳税制和选举制为例。代议制指由各群体选举代表共同进行公共事务的商议，这也是民主政治的基本体现;纳税制规定了政府有定期公布决策与运作情况的义务，将政府置于公民的监督之下;选举制则把选民认可作为政府建立的合法性依据，要求政府行政透明，公共关系进而成为民主政治的一种运作方式。以代议制为基础的民主政治使政府不得不重视民意，重视舆论。政府民意调查员、咨询顾问、代笔人及宣传员的设立表明美国早期公共关系广泛应用于政治领域。

(三)技术条件:传播手段的进步

古代社会生产力水平低下,传播手段的落后在一定程度上造成社会的闭塞,公共关系活动的开展受到很大限制。进入近现代社会后,随着经济和政治的急剧变革,公众的信息需求不断增加。在美国,“便士报”的出现可视为公共关系职业化的直接动因。快速发展的信息传播技术拓宽了公共获取信息的渠道:印刷技术普及,报刊走进千家万户并成为重要信息来源;电子技术带来新的电子媒介如广播、电视、电话等,信息传递速度提高,传播范围扩大,失真率降低;在网络发达的今天,多空间、多层次、多元化的传播体制逐渐形成,言论自由的实现愈发容易,社会舆论与公众意见的表达更为方便且更具影响力,公众对社会组织形象的实际干预能力增强。在媒介不断发展的背景下,政府和企业需要尽快适应新的媒介环境,通过各种技术手段与公众建立紧密联系。新兴通信技术为现代公共关系的形成提供了坚实的技术保障。公共关系依靠信息传播手段得以快速发展,并将作为一种全新的信息产业在现代社会发挥独特作用。

(四)文化条件:现代管理理论发展

现代公共关系产生发展的理论基础可以归结为人文主义管理思想的出现。20 世纪初行为科学的出现使组织由最大利润价值观开始转向关注人的因素。20 世纪 50 年代后,买方市场逐渐形成。为追求经济利益,企业提倡顾客至上的观念,顾客的想法与抉择开始影响企业决策。70 年代后,以人为本的管理理念受到普遍认可,以公众为导向的公共关系观念逐渐形成。美国作为世界上少有的移民国家,个人主义、英雄主义、理性主义突出的文化体系在提高本国社会效率的同时,也激化了阶级矛盾。在社会危机与动荡面前,人文主义精神重新崛起,管理中注重人性、注重个人差异的理念得到认同。20 世纪初哈佛大学梅奥教授进行了对管理学而言具有里程碑性质的“霍桑试验”,并提出了“人群关系学”与“行为科学”。行为科学强调组织的管理活动应以人为中心,强调自觉性行为与动机管理的研究。尊重人性与个人需求的管理文化是现代公共关系得以产生与发展的精神根基。

二、现代公共关系产生与发展的过程

(一)公共关系在美国

公共关系在美国的发展大致可以划分为四个阶段,以时间为线索,发展脉络大体如下:

(1)1600～1799年，美洲殖民地已有关于公共关系活动的先例，此时的公共关系多用于销售与筹款。1643年，一场由哈佛大学发起的筹款活动在募捐小册子——《新英格兰的第一批果实》的支持下展开，这是美国首次系统性的募捐运动。1758年国王学院(即哥伦比亚大学前身)首次使用新闻作品宣传毕业成果。1852年，美国已经出现了比赛赞助，哈佛大学与耶鲁大学之间的划艇比赛就是由波士顿、康科德和蒙特利尔的铁路赞助举办的。到美国独立战争前，沟通渠道有所发展，公共关系的战术得到有效实践。为在极端压力下求得公众支持，爱国者会利用多种公关手法。萨缪尔·亚当斯认识到符号可以激发情绪且易被识别。他通过口号的运用，发起公共关系活动，成立波士顿茶叶党以促成行动。亚当斯的公关手法影响了公众舆论，也为其他爱国者起了示范作用。他们利用英雄人物、口号、传说等宣传政治计划，甚至把1770年5名波士顿人因打斗而丧生的事件描述为“波士顿大屠杀”，以营造对自身有利的舆论环境。1773年12月16日，为引起注意，爱国者制造了波士顿倾茶事件，并伪装成印第安人倾倒英国茶叶，这一事件被历史学家称为所有殖民地对英国的疯狂破坏行动中“最疯狂的”。独立战争结束后，宪法的起草也经历了一系列公共关系活动。亚历山大·汉密尔顿、詹姆斯·麦迪逊、约翰·杰伊等宪法起草者为推行宪法，给报社写了85封信，而美国《权利法案》的通过也为现代公共关系的进一步发展开创了条件。

(2)1800～1899年，公共关系的主要职能更为多样。19世纪50年代末，塔马尼派通过访问收集大众信息，这一举动标志着民意调查被用于战略策划和宣传，公共关系更加复杂化。1888年的总统选举更是广泛使用了公共关系，从建立竞选总部到公共舆论调查，宣传力度与范围加大，政治竞选变得更加复杂。除了从政者，公共关系在这一阶段被更多组织所认识和运用，如反对动物活体解剖组织、妇女选举运动组织等，其中反奴隶制运动组织认识到和媒体结盟可以使信息传递更加迅速且更具可信性，哈利叶特·比彻·斯托依托出版社来帮助其反奴事业，借废奴主义刊物发表了系列小说《汤姆叔叔的小屋》并成书出版，对非裔美国人地位的提升与美国奴隶制度的废除产生了深远影响。

西进运动中，公共关系得到全面发展，丹尼尔·布恩、乔治·阿姆斯特朗·库斯特、布法罗·比尔等被塑造成传奇人物，其故事向人们描绘了西部生活的美好图景，促使更多人去西部定居。新闻宣传同样被用于西进中的公共关系，《纽约论坛报》的霍勒斯·格里利改写了整个美国的人口统计数据，而做到这点仅仅是通过他的社论《到西部去，年轻人和国家一同长大》。

在公共关系被操纵阶段，公共关系从服务政治转向宣传和炒作，夸大扭曲事实成为当时新闻代理人的惯用手段，为了曝光率而策划虚假事件时有发生。其中菲尼斯·巴纳姆是不得不被提到的。1830 年《纽约太阳报》诞生，相应产生了新闻代理职业，新闻代理为制造新闻、满足公众需求而生，巴纳姆便是其中一员。19 世纪的公共关系在美国娱乐业中发挥了极大的作用，巴纳姆作为新闻代理策划了一系列活动用于促销马戏、娱乐和职业运动，诸如“瑞典的夜鹰”简尼·林德、“庞然大物”大象等。巴纳姆曾在《纽约太阳报》上宣称马戏团里有位在 100 年前养育过美国总统乔治·华盛顿的 161 岁黑人女奴，引起轩然大波，随后巴纳姆又以不同笔名在该报上刊登读者来信，舆论声势愈发浩大。在此次公关事件中，巴纳姆获得了每周 1500 美元的收入。新闻代理通过操纵媒体、歪曲事实来获取公众关注，对公众信任造成一定的消极影响，这也决定了新闻代理的辉煌时代不会维持太久。

公共关系在教育领域的影响一直持续到 19 世纪末。耶鲁大学 1899 年成立了公共关系与校友办公室，为学校的对外工作提供公共关系意见。哈佛大学紧随其后。1900 年全美第一家宣传局在波士顿成立，哈佛大学随即雇用宣传局为自身服务。

此外值得一提的是，发生在 19 世纪的工业革命使传播技术得以快速发展，报纸迅速成为主流媒体，公共关系由此进入一个新阶段，逐渐走向现代化。

(3)1900～1939 年，工业快速发展时期结束，企业在面对新挑战的同时也不得不向政府的各项规定“低头”。20 世纪初，揭露资本主义和政府丑闻的“扒粪者”兴起。“扒粪者”是西奥多·罗斯福对记者的比喻。在强大的新闻界压力下，企业意识到操纵舆论的方法已不再管用，新的公关意识正逐渐形成。

早期工业主并不看重公众，认为公众是可被控制和愚弄的。纽约中央铁路老板威廉·亨利·范德比尔曾说：“让公众见鬼去。”J. P. 摩根也发表过“我不欠公众任何东西”的言论。而在社会意识来临的时代，这种想法早已在新闻界和政府的双重压迫下遭到抛弃，1899 年全国消费者联盟的成立更促使企业重视公众与媒体。在此背景下，越来越多的公共关系专家被企业雇佣，艾维·莱德比特·李(Ivy Ledbetter Lee)便是其中一位。艾维·李出生于佐治亚州，作为一名商业报道记者，他深切感受到了公共关系领域的迅速发展，看到了为企业提供私人服务的前景。1904 年，他与另一名记者乔治·帕克共同创办了美国第三个宣传代理机构——帕克和李公司，并于两年后发表了“原则宣言”。宣言中明确提出“我们的计划是坦诚公开的，代表商业团体和公共机构，就对大众有价值及公众乐于知道的问题，向美国新闻界及大众提供迅速而翔实的报道”。这意味着两人的宣传代理机构将坦白公开地向大众提供准确及时的消息，意味着公共关系已经从操纵舆论进入告知公众阶段。艾维·李在无烟煤矿工人大罢工一案中充分运用了宣言思想，为煤矿经营者带来了有利报道。1906年，李和帕克在应邀处理宾夕法尼亚铁路的人员伤亡时，发布了完整、真实的事故信息。由于公开真相，信息传递及时，赔偿迅速，事件处理结果良好，艾维·李被宾夕法尼亚铁路留用，成为宾夕法尼亚铁路的第一位新闻宣传代理人。艾维·李为现代公共关系的发展奠定了基础，被称为“公共关系之父”。艾维·李开设的宣传代理机构被看作现代公共关系实业的开端，公共关系通过他得以成为一门真正的职业，许多公共关系技巧和方法一直沿用至今。

铁路机构是这一时期公共关系的主要客户，并对公共关系的作用深信不疑。事实上，1893年铁路部门对有关公众社会状况的调查已经开始；1897年以后，“公共关系”一词多次出现于与铁路相关的出版物中，甚至在1909年，某位铁路行业领袖曾号召所有大型企业设立负责公共关系的副总裁，以便为公司提供可被采纳和实施的建议，以修复铁路在公众心中的形象。除铁路部门外，大学、教堂、福利机构等其他非营利性组织在此时期也普遍应用公共关系。1904年宾夕法尼亚大学与威斯康星大学成立了宣传办公室；1905年基督教青年会雇用了一名宣传员从事募捐活动；1908年，美国红十字会和美国防治肺结核协会相继开始了公共关系工作；1909年纽约市圣公会三一堂开启了宣传业务；1912年基督复临安息日会建立了正式的宣传处。

在商业公司方面，亨利·福特被评为“可能是比机械师更伟大的一位宣传家”。福特公司1908年建立了企业内部刊物《福特时代》，1912年开始对消费者进行市场调研，1914年成立了公司电影部。福特对传媒保持开放态度，积极与媒体交流，甚至为传媒举办汽车拉力赛，充分显示了福特对公共关系的兴趣和重视。

1917年，美国加入第一次世界大战。为了使民众支持这次参战，美国军方已经宣传多年，事实上在1907年海军部就设立了宣传办公室。为了“推销”战争，政府对美国电话电报公司有所控制，同时说服高等学府教授进行战争相关话题的宣传，还通过赫伯特·胡佛食品管理机构说服民众保存食物。一战期间，乔治·克里尔被任命为公共信息委员会主席，该组织由伍德罗·威尔逊总统于1917年建立。任主席期间，乔治·克里尔根据具体贡献为每个行业设立了宣传组，许多成员其后都成了成功的公共关系人员，该委员会亦成为推动公共关系进入新阶段的关键。在公共信息委员会的公共关系实践中，不得不提到另一位值得纪念的公共关系先驱——爱德华·伯内斯(Edward L. Bernays)。第一次世界大战期间，伯内斯作为公共信息委员会的委员，负责向外国新闻媒体传递美国的参战情况；第一次世界大战结束后，伯内斯出版了多部影响深远的著作。1923 年的《舆论明鉴》是公共关系经典理论之凝结，书中提出“公共关系咨询”的两种作用，肯定了公共关系的职能之一是向工商业组织提供建议以树立形象。基于这一观点，伯内斯提出了从计划到反馈再到重新评估的有关公共关系的 8 个基本程序。1925 年的《公共关系学》与 1928 年的《舆论》共同为系统科学的公共关系理论的构成奠定了基础。伯内斯认为公共关系要投公众之所好，组织应当认真考虑公众的需求，宣传工作应当以公众为出发点，同时在科学方法指导下的劝服活动效果会更加显著。与艾维·李被公众批评为“仅艺术，无科学”的公共关系实践相比，自伯内斯后公共关系学开始形成较为完整的体系，逐渐走向正规化、系统化、科学化，伯内斯也因此被称为“现代公共关系学的泰斗”。

随着进一步的发展，组织对民众的宣传不仅仅局限于通过媒体发布文字，而且还包括组织的政策与行动，亚瑟·佩奇是这一观点的有力推动者。佩奇是詹姆斯·埃尔斯沃思在美国电话电报公司的接替者，他认为“民主国家的所有事业都始于公众承认，存于公众认同。如果这是真理，那么各项事业皆应将其政策、其实施过程、其未来发展如何，愉悦地向公众说明”。佩奇建议组织充分运用多种方法与公众建立直接联系，实施全面的、持续的、系统的公共关系计划，同时组织要想对公众舆论作出精确的判断，数据是必需的。美国电话电报公司的公共宣传部门在这种思想的指导下始终保持对公司政策的审查和对舆论影响的评估机制，把公众利益放在首位，推行使公众满意的计划。

(4)1940 年以后，公共关系逐渐进入管理领域，公关职业化亦有所发展。这一时期，国际日益恶化的军事和政治形势让美国在全球范围内全面参战，公共关系事务所也抓住机会参与到战争事业当中。

这一时期，美国政府内有两个重要事件影响到了公共关系的发展：第一，“战时信息办公室”成立，埃尔曼·戴维斯指导了整个计划。“战时信息办公室”的任务是向世界传播信息，它还通过各种手段推销战争券，鼓励人们节衣缩食、节省燃油并开展招募军队等活动。今天依然活跃的几个重要的传播机构，如“美国情报署”“美国之音”和“广告委员会”就是从那时延续下来的。第二，战争顾问理事会建立，负责处理与战争相关的公众服务公告。它为战争期间美国在国内外争取支持起到了重大作用，同时该组织还帮助销售战争券，赢得了公众、行业和劳工的支持。

传播学者查尔斯·斯坦伯格(Charles Steinberg)提出，第二次世界大战让公共关系成为一个“成熟的专业”。第二次世界大战之后，公共关系也变得更受尊重和更加专业化。1947 年，波士顿大学成立了第一个公共关系学院；短短两年后，100 所学院和大学都开设了公共关系学课程。

1953 年国际商会(International Chamber of Commerce)建立了一个与公共关系有关的委员会。1955 年，来自 90 多个国家和地区的成员组成了国际公共关系协会。50 年代末，有不少女性进入了该领域，并且有许多人取得了不小的成就。如早期公共关系人员多利丝·弗莱彻曼·伯尼斯、《公共关系新闻》前任编辑丹妮·格瑞斯沃德以及“群体态度企业”前总裁简·斯图亚特等。这也让许多人意识到公共关系是一个适合女性的职业。

20 世纪 50 年代企业的公共关系的任务与之前有所不同，其中之一就是回报社会，不仅要把钱花在免税基金上，同时还要在保健、社区活动、公共服务和教育研讨上进行投入；在企业回报社会的同时，公共关系也赢得了公众的尊重。与此同时，诚信成为公共关系中一个重要的问题。1954 年美国公共关系委员会发布了第一套与公共关系相关的道德准则。1959 年，美国公共关系协会采用了一份《原则宣言》，并且有了一套更加完善的道德准则。协会还在 1962 年成立了申诉委员会。只要成员怀疑其他成员违反了准则，委员会就将举行听证会。此外，1964 年协会通过了自愿资格鉴定项目。这是在公共关系方面承认一定专业成就的第一步，也是建立和管理一整套行为准则的第一步。

20 世纪 60～70 年代，由于国际形势和国内形势的变化，美国整个社会需要更多的公共关系人才来处理大事件，安抚公众。这一时期存在的一系列问题使企业和公众对公共关系人员有了新期待，并且为公共关系的角色赋予了新内涵。

1968 年美国公共关系学生社团成立，公共关系的学科地位愈发显著，在这一领域受过专门训练的人员首次占据主导地位。1973 年美国最高法院要求所有可能影响上市公司股票价值的信息必须立即披露的决议彻底改变了公共关系人员的角色。因为这一决策决定了公共关系人员必须集中应对公共信息，而不是选择性地让公众知晓信息。

(二)公共关系在中国

现代科学意义上的公共关系事业是随着 20 世纪 80 年代的改革开放进入

中国的，并且随着改革开放领域的不断扩大不断发展壮大。公共关系作为一种新的经营管理思想和技术传入中国，呈现出由南向北、由东向西，由服务行业向工业企业，由外资企业向国有企业，由企业组织向政府组织逐步发展的格局。[①] 公共关系事业在中国的发展，大致可以分为以下三个阶段：

1. 引进与开创阶段（20 世纪 80 年代初期至中期）

20 世纪 80 年代初，深圳、珠海、汕头等沿海城市宣告成立经济特区，一些中外合资企业和外商独资企业在运作过程中最早设立了公共关系部，招聘培养了一大批公关从业人员，开始了早期的公共关系业务。这一时期的公关部门多数是由在海外受过公共关系训练的相关人员担任经理。1980 年，深圳蛇口华森建筑设计顾问公司率先成立了我国第一个具有公共关系性质的专业公司；1984 年，广州白云山制药厂诞生了第一个国有企业公共关系部，公共关系被逐渐引入中国企业。

在海外公共关系专业人员负责内地企业公关职能部门的同时，大量国内管理人员也奔赴海外接受了专业的公共关系业务的培训。1984 年前后，随着这批专业公关人员的返回，我国形成了真正意义上的公共关系专业队伍，公共关系事业蓬勃发展。公共关系作为一种职业，在各个行业和领域发展起来。1984 年，我国国有企业的第一家公共关系部——广州白云山制药厂公共关系部正式成立。《如虎添翼——记广州白云山制药厂的公共关系工作》一文发表于《经济日报》，这也是我国首篇有关公共关系的通讯，而《认真研究社会主义公共关系》一文则作为社论予以配发。同时期，广州中国大酒店设立了公共关系部，并以此为背景拍摄了红极一时的电视剧《公关小姐》。公共关系开始从服务行业逐渐扩展到社会团体、科研机构、机关、学校等，北京印染厂、杭州电视机厂、邯郸市糖业烟酒公司等纷纷设立公共关系部门。

随着改革开放的不断深入，越来越多的跨国企业看到中国市场的价值，开始逐渐进入中国市场，也带动了为其提供服务的公共关系专业机构向中国的延伸。国外的专业公共关系公司的进入，为中国带来了专业、全新的概念和操作方式，也催生了中国专业公关公司。1985 年，国际性公关公司之一的美国伟达公关公司在北京设立办事处；同年，中国第一家专业公关公司——中国环球公共关系公司成立。5 月，首届国际公共关系专业研讨会在北京召开。同时，《深圳工人报》刊登了“公共关系系列讲座”，北京大学也开始举办公共关系

---

① 参见吴光芸主编：《公共关系学》，南开大学出版社 2008 年版，第 39 页。

讲座，深圳大学于9月份正式设立公共关系专业，上海复旦大学新闻系也开设了公关课程。随后，国内多所知名院校，如中国人民大学、同济大学、中山大学以及中国科技大学等均开设了公共关系课程。其中比较有影响力的有中山大学、东华大学和中国传媒大学，其公共关系教育也带有所在院系特色，但归结起来，其培养内容和培养方向与国际上的公关教育发展是接轨的。在学术研究、教育出版等多个领域，以多种形式涉足公关专业成为热潮。值得注意的是，有关公共关系的教育培训也在此时期逐步展开，我国最早的公共关系培训班于1985年1月在深圳市总工会开办。

2.发展与适应阶段(20世纪80年代中期至后期)

这一时期，中国的公共关系事业获得了大发展，呈现出了“公共关系热潮”，突出标志是专业的公共关系公司以及公共关系协会的建立。1987年5月，中国公共关系协会成立。协会的成立使公关从业人员有了可以交流与协作的组织。其实早在1986年12月，上海就成立了全国第一家省级公共关系协会，广东等地也出现了一些公共关系组织和协会。不仅针对国内，而且我国与国际公关机构的合作交流也已开展。1991年，中国国际公共关系协会成立，与国际沟通的渠道更为畅通，为更好地与国际接轨创造了条件。

随着公共关系事业在国内的落地生根，相关专著的撰写被提上日程。1986年11月，中国社科院编著的《塑造形象的艺术——公共关系学概论》正式出版。1989年，全国第一届公共关系教学研讨会召开，弗兰克·杰弗金斯的《公共关系学》、斯科特·卡特里普等的《有效的公共关系》等国外公共关系著作在国内翻译出版。这一时期与公共关系相关的理论研究颇多，相关宣传也逐渐增加，中央电视台的《公共关系浅说》专题纪录片、电视剧《公关小姐》也相继播出。1990年，广东电视台以宾馆、酒楼的公共关系活动为题材，拍摄了中国第一部反映公共关系理论与实践的电视连续剧《公关小姐》。该剧播出之后，公共关系逐渐为国人所知晓。虽然该剧在一定程度上引起公众对“公关”职业的曲解，但是却将“公关”的概念带入公众视野。该剧在当时也引发了公共关系职业潮。许多企事业单位和组织团体相继成立公关部门，相关行业的从业人数也有很大增长。

公共关系事业的职业规范也有了一定进步。1988年首届省市公共关系组织联席会议就规范化、职业化问题进行了讨论；次年的第二届全国省市公共关系组织联席会议便拟定《中国公共关系职业道德准则(草案)》，此准则于1991年在第四届联席会议上正式通过。

3. 成熟与专业化阶段(20 世纪 90 年代至今)

从 20 世纪 90 年代初期到 90 年代中期,公共关系在中国的发展进入了一个相对稳定、成熟的时期。这一时期,我国的公共关系发展得到党和国家领导人的高度重视。1991 年 5 月,中国公共关系协会在北京召开会议,国家领导人在贺词中充分肯定了我国公共关系取得的成就,同时还指出了我国公关事业的任务和方向,这对我国公关事业的进一步发展起到了重要的指导作用。

与公共关系相关的教育和培训事业也日趋成熟。1994 年,中山大学被教育部批准开办部属院校第一个公共关系本科专业,随后在行政管理专业的硕士点招收公共关系方向的硕士生,这标志着我国公共关系学形成完整的教育网络。同时,全国公开出版的公共关系专著、教材、译著、工具书已超过 1000 多种,其中具有代表性的有《中国公共关系教程》《中国公共关系大辞典》等。而这一时期,学术研究活动十分活跃,中国公共关系的一些学术流派开始产生,如形象学派、协调学派、传播学派、管理学派等,加深了对公共关系的研究。职业化方面,1999 年《中华人民共和国职业分类大典》将公共关系作为一门被认可的职业列入其中,公共关系这一职业在国家层面被正式接受。

但在 20 世纪 90 年代中后期,公共关系在中国的发展受到阻碍,热度开始降低,由高潮步入低谷,主要表现在以下几个方面:①大量企事业单位和组织出于部门分工不明、任务繁杂、人员不专业、工作效果未达到预期等原因纷纷撤销公关部和公关处。②80 年代中期以来创立的各类公关公司和公关事务所因长期缺乏合适的业务而大量倒闭或换牌。③公关从业人员素质普遍偏低且数量急剧减少,原先被视为时髦职业的公关职位风光不再,大量从业人员转业。发生此现象的根本原因是当时国内对公共关系的引进和运用停留在机械模仿阶段,引进的理论没有消化、没有创新,不符合我国实际情况。同时,国家对于公共关系学科建设引导不力,企事业单位对于公共关系作用认识不明,专家学者对于公共关系的普及和推广不力等也是公关事业陷入低谷的重要原因。

虽然历经坎坷,但总的来看,我国的公关实践逐渐走向自为、自觉、自创,理论研究日趋深入,探索和发展成为主题。步入 21 世纪,公共关系也向着手段多样化、人员专业化、理念国际化、运作整体化、范围全球化的现代公关方向发展。

第三节　新媒体环境下公共关系的发展

实践证明，媒介技术的革新往往会对公共关系的观念和实践产生影响，并促进公共关系的发展。19 世纪中期在美国兴起的报刊宣传运动被学界认为是现代公共关系的发端，而广播、电视等媒体的出现和发展极大地影响了公共关系的发展。技术的进步，特别是互联网新媒体的出现，为现代公共关系创造了新的传播环境和传播方式，拓展了新的平台，也带来了新的机遇和挑战。

一、新媒体时代的传播特性

信息技术的发展以及数字技术和互联网的普及，将人类社会引入新媒体时代。现阶段，新媒体指的是以数字技术为支撑，以个性化信息为传播内容，以多向互动为传播模式的传播介质。新媒体以普及越来越广、速度越来越快的无线互联网以及先进的移动通信技术为依托，按照种类可以大致分为网络新媒体、移动新媒体以及数字新媒体等。

新媒体时代的传播特点主要有以下几个方面：

(一)信息发布者与接受者互动性增强

新媒体环境下，传播和沟通方式发生了很大的改变，传统媒体时代巴普洛夫的经典品牌传播理论“刺激—反应—控制”的传播方式被彻底打破。消费者不再是过去那样的信息被动接收者，其主动搜索、分析和辨别各类信息的能力大大提高。公众可以避开传统通信渠道的制约以及层层审查的限制，可以比较直接、安全地进行自身意见的表达。公众能够参与到沟通过程中，甚至还会成为信息的制造者和发布者，信息的反馈和交互更加即时有效。公众在公共关系中的地位获得很大提升。

(二)受众筛选提取信息更加精准快捷

新媒体的特性决定了用户可以通过更加便捷的途径获取信息，可以根据个人偏好进行个性化的定制，有选择地接收信息，有效地筛除无用或不感兴趣的信息。但由于信息大量涌现，受众往往也面临着信息碎片化问题，无法窥见事实全貌。

(三)媒体传播渠道拓宽

新媒体拓宽了传统媒体的传播渠道，并且大大降低了传播的时间成本和经济成本。报纸、杂志、广播和电视等传播媒介都使用新媒体，借助互联网和手机平台，将信息进行再次制造和传播，让受众可以更加便捷地接收信息，从而节省了用户的时间和信息获取的成本。

(四)聚合具有共同偏好的人群

新媒体时代，每一个用户都可以表达其个性化的需求，接收个性化的信息。用户可以通过互联网平台找到拥有共同兴趣的社群，强化了网络新媒体的聚合性。每一个社群都具有自己的意见领袖，还具有独特的个性化标签，互动与定制成为媒体传播的大势所趋。受众往往只关注自身感兴趣的话题，这就要求企业在制定品牌传播战略时最大限度地保持其传播内容的连续性和传播效果的持续性，同时区分不同的社群，采取不同的传播方式。

二、新媒体环境下公共关系的发展

(一)社交媒体为公关助力

社交媒体打破了现实与虚拟的界限，开启了一个极度透明的时代。社交媒体依赖于个体自发地传播信息，是人们彼此分享见解、信息、思想并建立关系的在线平台，每个人都可以创建、评论和添加社交媒体内容。在社交媒体环境下，社群关系成为传播新形态，整个社群共同创造新的价值。一个个社群的集合犹如一个个"房间"，"房间"里人人平等。当代企业需要成为这样"房间"的建造者，为受众提供线索与想法供其讨论。在这个过程中，问题往往不具有唯一正确的答案，这种探讨争辩的过程才是真正重要的。

在社群中，"相关性"是最为重要与首要的信息过滤原则，是否受信任成为企业公关传播效率的重要影响因素。社交媒体所建立的市场既能迅速传播信息，也能使谣言发酵，公信力在社交网络中拥有巨大价值。传统媒体环境下建立在信息不对称基础上的商业形态正在逐渐瓦解，基于信任的新商业形态正在形成。强调"控制"与效果评估的传统公关模式已经失去了与受众建立信任的纽带，社交传播更看重"失控"——每一个人都可以成为拥有众多连接点的传播者，可以将事件无限扩大。

(二)视觉传播成为公共关系工作新形式

在"读图时代"的今天，信息传播和接收的有效性尤为重要。图片、视频、音频等多种媒体形式的整合相比于单纯的文字内容而言具有更好的传播效果，因为其综合了视觉、听觉等多种感官因素，带给受众更为生动直观的体验。视觉传播分为静态传播与动态传播。静态传播如海报、广告等着眼于对形象的深层发掘，追求造型的凝练，力图创造出鲜明、突出、具有高度概括性的画面，给人一目了然的感觉。企业在运用静态视觉传播时可以结合文本以避免画面信息量不足、受众难以理解的情况发生。动态传播往往指多媒体传播，也是新媒体时代企业公关最常使用的形式。动态传播能够更为逼真地呈现场景，它带给人们的是生动性、真实性以及强烈的现场冲击力。

新媒体的发展为企业公关工作的可视化提供了条件，品牌推广和公关策略应当把照片和视频作为公关规划的一部分，同时培养能够更好地制作与使用视觉产品的公关人员，在实践中证明视觉产品的额外公关效果以争取更多预算，达到更好的公关效果。

（三）公关精准化

精准营销的理念由菲利普科特勒提出，目标受众的精准选择、传播效果的精确衡量和企业与客户一对一的传播沟通体系是精准营销的三个核心概念。传统媒体主导下的消费者生活形态相对较为简单，接触的信息量较少，企业公关工作只需要在适当的媒体上采取叫卖式的、引导式的传播就可以达到一定效果；新媒体背景下则要求更精准的、可衡量的、高回报的公关计划。新媒体使细分市场、选择受众成为可能，更广的传播范围、更快的传播速度、有效的互动、多样的表现方式等优势可以使企业更有效地控制信息传播过程，从而提高营销传播的精准度。计算机和互联网技术可以准确记录消费者的行为轨迹，并由此推测其兴趣爱好、心理特征等；企业通过对用户行为数据的分析，基于受众兴趣定向投放，无须任何中介。同时，由于新媒体传播强调互动、自主，只有需求相符、特点相似的人才能点击、转发，企业也可以通过受众的社交网络进行品牌“去中心化”式的传播。此外，新媒体及其组合也可以提高精准度，如户外数字媒体与新技术的融合促使新的数字智能终端产生，再与手机定位相结合，可引导更多的消费者到特定位置参与活动。

（四）公众参与互动

在新媒体传播中，组织与公众的信息沟通以感情维系为基础。新媒体下的公关工作应当为受众提供更多的参与机会，通过互动来实现公关目标。首先，公众是自愿参与的，不会有被强迫的感觉；其次，参与者可以获取对品牌的直观感受并向自身社群传递体验，主动分享信息；再次，公众参与企业公关活动后会留下相应行为数据可供利用；最后，参与互动式的公关有可能使普通用户转化成潜在客户，潜在客户转化成正式客户，正式客户转化成品牌的忠诚用户。吸引受众高度关注的活动通常具有以下几个特点：透明性、互动性、及时性、助力发展、合作共赢、集思广益、建立互信。透明性是将有关组织的信息及时准确地告知公众；互动性指在组织和公众之间建立联系，共同参与活动；及时性强调组织传递信息的时间要求；助力发展则是指组织公关活动时不刻意追求结果；合作共赢、集思广益和建立互信都是对生产者和消费者携手努力的要求；同时组织还应鼓励员工及消费者分享自身经验，不能将产品或服务视为简单交易过程。

互动性是新媒体的最大特点，现代公关活动应充分利用这一特点。新媒体环境下的公众具有更强的选择性与主动性以及参与公关活动的目的性、针对性。注重互动环节的设计，更好地调动公众参与积极性，获取有效的反馈数据以便对今后的工作提供有价值的参考，是新媒体时代公共关系的重要趋势。

（五）新创品牌优势巨大

新媒体时代技术的不断革新为新创品牌的建立发展提供了机会和成长空间。随着新媒体的发展，潜在消费者群体愈发庞大，品牌推广前景广阔。而新创企业大多规模较小，结构灵活，更能适应新媒体下的公关模式，从而可以赢得更多的市场机会；而较低的公关成本也降低了新创企业品牌传播的门槛，新创企业可以更便利地塑造自身品牌形象。突破时间与空间限制的新媒体技术也可以减少传统公关下的错误引导和顾客不满。新创企业在品牌建设上或多或少存在着品牌认知度不高、品牌管理观念缺乏、品牌建设定位模糊、品牌运营管理无序等问题，公关工作效果不尽如人意。在资源、公信力匮乏的环境下，唯有利用新媒体技术进行公关工作，新创企业才能最大限度地发挥公关作用，进行品牌建设。

新创企业在运用新媒体进行公关时，应注意以下几点：首先，企业应当根据自身定位及公众特性使用不同的新媒体公关策略。以消费者为出发点，重视交互式公关，满足消费者的个性需求，促使消费者变为品牌的忠诚者与传播者。其次，创新性地使用新媒体，充分挖掘目标群体兴趣，以创新性的传播方式进行公关工作。再次，打造个性化品牌，满足消费者的个性化需求，提升品牌的核心竞争优势。最后，自主建设运营自媒体，及时与消费者沟通、传递信息。

三、新媒体环境下组织公关思维的转型

（一）转变传统观念，运用新媒体思维

社会组织的思想观念对其规则的制定和行事原则具有重要的影响，因此要想利用好新媒体，社会组织的管理层需要转变观念。管理者需要意识到各

种新媒体的重要作用，了解清楚其特性和传播模式，以积极开放的态度去接受新媒体，主动学习与新媒体和互联网相关的知识；同时在变革不合时宜的制度规章时，还需要具备勇于改变现状的勇气和决心；在运用新媒体时要改变居高临下的心态，以更加亲切包容的心态对待公众。

（二）专业化运作

新媒体时代，企业应当招募具备新媒体知识和实践经验的从业者，组建专业化的新媒体团队。对于组织的网站、微博、博客、微信平台以及APP（应用程序）等新媒体端，必须要由专业的从业者进行设计及信息的发布，与用户进行有效互动。组织应当针对新媒体平台制定明确的工作准则和危机预案，保证新媒体部门和团队高效稳定地开展工作。同时，新媒体的时效性要求团队与管理层之间的联系应当紧密，信息应当通达，以保证管理层的决定能够直接传递给新媒体从而传达给受众，公众的意见和建议能够迅速反馈给管理层，实现信息的有效互通。尤其在发生危机时，可以及时调动组织的人、财、物资源积极应对，权责明确，实施有效，执行有力。

（三）重视个体的声音

新媒体时代，每个人都可以是信息的制造者和传播者，每个人的声音借助新媒体的渠道都可以进行传播，甚至产生广泛的社会影响。因此，社会组织应当重视与自身相关的公众与组织的信息，包括直接或间接的意见表达、情绪及态度等，并对这些信息进行收集和评估。虽然信息量庞大，工作量剧增，但通过对信息的有效整理和总结，可以为社会组织制定计划和作出调整提供精确的指导。而对大数据的分析整理是公共关系的基本职能之一，“信息收集、环境监测”的全面升级，为其他公共关系基本职能更好地实现奠定了更加坚实的基础。

在公众信息收集的基础上，公关实践要更多地转向个性化服务。要充分了解公众使用新媒体的行为特点，比如对人们看新闻大多只看标题、对评论更感兴趣的特点，对图像更敏感、更喜欢的特点，对微博、微信等社交媒体的公信力、信誉度问题，对视频中插入广告的容忍度问题，对手机流量的敏感度问题等，都需要作深入了解。

在对公众细分的基础上，为不同特点的人群提供有特色、个性化的服务，着力提高每个个体的满意度，不能忽视任何个体的感受与反馈。尤其要重点培养长期忠诚的资深“粉丝”或“意见领袖”，充分发掘利用用户群体的内在价值。比如有意引导他们为组织发声，鼓励、支持甚至资助他们主动、自发地开展各种能提高组织知名度或美誉度的活动。在发生公关危机时，以他们为主要切入点和突破口，往往可以起到事半功倍的效果。

（四）充分运用“议程设置理论”，掌握信息传播主动权

议程设置是大众传播的重要社会功能和效果之一。该理论认为大众传播往往不能决定人们对某一事件或意见的具体看法，但可以通过提供信息和安排相关的议题来有效地左右人们关注哪些事实和意见及他们谈论的先后顺序。社会组织应当充分利用新媒体，摆脱传统媒体以及传统传播方式的束缚和限制，主动发声，为自身形象和产品进行宣传，对自身的声誉进行保护，对自身的市场地位进行维持。在信息传播上也要更加慎重、灵活、敏锐，在规则允许的范围内大胆尝试，善于创新，敢于突破，占据主动，引导舆论。

（五）重视数据库应用

大数据技术的使用是新媒体时代的重要特征之一。社会组织应当树立数据意识，充分应用网上已有的数据库，同时尝试建立自己的数据库，包括基于浏览器的数据库、链接型数据库、基于服务器的数据库等。利用大数据技术，为消费者提供产品或服务的企业可以进行精准营销，“小而美”模式下的中长尾企业可以尝试服务转型。在大数据技术下，基于交互性以及智能数据库的管理，消费者的形象被勾勒得更加清晰。品牌公关人员可据此分析消费者的兴趣与需求，从而提升品牌形象推广的精准性，而不是用大量无关、甚至是骚扰信息来挑战用户的忍耐度。目前，媒体环境碎片化现象明显，面对众多媒介形式，整合媒体传播绝非是“满汉全席”，媒介经营者要更加注重细分市场，将公关损失降到最低。利用大数据进行品牌营销可以分为两类：一类是基于运营体系或平台的数据，另一类是基于媒体信息分析与运用，如受众接触媒体的习惯。无论哪一种数据应用，都在改变着传统公关思路，仅依靠直觉与经验进行决策的优势正在急剧消失，公关公司需要做到数据与信息相对称，从而提出更富有针对性的公关策略。

（六）整合分配资源

整合新媒体公关与传统公关方式，极大优化整体公关效果，优势互补，发挥“1＋1＞2”的效应。新媒体为企业短时间内树立品牌提供了可能，但这并不意味着完全放弃传统媒体，更不是一味地使用单一新媒体平台进行单打独斗。企业应当根据自身实际情况和品牌定位将新媒体与传统媒体相结合。公关部门应以传统媒体信息内容为基础，同时借助新媒体的特性，充分发挥各自的优势，以搭建立体多面的品牌传播体系。同时，新创企业应注意数字媒体和社会

化媒体在品牌建设上的整合运用，以获取信息、追踪消费者决策过程，从而为企业品牌建设提供数据，帮助企业与消费者进行有效沟通。

（七）重新认识公共关系的传播沟通规律

新媒体环境下，主流媒体和商业媒体仍然是优秀公关人员需要重点考虑的因素，但互联网已成为更容易、更有效地接触消费者的方式。新媒体改变了公共关系的传播沟通规律：第一，公关传播渠道不再仅仅是主流媒体，网络成为展示公司形象的重要渠道。公司需要在网上讲述故事、传播思想，为公司发展营造良好的舆论氛围。第二，新媒体时代下的公众不仅是被宣传的对象，而且还要求能够参与到公关过程中来。公众已经不信任传统意义上的“意见领袖”，由权威获取信任的链条已经断裂，由信任生成权威的新链条正在形成。真实交互、全流程参与成为新媒体下公关工作的新要求。过去的公关传播通常只呈现结果、不展现过程，而体验式的公共关系所给予受众的特权将产生极大的吸引力。体验式公关的关键是参与感，即把“做产品、做服务、做品牌、做销售的过程开放，让用户参与进来，建立一个可碰触、可拥有和用户共同成长的品牌”①。比如提前获知的信息、个性化定制的产品、产品的首先使用权等都是构成参与感的要素。第三，用户根据兴趣的不同选择不同社群，个性标签反映着个人品位、生活情趣等。消费者需要通过对品牌的消费彰显个性，公司需要与社群共成长，形成自己的风格化品牌，与消费者的个性标签相呼应。传统媒体时代是媒体塑造消费者的“认知”，现在主动权掌握在消费者手中。公司需要强化品牌风格，如提供精品内容、满足受众的某一类需求、成为强关系的社区等。

---

①　黎万强：《参与感》，中信出版社 2014 年版，第 19 页。

第三章 公共关系的主体

公共关系主要包括主体、对象和传播三个基本要素，这三个基本要素相互作用，相互制约，共同组成公共关系。在这三大要素中，社会组织是公共关系的建构者和承担者，是公共关系活动的具体实施者和行为主体，在公共关系中居于主体地位，决定着公共关系活动目标的实现、功能的发挥、活动的状态以及发展的方向。社会组织是公共关系的主体，没有这个主体，公共关系的任何目标都无法实现。

本章将从社会组织、公共关系机构及其从业人员、组织形象的塑造三个部分展开。英国著名学者罗伯特·韦克菲尔德(Robert I. Wakefield)曾说："所有的公共关系都应为了维持长期的名誉和建立关系而存在。"在整个社会大环境中，社会组织繁杂众多，不同的社会组织有着自己特定的公众对象。为了更好地建立与公众之间的良好关系，就必须借助大量的公共关系行为。公共关系的机构和公共关系从业人员应运而生。公共关系机构是实现公共关系目标的专业性职能机构。公共关系从业人员是指专门从事公共关系工作的职业人员。社会组织要想建立起与公众之间良好稳定的关系，首先要建立起由专业性公共关系从业人员组成的专职的公共关系机构。除此之外，社会组织必须通过一系列公关活动塑造组织形象，以此提升受众对组织的认知度、好感度、美誉度。

第一节 社会组织

社会组织作为公共关系的主体，是公共关系活动的实施者、承担者，是公共关系赖以发展的重要条件。公共关系实际上是一种组织活动。在公共关系活动中，作为主体的社会组织通过传播媒介与公众产生关系，以实现公共关系活动的目标。要想对公共关系有一个全面的了解，协调好组织与公众之间的关系，首先要深入地认识公共关系的主体——社会组织。

一、社会组织的内涵

（一）社会组织的定义

社会组织这一概念多见于社会学、管理学等学科，不同的学科会从不同的角度对社会组织进行考察。在公共关系学中，主要侧重于研究社会组织如何围绕着公关目标，在运行过程中对公共关系进行管理。在公共关系学中，社会组织是按照一定的运行结构和权责制度，为了实现特定的社会目标而有意识地组合起来，具有相互独立性的社会群体，如政府、企业、学校、社会团体等。社会组织的成立是建立在实现共同的社会目标、履行社会职责的基础之上，公关目标就是通过策划和组织一系列旨在影响和改变组织环境的公关活动，使组织处于长期稳定的良性发展之中。

（二）社会组织的特点

1. 目标性

在一个社会组织中，目标性是必不可少的，它是社会组织的灵魂。任何社会组织都是以实现一定的组织目标而存在的。社会组织的目标一般是明确的、具体的并为全体社会成员所接受的，它是社会组织存在和发展的重要依据。目标对组织的生存和发展具有一定的导向作用，对组织成员具有统一认识、规范行为的作用。确立明确、具体的目标，是展开公共关系活动的基础和前提。如果社会组织的目标不明确、不具体，不仅会导致公共关系工作的盲目性，影响公共关系活动的顺利开展，而且还会危及组织的生存以及良性发展。加强公共关系主体的目标性，有利于提高公共关系活动的成功率。因此，加强社会组织目标性的建设是社会组织必须要做好的一项工作。

2. 整体性

每一个社会组织都是由各个部分组成的整体，整体并不等于各孤立部分的简单相加。社会组织存在着一定的组织结构、制度、规则，它们将组织成员的各种活动组织起来，并使之有序、高效地发挥作用。组织内部各部门之间、各成员之间既有明确分工，又有机地构成一个整体。各个部门、各个成员之间是相互依存、相互影响的关系。社会组织的整体性要求整体中的各种要素都不能偏离组织发展的轨道，而是要把自身看成实现组织发展的一部分，发挥各自职能优势，形成促进组织发展的合力。由此可见，组织的整体性是组织各个部分进行良好的协作和配合并顺利完成目标的前提和保证。

3. 动态性

社会组织是一个有机的生长体，一个开放的系统，在这个系统中包括社会组织的目标、公共关系的机构、公共关系从业人员等多种要素，这些要素并不是一成不变的，社会组织会随着这些要素的变化以及外界社会环境的变化而不断调整自己，这是一个动态发展的过程。因此，为了使自身得到良好的发展，顺利实现其社会目标，社会组织必须根据社会环境的变化不断调整自身的行为，实现动态发展。

4. 多样性

社会组织具有多样性。不同的社会组织不仅有不同的目标，不同的规模，而且还会承担不同的社会责任，履行不同的社会职能，因此它们有不同的类型。例如，按照规模分类，社会组织可以分为大型组织、中型组织、小型组织；按照组织形式分类，可以分为正式性与非正式性社会组织；按照社会组织的目标及活动内容分类，可以分为经济组织、政治组织、群众组织、文化组织、宗教组织等；按照社会组织是否营利分类，又可以分为营利性组织和非营利性组织。因此，社会组织要对自身的类型做好定位，扮演好自身的社会角色，这样才能有效地实现其公共关系的最终目标。

5. 开放性

任何一个社会组织都是开放的。它不仅自身要与周围环境进行物质、人员、信息的交换，而且还要根据与其他组织的关系，组成不同的组织体系，在更大的范围内和更高的水平上与外界环境进行各种形式的交换。如果一个社会组织采取自我封闭的手段，那么这个组织也将没有任何生命力可言，最终一定会走向灭亡。例如，如果一个商店采取封闭的办法，不与顾客开展买卖活动，不与供货商进行交易获得货物供给，不去了解商品在当下市场的行情……那么这个商店将会无法运营，最终要面临倒闭。社会组织的变化会对外界环境产生影响，而外界的变化也会对社会组织形成影响。一方面，组织需要通过一定的公关手段获得有利于自身发展的外部信息以及时调整策略或目标；另一方面，组织也需要通过一定的传播手段将自己的意愿传播出去，让公众知晓并影响公众。

二、社会组织的分类

社会关系具有复杂性和多样性，也因此有不同的类型。对不同社会组织进行分类，有利于我们准确地判断其组织性质和任务，进而把握其公共关系行为。社会组织繁杂众多，按照不同的分类标准，社会组织会有不同的分类。一般来说，社会组织的分类主要有以下几种：

（一）按照组织的目标及活动内容来划分

1.经济组织

经济组织是最基本的社会组织，它担负着向人们提供衣、食、住、行等物质生活资料的任务。它履行社会的经济职能。例如生产组织、商业组织、金融组织、交通运输组织以及服务性组织等都属于经济组织的范畴。经济组织主要是实现其所有者和经营者的利益，并以营利为目标。因此，一个经济组织要想得到较好的发展，首先要与消费者搞好关系，获得消费者的支持，在他们心中树立良好的形象，以便在市场经济活动中不断得到发展壮大。

2.政治组织

政治组织是具有明确政治主张、制定政策以实现政治目标的组织。政治组织主要履行社会的政治职能和管理职能，集中代表和反映社会统治阶级的整体利益或某一阶层的利益。它主要包括政党组织、国家政权组织、国家武装力量组织和国家司法机关等。政治组织必须要以国家以及社会公众的整体利益为目标，对内要在人民心中树立一个良好的领导者、管理者和服务者的形象，得到大众的拥护和支持；对外要保卫国家政权，处理好与其他国家之间的关系。

3.群众组织

群众组织是代表群众利益，有广大群众参加的非政权性质的社会团体。在我国，主要包括工会、妇女联合会、共产主义青年团、青年联合会、学生联合会等。群众组织广泛团结社会各阶层、各领域的人民群众，并积极地组织他们开展多种社会活动，反映他们的意愿和要求，成为群众利益的忠实捍卫者，以此求得社会各方的支持，日益扩大群众组织的规模，促进社会的和谐发展。

4.文化组织

文化组织是指通过研究和传播文化、教育、科学技术来满足人们的文化需求的组织。如学校、图书馆、文化团体、科研机构等都属于文化组织公众的范畴。文化组织公关的主要目的在于在广大人民心中塑造优秀的精神文明建设者和文化教育服务者的形象，以获得广大人民的支持和参与。

5.宗教组织

宗教组织是由认可共同的宗教信仰目标与行为体系、共同遵守一定的制度规范的宗教信徒组成的宗教群体。宗教组织代表宗教界的合法权益，主要任务是办好正常的教务活动和宗教活动，激发宗教群众和宗教界人士的爱国主义精神和社会责任感。在我国，宗教组织主要包括佛教、基督教、道教、伊斯兰教、天主教等。宗教组织的公共关系任务就是实现宗教和谐，主要包括宗教组织内部的和谐、宗教组织之间的和谐、宗教组织与社会的和谐、宗教组织与政权组织的和谐，宗教和谐是促进社会和谐的重要组成部分。

（二）按照组织是否营利和是否具有竞争性来划分

1.竞争性营利组织

竞争性营利组织是指为了实现组织的经济利益目标而积极参与市场竞争活动的社会组织。这类社会组织有明显的经济利益驱动，需要争取公众支持，因此，这类社会组织的公共关系意识较强，公共关系行为也较为自觉和主动。这类组织主要包括生产组织、商业组织以及服务组织等，金融组织、经济组织、旅游服务组织等就属于这类社会组织。它们为了自己的经济利益，为了在市场竞争中胜出，一般都会比较主动地争取公众的支持。

2.竞争性非营利组织

竞争性非营利组织不以获取经济利益为目标，它们主要是为了赢得公众的理解和信任。学校、教堂、公立医院等均属于此类组织。这类组织往往不是通过销售商品、提供服务等来获取资金，而是靠政府拨款或者民间捐助。因此，其最重要的公关对象往往是政府、社区和一般公众。

3.独占性营利组织

独占性营利组织主要是指国家为了稳定经济秩序、促进其健康发展而宏观控制的社会组织。电信部门、邮政部门、自来水公司、煤气公司等均属于此类组织。这类组织往往有追求经济利益的冲动却无竞争的压力，它们对产品和服务具有绝对的垄断权，因此不太重视公关工作。这类组织在产品质量、服务方面未必做得很好，但是在定价方面有一定的随意性，易产生损害公众利益的行为。

4.独占性非营利组织

独占性非营利组织是一种既无经济利益驱动也无竞争压力的组织。政权机关和一些公益性部门，例如政府、法院、警察局、社区等都属于这类组织。如果这类组织不重视公共关系行为，很容易与公众疏远，产生误解，影响自己的形象和信誉。

(三)按照组织目标与受益者的关系来划分

1. 互益性组织

互益性组织是指组织内的一般成员都可以受益的组织。它的目标是为所有参加者提供利益,因此其受益人是所有参加者。这类组织主要包括党派团体、职业团体、群众社团组织等。互益性组织主要是为了实现组织内部成员的共同利益和共同目标,因此必须增强内部成员的归属感和凝聚力,重视组织系统内部的沟通。

2. 营利性组织

营利性组织是以经营为中心、以获取经济利益为目标的社会组织。这类社会组织主要包括工商企业、贸易组织、金融机构等。这类组织以其所有者、经营者的利益为出发点,通过策划并开展一系列公关活动与公众建立良好的关系,塑造良好的组织形象,以此增加经济效益。

3. 服务性组织

服务性组织是指为了满足特定公众的某种客观需要而建立的非营利性的组织,如学校、医院、社会福利机构等。这类组织并不以营利为目的,而是以为特定的公众服务为宗旨。

4. 公益性组织

公益性组织是指以维护国家及社会公众的整体利益为目标的非营利性组织。政府部门、公安机关、国家武装力量、公用事业单位等都属于此类组织。这类组织主要是以全社会的利益为出发点,它的服务对象是辖区内的大众。

社会组织的分类是多种多样的,根据不同的分类标准会划分出不同类型的社会组织。关于组织的分类标准并不是绝对的,而是相对的。但毫无疑问的是,辨别清楚组织的类型,对其进行合理的定位,是组织开展公关工作的第一步。

第二节 公共关系的机构及其从业人员

公共关系机构是由专职公关人员组成、专门从事公共关系工作的专业部门或机构。公共关系机构主要是开展公关活动,履行公关工作职能,是服务于社会组织公关需要的专业机构。公共关系机构主要分为三种:一是组织内部的公共关系部;二是组织外不从属于任何组织的专业性社会机构,即专门的公共关系公司;三是独立的公共关系社团组织。

一、公共关系机构

(一)公共关系部

公共关系部是组织内部为贯彻本组织的目标、开展公共关系工作而专门设立的部门。作为社会组织系统的子系统,公共关系部门所发挥的作用是其他子系统所无法实现的。以前,我国大部分的组织没有专门的公关部门,大量的公关工作由其他部门代替。随着社会经济的不断发展以及组织公关意识的不断增强,越来越多的组织开始在内部设立专门的公共关系部,使组织的公关活动更好地开展。

1.公共关系部的地位和作用

社会组织在实现公关目标的过程中,会面临来自各个方面的问题和阻碍,同时社会组织需要承担的公关任务也是纷繁复杂的。如果没有由专职人员组成的公共关系部门来处理各类的公共关系,则既不利于树立良好的组织形象,也会造成组织内各部门各自为政的局面,最终将阻碍社会组织目标的实现。在社会组织内,公共关系部门承担着两方面的工作:一是对内要向各子系统提供信息,协调组织内部的各种关系,在组织内部创造和谐有序的环境;二是对外代表社会组织发布信息,协调组织与外部公众之间的关系,塑造完美的组织形象。因此,在实现系统优化的过程中,公共关系部的地位和作用是十分重要的。

(1)信息情报的汇集地

组织要想得到稳定、良性的发展,全面、及时、准确的信息情报是必不可少的。公共关系部负责收集、整理、分析一切与组织有关的信息和情报资料,便于组织及时了解和掌握生存环境的变化、社会公众的现状以及发展趋势,并以此为依据作出满足公众需求、符合社会发展趋势的决策。从这一方面来讲,公共关系部是社会组织信息情报的汇集地。

(2)决策参谋中心

詹姆斯·格鲁尼格(James E. Grunig)教授曾经指出:“凡卓越的公共关系部,它必须在组织里发挥着战略管理的作用或具有这样的地位。也就是说,公共关系与组织的战略管理发生关系,它与组织的长远目标联系在一起,参与着组织的重要决策。”①在组织活动策划、执行以及遇到问题的时候,公共关系部

① 转引自叶茂康:《公共关系部职能:定位和迷失》,《国际公关》2005年第5期。

能从全局出发,提出具有科学性、战略性的建议。它是社会组织的“思想库”“智囊团”“参谋部”,它从战略的高度,从科学性和艺术性的角度出发,为社会组织的发展出谋划策。

(3)对外宣传交流中心

一个社会组织要想获得公众的认可、理解、信任和尊重,就必须要进行对外宣传,与公众进行交流,将组织的决策和政策传达给受众,并解释组织行为,透明地、全方位地展示组织形象。公共关系部作为对外宣传交流中心,通过对外宣传,使组织处理好与外界的各种关系,加强与外界的联系,以便提高组织的美誉度和知名度,更好地满足社会的需要,实现其社会价值。

2.公共关系部的工作职能

公共关系部作为社会组织内部的一个专职部门,是组织得以长期良性发展的必要条件之一。在组织的发展过程中,公共关系部对内担负起增强组织凝聚力,创造互信、团结、协作的内部环境的职责;对外履行好与公众进行沟通协调、赢得公众信任和尊重的职能。

弗兰克·詹夫金斯(Frank Jefkings)在《实用公共关系学》中共列举了 26 项公共关系部的工作,用 A 到 Z 的 26 个英文字母来进行表述,被称为“公共关系 A 到 Z”①。

A:写作并向报刊发布新闻、照片和特写,发布前编好报刊的名单。

B:组织记者招待会,接待参观访问。

C:向媒体提供信息。

D:为有关部门安排接见报刊、广播和电视记者的访问。

E:为摄影师作情况介绍,保存照片资料。

F:编辑出版供员工阅读的杂志或报纸,组织其他形式的内部通信,诸如录像带、幻灯片、墙报等。

G:编辑出版以经销商、用户、顾客为对象的对外刊物。

H:编写并提供各种资料,诸如培训资料、企业的历史、年度报告、新员工须知等。

I:制定试听工具,诸如纪录片、同步幻灯片、录像带,包括分发、编目、放映及维护工作。

J:组织有关公共关系的展览会、陈列品,包括提供交通工具。

---

① [英]弗兰克·詹夫金斯:《实用公共关系学》,徐百益编译,上海翻译出版公司 1988 年版,第 33 页。

K:制作并维护企业识别标志,诸如商标、配色图案、专用印刷品的风格及车辆的标志等。

L:主办有关公共关系活动。

M:组织参观工厂等活动,并提供便利。

N:参加董事会和生产、市场营销和其他主要负责人的会议。

O:出席销售和经销商品会议。

P:代表企业出席行业性的会议。

Q:负责同公共关系顾问联系。

R:训练公共关系人员。

S:进行意见调查或其他调研活动。

T:和广告专业单位联系。

U:和政治家、公职人员联系。

V:当新厂房或办公楼落成举行开幕仪式时,接待来宾和新闻界人士。

W:安排官员和国外人士的来访、参观。

X:举办纪念活动,如百年纪念或者获奖纪念等。

Y:从剪报、广播、电视或其他外界的报告中获得反馈,进行组织整理。

Z:分析反馈,评估预定目标的实际结果。

弗兰克·詹夫金斯提出的"公共关系 A 到 Z"对公共关系部的职能进行了非常详细的列举。从上面数条工作职能来看,我们可以将公共关系部的工作职能归纳为三个方面:

第一,在处理对内关系上,负责处理员工关系、部门关系、上下级关系、股东关系等。公共关系部配合组织内其他部门协调处理各种关系,例如编制公司刊物、组织股东年会、进行员工调查等。

第二,在处理对外关系上,负责处理客户关系、政府关系、社区关系、媒介关系等,例如召开新闻发布会、举办纪念活动,对公众进行满意度调查等。这些关系的处理和维系需要专门或者固定的人员负责,以便使组织与外界保持良好稳定的关系。

第三,在专业制作方面,随着公共关系的广泛应用和发展日渐专业化,形成了专业的手段和技巧。这些专业性的技巧主要包括计划与决策、信息搜集、文字写作、美工设计、新闻发布、摄影与编辑等等,这些工作都是由专业的工作人员来完成的。

3. 公共关系部的组建原则

公共关系部是社会组织内的一个职能部门。为了做好公共关系工作，要求在组建公关部门的时候要做到高效、精简、专业、充满活力。只有这样才能使其与组织内其他部门相互配合、高效合作，从而使组织在良好的环境中发展。

(1)精简性原则

精简性原则是公共关系部组建时应遵循的基本原则。精简性原则要求机构的设置以精简为主，拒绝臃肿。具体来说，就是要求公共关系部在出色地完成各项公关工作的前提下，将工作人员的数量降低到最少。公关部的规模要根据组织规模的大小来设定，需要充分考虑组织本身的规模、组织内部各职能部门的职能分配、组织面对公众的特点等因素。

(2)专业性原则

公共关系部门是组织内部专门设立的开展公关工作的部门，它的每一项工作的展开都会对组织的整体形象产生影响。因此，在组建公共关系部门的时候，一定要专职专用；工作人员必须要接受专业的公关培训，具有强烈的公关意识，同时具备专业的工作技能，使公共关系工作正规化、专业化。

(3)灵活性原则

公共关系部的工作既涉及一些常规性的工作，例如收集信息、接待访客、常规宣传等，同时也需要应对一些临时性大型专题活动或突发性的事件，这就要求公关部门在组建的时候，忌冗员，要职责清晰，利于调配人手，保持整个部门高度的灵活性和可调节性。

(4)协调性原则

一个社会组织要想获得长期稳定的发展，需要组织内各个部门的相互协调、相互合作。公共关系部作为其中的一个部门，在实现公关目标的过程中，要依靠其他部门的配合。因此，在组建公共关系部时，要充分考虑到协调性原则，做到对内对外的协调。

4. 公共关系部的组建模式

社会组织的类型是多种多样的，其公共关系部的组建模式也不同。选择什么样的组建模式，应根据组织的规模、运行机制以及发展状况来设定。一般按照组织内部的隶属关系可以分为以下几种：

(1)最高领导直接负责型

由组织的最高负责人直接领导公共关系部，该部门处于组织的中枢地位，只对最高领导人负责。在最高领导人的直接领导下，公关部能着眼于组织的各个环节，便于全面、有针对性地开展公关工作。如图 3-1 所示。

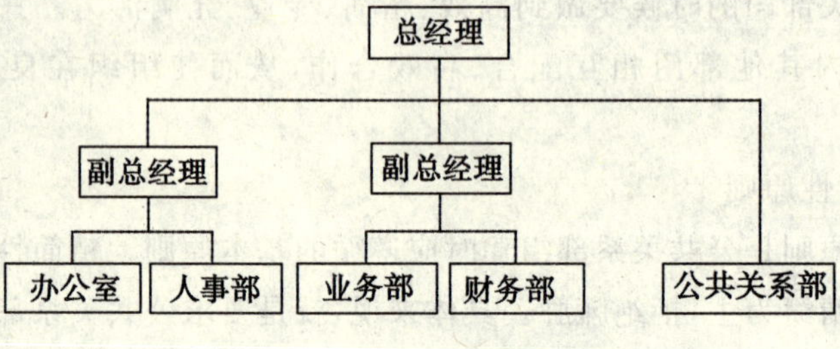

图 3-1　最高领导直接负责型

(2)部门附属型

在这种情况下，公共关系部处于组织的某个职能部门之下，在一定程度上表明其工作并未受到足够的重视，或受到人力、物力、财力的限制。如图 3-2 所示。

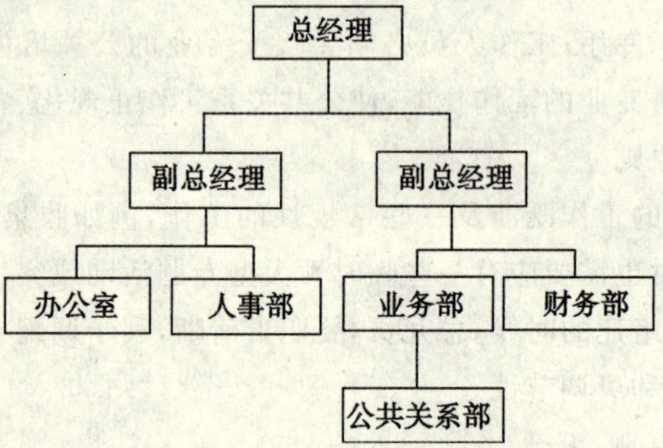

图 3-2　部门附属型

(3)部门并列型

在这种情况下，公共关系部与组织内的其他部门处于并列地位，公共关系部是组织的一个二级职能部门，公关经理要向主管领导报告工作，并对其负责。并列型是我国企业普遍应用的一种模式。如图 3-3 所示。

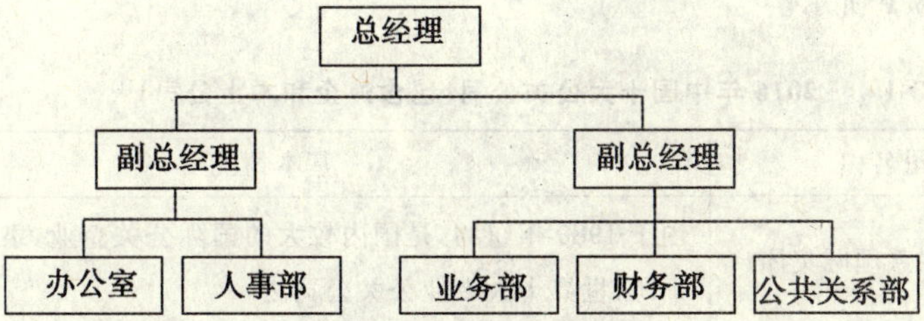

图 3-3　部门并列型

(4)公共关系委员会型

由组织的主管领导牵头，由各职能部门负责人共同组成公共关系委员会，负责组织的重大公关事务，一些日常的公关事务则分散到各职能部门。

总而言之，组织内公共关系部的组建模式并没有统一固定的模式，要根据组织自身的特点灵活设立。同时，组织架构形式不同，也说明公共关系部门在具体职能行使上存在明显差异。

(二)公共关系公司

公共关系公司是指专门从事公共关系咨询或者受理客户委托开展公共关系活动的服务性公司。公共关系公司作为一个独立的营利性机构，与组织内部的公共关系部不同，它是独立的，以信息咨询、中介服务为主要经营范围，专门为客户提供高质量、高效率的服务的营利性组织。它是高度专业化的公关行为主体。公共关系公司都是由专业人士组成的，它们充分运用现代化的高科技手段，具有较高的专业水平，能够产生广泛的社会影响和显著的工作效果。因而，公共关系公司发展越来越迅速。

1. 公共关系公司的发展

随着社会经济的发展，公共关系作为一种职业应运而生并逐渐发展起来。20 世纪初，公共关系公司在美国诞生。1900 年在波士顿成立了一家“宣传公司”，这是最早具有公共关系性质的公司；1903 年，被誉为“现代公共关系之父”的艾维·李创立了具有公司性质的公共关系事务所；1920 年美国人 N. W. 艾尔正式开办了公共关系公司。中国公共关系的发展起步较晚，直到 1986 年，中国第一家公共关系公司——环球公共关系公司成立，之后上海、广东、天津等地的公共关系公司也相继问世。随着中国市场经济的不断发展以及中国公共关系事业的不断进步，国内市场对于专业化的公共关系公司的需求越来越大，涌现出了像蓝色光标公共关系机构、广通伟业公关策划有限公司、博诚智杰公关顾问有限公司等一些知名的公共关系公司。2016 年中国十大公关公司如表 3-1 所示。

表 3-1　2016 年中国十大公关公司(包含外企和本土公司)①

公司名称	基本情况
奥美公共关系国际集团	创于 1980 年纽约,是国内较大的国际公关企业,隶属于 WPP 集团,世界十大专业公关公司之一
北京蓝色光标品牌管理顾问股份有限公司	中国本土规模较大的专业公关代理公司之一,上海口碑最好的公关公司之一
埃培智市场咨询(上海)有限公司	世界上网络发达的公共关系咨询公司,全球较大的广告及市场营销集团中的一员
伟达国际公关顾问公司	创于 1927 年美国,有较大的国际办事处网络,属于较早进入中国开设分公司的国际公关公司
博雅公关有限公司	创于 1953 年美国,属于较早进入中国市场的国际公关公司之一,全球较大的公共关系和传播咨询公司之一
罗德公共关系顾问有限公司	总部设于纽约的罗德公共关系有限公司,全方位提供公关服务的跨国公司,拥有 50 多年历史,是世界第二大独立经营的公关公司
迪思传媒集团	国内较早成立的具有独立的网络营销和体育营销公司的本土公关传播集团,国内领先的市场营销顾问专业企业
爱德曼国际公关(中国)有限公司	始创于 1952 年美国,全球领先的独立公关公司,较早进驻中国市场的跨国公关公司之一
宣亚国际品牌管理(北京)股份有限公司	国内综合实力较强的专业整合传播集团之一,全方位整合传播服务企业
北京信诺传播顾问股份有限公司	专注于活动传播及品牌传播的专业公关企业,国内领先的活动传播服务供应商之一

2. 公共关系公司的类型

国内外的公共关系公司在规模、经营范围、专业性等方面都存在着很大的

① 参见《2016 年中国公关公司十大品牌排行榜》,博思网,http://www.bosidata.com/brand/F743826FW3.html。

差别。总的来说，公共关系公司的类型可以归纳为以下三类：

(1)综合服务性公共关系公司

这类公司的业务范围广，提供“全方位服务”，从教育培训、咨询服务到专题策划、形象设计、公关广告设计，一应俱全。如奥美公共关系国际集团，其服务范围涵盖业务增长、企业变革、资金筹集、危机管理、领导定位、行政总裁来访安排、媒体关系、技巧开拓、产品销售、结盟关系拓展、员工和政府关系等。

(2)专项服务型公共关系公司

这类公司仅仅为客户提供特定项目的服务，如专门提供采集信息、分析公共关系状态等专项服务。这类公司的规模相对较小，其人员通常是某一领域的专家。

(3)顾问型公共关系公司

这类公司通常规模较小，人员较少，也是一种专项型公关公司，但是它所开展的业务一般仅限于为客户提供咨询服务，为客户提供分析、诊断或咨询等。

3.公共关系公司的工作原则

公共关系公司是根据客户要求提供公关服务的机构，既要维护委托人即客户的信誉和形象，又要对公众负责。因此，公关公司在工作中应该遵循以下原则：

(1)自觉遵守国家法律、法规以及有关政策方针

公共关系公司作为一个服务型机构，其一切活动都必须在国家法律、法规以及有关政策方针的指导之下进行，以遵纪守法和高质量的服务赢得社会赞誉，实现自身发展。

(2)优先考虑公众利益

公共关系公司作为独立的营利性机构，满足客户需求、保护客户的利益是理所当然的。但这并不意味着公关公司可以完全不顾公众利益、无条件地满足客户的需求。当客户的利益与公众的利益相违背时，公关公司必须站在公众的一方，优先考虑公众利益。

(3)一切为客户着想

公共关系公司的宗旨是客户至上，服务第一。公关公司在开展公关活动时，不仅要维护好自身形象，而且还要站在客户立场上，尽全力为客户的利益着想，为客户办好事、办实事。例如公关公司在为客户预算经费的时候要做到精打细算，不能一味地追求轰动效应而铺张浪费；在公关活动出现问题时，也

要本着认真负责的态度及时调整，以达到最佳效果。

(4)严守客户秘密

公关公司在为客户处理公共关系时，必须严守客户机密信息。即便公关公司已经与客户结束合作关系，也要做到不干涉客户内务，不损害客户利益，要保证永远为客户严守机密。

(三)公共关系社团组织

公共关系社团组织是指社会上自发组织起来的，从事公共关系理论研究与实践活动的非营利性的、松散型的社会群众组织。主要包括公共关系协会、学会、研究会、俱乐部等组织，其成员主要是从事公共关系理论研究和实务活动的单位或个人。这些组织通过自己的出版物、会议、实践活动等，推广和普及公关观念，提高人们的公关认知。

1. 公共关系社团组织的发展

自从艾维·李把公关变成一门职业后，各种专业性的公共关系社团也迅速得到了发展。1915 年 7 月，金融公共关系协会在美国芝加哥成立；1917 年 4 月，美国高等院校公共关系协会成立；1947 年 4 月，美国公共关系协会成立，下设 80 多个分会，分布在美国各地，其成员超过万人；1955 年，国际公共关系协会(International Public Relations Association)在伦敦成立，这是从事公共关系研究与实践的国际性社团组织，也是在所有专业性协会中最具影响力的公共关系组织。在 1955 年成立之初，只有 5 个国家的 15 名会员参加，随着不断发展，到 1988 年时，该协会会员已发展到 1000 多人，来自 60 多个国家。其宗旨是为从事公共关系事务的工作者提供交流渠道，提高公关人员素质；培训具有国际水平的公共关系人才，并通过在本职业内部普及公共关系知识和解释公共关系目标与方法来提高公共关系的价值和影响力；出版有关刊物，传播公共关系信息，推动公共关系在全世界的发展。

在我国，公共关系社团组织发展较晚，最早的公共关系协会是在 1986 年成立的上海公共关系协会。1987 年，中国公共关系协会成立，这是全国性的公共关系专业组织，由公共关系领域的政府部门、机构、传媒、院校、企事业单位和专家、学者、行业从业人员组成。1991 年 4 月，中国国际公共关系协会在北京成立，它是具有社团法人地位的全国性涉外专业组织，其宗旨是让世界了解中国，让中国走向世界。此外，国内比较有名的公关协会还有中国高等教育学会、公共关系教育专业委员会，主要是由一些在大学中从事公关教学和研究的专家、学者组成。这些公关社团组织大大推动了公关理论和实务发展，为中国公共关系事业的发展做出了贡献。

2. 公共关系社团组织的工作内容

(1)发展和联络会员

发展和联络会员是公关社团组织的最基本的任务。为了公关事业的发展,公关社团应该积极发展和联络各行各业的公关爱好者、实际工作者以及理论研究者,实现队伍的壮大,从而扩大自身的影响力,增强社团的凝聚力。除此之外,还要与其他公关社团建立起亲密联系,以此形成更加广大的公共关系网络系统。

(2)制定规范

没有规矩不成方圆,健全的规章制度是公关社团规范化的重要标准。社团开展公共关系活动一定要遵循一定的规范。其制定的规范主要包括公关社团组织的宗旨、工作任务、工作要求以及公共关系从业人员的职业道德规范等。

(3)普及知识和培养公关人才

公关社团组织有责任向社会公众普及公关方面的基本知识,介绍国内外公关行业的最新发展情况,同时为会员和社会大众提供公共关系实务培训,以提高公关从业人员的专业素质。

(4)编辑出版公关方面的著作

为了发展会员、扩大影响力、普及公关知识,公共关系社团组织会编辑出版公关方面的书籍、报刊,这是其工作内容的重要组成部分。例如国际公共关系协会编辑出版了影响力较大的《国际公共关系评论》。

二、公共关系从业人员

公共关系从业人员是指专门从事公共关系工作的人。公共关系从业人员是公关活动的核心,公关活动的策划、组织、实施等各项环节都离不开公共关系从业人员。在公共关系被艾维·李确定为一种职业以后,公关从业人员也就此诞生。随着社会的不断发展,公共关系行业不断成熟,对公关从业人员的需求也越来越大。对公关人员的理解,在一段时期内存在着一定的误区:公关从业人员被认为是“俊男靓女”,而这也被当作公关从业人员的选择标准。事实上,一名公关从业人员并不是只要美丽帅气、能言善辩就可以的。公共关系工作的复杂性、多面性和专业性,不仅要求从业人员具有强烈的公关意识、专业的知识、出色的工作能力,而且还需要有强大的心理素质、良好的思想道德修养等。

(一)公关从业人员的基本素质

随着公共关系行业职业化程度进一步提高,社会需要越来越多优秀的公关从业人员。公关从业人员的基本素质直接影响着公关工作能否顺利地展开和公共关系最终目标能否实现。一名公关从业人员的素质主要表现在实现公共关系最终目标的过程中,是个人品格、学识、修养、能力的综合表现,要求从业人员必须以公共关系意识为核心,以良好的心理素质为基础,以全面的知识结构和工作能力结构为武器。

1.强烈的公关意识

公关意识是公关从业人员基本素质中最核心的要求,是公共关系实践在公关从业人员思维中的反应。这种反应不是表层的被动反应,而是一种内化为公共关系原理、规律的深层的能动反应。这种意识是在公关从业人员经过公共关系知识积累和公共关系实践后逐步形成的。强烈的公关意识不仅可以指导从业人员的行为,而且还可以形成一股推动从业人员积极向上且创造性地完成公关任务、实现公关目标的强大力量。公关从业人员的公关意识主要包括塑造形象意识、尊重公众意识、双向沟通意识、创新审美意识、危机意识等。

(1)塑造形象意识

塑造形象意识是公关意识的核心。公共关系的众多工作都是围绕着塑造组织的良好形象而展开的,例如公益广告、公益性活动以及一些企业宣传的诚信、高品质的理念都是塑造形象的手段。一个良好的形象是组织的无形资产。因此,时刻注重提高组织的知名度和美誉度,塑造良好的组织形象,对组织的长远发展来说尤为重要。所以,一名合格的公关从业者必须具有明确的形象意识,像保护自己的眼睛一样维护组织的形象。

(2)尊重公众意识

在现代公共关系中,公众的地位得到极大的提高,一名合格的公关从业人员必须具备尊重公众的意识。现代公共关系教育的先驱、美国著名公共关系学者爱德华·伯内斯认为:以公众为中心,了解公众的喜好,掌握公众对组织的期待与要求的态度,确定公众的价值观念,应该是公共关系的基础工作;然后按照公众的意愿进行宣传,才能做好公共关系工作。处理好组织与公众之间的关系是组织得以长期稳定发展的前提。坚持以公众为本,是公关从业人员开展公关活动的基本理念。这就要求公关从业人员必须充分了解、理解并尊重公众。

(3)双向沟通意识

双向沟通是指组织与公众之间相互传递信息，表达想法，这是一个组织塑造良好形象、更好地为公众服务不可或缺的思想意识。格伦·布鲁姆、斯科特·卡特里普和艾伦·森特在1952年出版的被誉为“公共关系圣经”和“现代公共关系思想的基础”的《有效的公共关系》一书中，提到了“双向对称”的公共关系模式。“双向对称”模式超越了原来的“单向沟通”模式，科学地界定了公共关系在传播沟通上双向互动的特征。“开放式系统模式运用‘双向对称’的方法——这意味着传播是双向的，而且信息交换引起组织—公众相互关系的改变。”①他们认为公共关系就是一方面把组织的想法与信息传播给公众；另一方面把公众的想法与信息反馈给组织。只有这样，才能够达到双向沟通，从而产生对称平衡的良好环境。这就要求公共关系从业人员树立双向沟通意识，肩负起组织内部与组织外部交流互动的责任。

(4)创新审美意识

公共关系不仅要求遵循客观规律，具有相对稳定的操作程序，而且还要求从业人员敢于突破固定程式、追寻无重复的创造，这既是公共关系实现更好发展的必然要求，也是公共关系的活力所在。综观世界各国公关史，但凡成功的案例，无不具有强烈的创新意识，给人以美的感受。在公关活动策划、设计以及组织形象塑造的过程中，公共关系人员要具有一定的艺术修养和开拓创新的意识，依靠不断的创新让组织在竞争中立于不败之地，带给公众美好的享受。

(5)危机意识

危机意识是指对紧急或困难关头的感知及应变能力。危机来自外部与内部，从外部环境的不可控性及内部条件的可变性，均可看到危机是客观存在的。在瞬息万变的社会中，危机无处不在，树立危机意识就是要求公关从业人员具备忧患意识，加强组织管理，防患于未然，同时在危机真正发生时，要处变不惊，灵活应对，化解危机。在充满变数的社会环境中，只有时刻保持居安思危的心态，正视缺点、不断创新、永不放弃，才有可能使基业长青。

2.公关从业人员的知识结构

公关工作既具有专业性强、跨多学科的特点，又具有很强的综合性。公关从业人员的知识结构主要包括从事公关工作所需的专业知识和相关知识，是

---

① [美]格伦·布鲁姆、艾伦·森特、斯科特·卡特里普：《有效的公共关系》，明安香译，华夏出版社2002年版，第206页。

否具有一定的公关理论和实务知识是考量一个人能否成为一名合格的公关从业人员的一项重要标准。公关从业人员的知识结构不是单一的，而是多方面、多层次的。要想成为一名合格的公关从业人员，就必须建立健全知识结构，丰富自己的知识储备，使自己成为一个“杂家”“通才”，创造性地开展公关工作。

(1)公共关系基本理论和实务知识

公共关系的基本理论知识主要包括公共关系起源、发展沿革、公共关系的基本概念、基本职能、公共关系的三要素以及其基本关系、公共关系工作的基本程序等。公共关系的实务知识主要包括公共关系策划知识、公共关系调研知识、公共关系谈判技能、公共关系传播方法等。可见，公共关系学既是一门专业性很强的学科，又是一门实践性强、重视积累经验的职业。公共关系人员要想顺利地开展工作，首先要掌握好公共关系的基本理论和实务知识。

(2)相关学科的知识

公共关系学是一门与其他学科关系密切、交叉性强的学科。与公共关系学最密切的学科主要包括管理学、传播学、行为科学、社会学、心理学。从管理学的角度看待公共关系工作的地位和作用，把公共关系视为一种管理行为、管理过程、管理方式，有助于正确认识公共关系的本质。传播是公共关系三大要素之一，公关人员必须掌握传播的理念、传播媒介、传播方法等知识。行为科学是一门研究人类行为规律的科学，涉及人的个性、需要、动机、激励等各个方面，这与公共关系紧密相连。除此之外，掌握必要的心理学、社会学的知识也有助于公关从业人员更好地了解社会环境和受众的心理需求。

(3)社会综合知识

公共关系行业要求公关从业人员不仅是一名具备专业公关知识和相关学科知识的“专家”，而且还要求其成为一名了解社会各方面综合知识的“杂家”。因此，公共关系人员要有宽广的知识面，既了解各个地方的风土人情、道德规范、生活习俗等，又涉猎文学、美学等方面的内容，以此拓宽自己的视野，提高文化素养，丰富社会综合知识。

在信息爆炸的时代，公关人员虽然难以掌握全部的公关知识，但是要为掌握更多的知识而不断努力、不断学习。公关人员可以根据自己特定的工作内容，选择自己需要的公关知识，并以此为突破口进行全面的学习。此外，公关人员的知识结构具有动态性和开放性，需要根据社会的发展，随时随地吸收新的知识，坚持与时俱进，不断创新。

3.公关从业人员的能力结构

公关从业人员要想完成一项公关活动,必定离不开一定的能力。公共关系是一项操作性很强的工作,公关从业人员要想胜任这份工作,除了拥有丰富的知识储备之外,还必须具备很强的工作能力。一名合格的公关从业人员应该具备以下基本的能力:

(1)表达能力

在这里,公关从业人员的表达能力主要包括口头表达能力和书面表达能力。口头表达的形式主要包括人与人面对面的交谈、在特定场合发表专题讲话、与其他组织进行谈判等。口头表达要做到态度诚恳、吐字清楚,同时还要有艺术技巧,尽量让口头传达的信息具有说服力、亲和力和感染力。

公关从业人员除了要具备优秀的口头表达能力之外,还要有一定的书面表达能力,即写作能力、文字能力。《有效的公共关系》一书中明确提出,"无论是在入门层次的就业还是长期的职业生涯中,成功都要求具备这种能力——为出版和演讲写作出在语法上正确的、通俗易懂的、有冲击力的、信息量大的而且有说服力的稿件"①。公关从业人员的工作涉及习作的范围非常广,包括公文告示、公关计划、新闻稿、演讲词、组织的刊物、公关手册、报告总结、活动方案等等。这些工作不仅要求熟练地掌握各种类型的文体,而且还要做到文笔生动、有思想。

(2)交际能力

人际交往能力就是在一个团体、群体内与他人和谐相处的能力。是否具备善于与他人交往的能力是衡量一个公关从业人员能否胜任公关工作的一项重要标准。公关人员在工作中必须善于处理各种复杂的人际关系,这是因为公关工作内容主要是与各种类型的公众建立双向沟通,一个缺乏交际能力的人往往无法实现有效沟通,更难以与公众建立友好的关系。只有具备良好的交际能力,才能从容地应对各种场合中的人际交往,从而为组织树立良好的形象。

(3)组织能力

组织能力是指为了有效地实现组织目标、灵活地运用各种方法、把各种力量合理地组织和有效地协调起来的能力,是一个人的知识、素质等基础条件的外在综合表现。在公关工作中主要是指公关人员有计划、有步骤、有目的地开

---

① [美]格伦·布鲁姆、艾伦·森特、斯科特·卡特里普:《有效的公共关系》,明安香译,华夏出版社2002年版,第48页。

展具体的公关活动。例如,在公关活动开始前必须制定周密的公关计划、设想可能发生的情况并做好预防措施;在活动进行中,要把控全局、正确指挥;在活动结束后要做好认真的反思与总结。总之,公关人员必须具备善于调动、组织和协调组织内外部力量的能力,以促成公关活动圆满完成。

(4)策划能力

公关策划是公关人员根据组织形象的现状和目标要求,分析现有条件,策划设计公关战略、专题活动和行动方案的过程,这是公关人员必备的专业能力之一。客户的每一次需求都是独特的,都是唯一的,甚至有些领域对公关人员而言是陌生的,不是公关人员凭借原有的经验能完全解决的,这是对公关从业人员的最大挑战。[①] 因此,一个合格的公关人员必须具备专业的策划能力,以解决现实中的各种各样的公关难题。

(二)公关从业人员的职业道德和职业准则

职业道德是同人们的职业活动紧密联系的、符合职业特点所要求的道德准则、道德情操与道德品质的总和。马克思主义认为,职业道德是上层建筑的一部分,是一种“灵魂立法”“思想立法”。不同的职业有不同的道德要求,公共关系作为一门独立的职业,必然有其自身的职业道德的规范和约束。公共关系的职业道德是伴随着公共关系实践活动所产生的社会道德现象。随着公共关系职业化程度越来越高,公共关系的职业道德也成了学界和业界探讨的热点,几乎每一次国际性重大公共关系研讨会上都有关于公共关系职业道德的论题。长期以来,各大国际公共关系组织为公共关系职业道德的系统化、正规化、制度化建设作出了不懈努力,例如国际公共关系协会相继出版了《公共关系实践的标准与道德》《公共关系活动中的道德问题》《国际公共关系道德准则》等。我国1991年正式通过了经国内公关专家反复修订的《中国公共关系职业道德准则》,中国公共关系协会也编制了《中国国际公共关系协会会员行为准则》,积极推动公共关系职业道德不断发展和完善。这些职业准则是公关从业人员在具体的工作中必须坚持的原则,也是推动公共关系行业稳定发展的必然要求。

1.公关从业人员的职业道德

职业道德是社会对不同行业、职业所提出的专业化的道德要求,公关从业人员的职业道德作为一种道德规范,是在其特定的职业实践基础上形成的,主

① 参见高鹏:《公共关系从业人员的“五力”分析》,《国际公关》2005年第4期。

要表现为从业人员所特有的道德心理和品质。

(1)诚信

公关人员必须时刻秉承诚信的理念开展公共关系工作,这是公关人员应具备的最起码的道德品质,更是塑造组织形象的最基本的要求。在工作中,公关人员诚信的丧失必然导致客户以及公众的不信任,那么实现组织的公关目标便绝无可能。因此公关从业人员必须坚持诚实守信的原则,不故弄玄虚,不能只讲好的回避坏的,更不能违背事实真相,要做到对组织和公众负责。

(2)公正

公关工作是一门与人打交道的职业,这就要求公关人员在待人处世时要做到公正,对待他人要做到一视同仁,不偏袒,不区别对待,同时也要客观公正地对待自己的同行。

(3)尽职尽责

公关人员要热爱自己的工作,尽职尽责,有强烈的责任感。不能在工作中自由懒散、玩忽职守,更不能做与工作无关的事情和与职业相悖的事务。要认认真真、兢兢业业,即便在细小的环节上都要力求完美。

(4)遵纪守法

公关从业人员要树立法律意识,熟悉相关法律和制度,确保组织在合法的范围之内运行。绝不允许无视法律政策,从一己私利出发,自行其是、徇私舞弊。

2.公关从业人员的职业准则

在众多公关组织制定的职业准则中,《国际公共关系道德准则》影响力最大,很多国家直接采用,或以此为范本制定自己的职业准则。除此之外,《英国公共关系协会职业行为准则》和《美国公共关系协会职业标准准则》也在公共领域有极大影响力。《中国公共关系职业道德准则》称得上是我国公关事业走上专业化、职业化道路的重大里程碑。

(1)《国际公共关系道德准则》

①国际公共关系协会成员必须竭诚做到:

第一条 为建设应有的道德、文化条件,保证人类得以享受《联合国人权宣言》所规定的诸种不可剥夺的权利做贡献。

第二条 建立各种传播网络和渠道,以促进基本信息的自由流通,使社会的每一成员都有被告知感,从而产生归属感、责任感,与社会合一感。

第三条 牢记由于职业与公众的密切联系,个人的行为(即使是私人方面的)也会对事业的声誉产生影响。

第四条　在自己的职业生活中尊重《联合国人权宣言》的道德原则与规定。

第五条　尊重并维护人类的尊严,确认各人均有自己作判断的权利。

第六条　促成为真正进行思想交流所必需的道德、心理、智能条件,确认参与的各方面都有申述情况与表达意见的权利。

②所有成员都应保证:

第七条　在任何时候任何场合,自己的行为都应赢得有关方面的信赖。

第八条　在任何场合,自己均应在行动中表现出对自己所服务的机构和公众双方的正当权益的尊重。

第九条　忠于职守,避免使用含糊或可能引起误解的语言,对目前及以往的客户或雇主都始终忠诚如一。

③所有成员都应力戒:

第十条　因某种需要而违背真理。

第十一条　传播没有确凿依据的消息。

第十二条　参与任何冒险行动或承揽不道德、不忠实、有损于人类尊严与诚实的业务。

第十三条　不适用任何操纵性方法与技术来引发对方无法以其意志控制因而也无法对之负责的潜意识动机。

(2)《中国公共关系职业道德准则》

总则:

中国公共关系事业的发展,是中国改革开放的必然趋势,它以新型的管理科学协调社会各方面的关系,密切党和广大人民群众的联系,调动各种积极因素,维护安定团结,促进社会主义建设。因此公共关系工作者肩负着时代的使命,公共关系工作者必须具有高尚的职业道德作为完善自身形象的行为准则。

条款:

①公共关系工作者应当坚持社会主义方向,自觉地遵守我国的宪法、法律和社会道德规范。

②公共关系工作者开展公关活动首先要注重社会效益,努力维护公关职业的整体形象。

③公共关系工作者在公共关系活动中,应当力求真实、准确、公正和对公众负责。

④公共关系工作者应当努力提高自己的政治水平、文化修养和公关的专业技能。

⑤公共关系工作者应当将公关理论联系中国的实际，以严肃认真、诚实的态度来从事公共关系学教育。

⑥公共关系工作者应当注意传播信息的真实性和准确性，防止和避免使人误解的信息。

⑦公共关系工作者不能有意损害其他公关工作者的信誉和公关实务。对不道德、不守法的公关组织及个人予以制止并通过有关组织采取相应的措施。

⑧公共关系工作者不得借用公关名义从事任何有损公关信誉的活动。

⑨公共关系工作者应当对公关事业具有高度的责任感。不得利用贿赂或其他不正当手段影响传播媒介人员真实、客观的报道。

⑩公共关系工作者在国内外公共关系实务中应该严守国家和各自组织的有关机密。

第三节　组织形象的塑造

在现代社会中，组织形象对于社会组织来说至关重要。一个组织的形象如何，会直接影响到组织的生存和发展。因此，树立良好的形象，是组织的一项至关重要的任务，更是组织构建核心竞争力、展现自身实力的有效途径。要想塑造良好的组织形象，就必须对其进行全面深入的认识和理解。

一、组织形象概述

“形象”的本意是指人的形体、相貌、外观，也包括人的精神面貌和性格特征。在《现代汉词典》中，对“形象”的解释是“能引起人的思想和感情活动的具体形状与姿态”。从心理学的角度来看，形象就是人们通过视觉、听觉、触觉、味觉等各种感觉器官在大脑中形成的关于某种事物的整体印象，简言之是知觉，即各种感觉的再现。由此可以看出，形象的产生是客观性和主观性相统一的结果。在公共关系中，形象特指组织形象，组织形象是公众对社会组织的行为和表现进行全面的认识之后产生的总体评价和整体印象。我们在把握这一概念时，应注意组织形象是一个有机整体，是组织内部诸多因素相互影响、相互作用的结果，因此对组织形象的认识不是局部的而是整体的。

（一）组织形象的特性

组织形象是公共关系的核心，是公众对社会组织总体的、概括的、抽象的

认识和评价。对组织形象的认识,应该从以下几个特性入手:

1. 组织形象的客观性

组织形象是公众对组织的印象和评价,但是这种印象和评价并不是凭空产生的,而是认识组织这一客观事物后在头脑中的主观反映,这种主观反映的对象是客观的。组织中的员工是具体客观的,组织的产品是实实在在的,组织创办的活动也是可以参与其中的……这些都说明公众对组织的印象和评价最终均来自于组织客体的表现和行为本身;决定组织形象的根本因素并不是来自于公众的反映,而是来自于组织自身。从组织形象的客观性就可以看出,一个组织要想塑造好自己的社会形象,就必须做好自身工作,例如认真地办好每一次公关活动,为公众提供优质的产品和服务等。

2. 组织形象的主观性

既然组织形象是公众头脑中对组织的表现和行为的印象和评价,这种印象和评价就必然受到公众的价值观念、思维方式、文化水平、道德标准、审美取向等主观因素的影响。公众本身的差异性决定了组织形象在不同人的心目中会产生不一样的认知,这种认知的不同带来了组织形象在公众头脑中的主观差异性。基于此,要想塑造组织良好的形象,获得最大多数公众的认可和好评,就必须在对公众进行全面的了解和认识的基础上,系统周密地安排组织的工作,同时力求将每一件小事都能做到尽善尽美,以便在公众心中留下美好的印象。

3. 组织形象的稳定性

组织形象并不是在短时间内形成的,需要一段相对漫长的时间才能形成。这种评价和印象一旦形成,会在公众心中产生长期的影响,并且一般很难改变,即组织形象具有相对稳定性。例如,一提起劳斯莱斯,我们就会想到尊贵,而提起法拉利就会想到它是速度的象征……这些印象在公众心中形成心理定式,具有一定的稳定性。在一定的时空条件下,即便组织发生变化,如果信息刺激不是很强,也就很难引起公众的足够重视,亦不会使公众对组织的印象产生明显的变化。组织形象的稳定性会使组织因良好的形象而受益,也会使组织因不良形象而受损。因此组织必须努力塑造良好的形象。

4. 组织形象的动态性

组织形象具有稳定性,这并不代表组织形象是一成不变的,组织形象的稳定性是相对的。组织形象的形成是组织和公众共同作用的结果,当其中一方发生变化,组织形象也会产生变化。对组织形象产生影响的因素众多,例如组织的经营状况、信息传播的渠道等因素的变化也会导致组织形象的变化。同时,公众在作出自己的价值判断时会选定参照物并作比较,所以组织形象的变化也会随着参照物的变化而发生变化。这就要求组织能够做到不断丰富、完善自身的形象。

5.组织形象的整体性

组织形象是一个统一的有机整体,这个整体是由组织内部诸多要素组成的,这些要素涵盖了组织内部组成和外在表现的方方面面,如产品形象、员工形象、领导形象、经营形象、文化形象、环境形象等,各个方面的形象共同构成了公众对组织的印象。当然,组织形象并不是这些要素的简单的机械化相加,而是要将其融会贯通到组织活动以及组织运行管理的各个环节中。

6.组织形象的差异性

组织形象要想突出并率先在同类型的组织中脱颖而出,组织自身就必须有个性特征,即组织形象的差异性。这种差异化和个性化是组织形象具有竞争力的重要表现。首先,组织自身要有独特的风格,例如中国的格力空调始终秉承着中国创造、掌握核心技术的风格,创造有品质的中国好空调。其次,在受众方面,组织形象要有鲜明的针对性。例如,“江小白”这款网络小酒主要的受众是年轻群体,“我是江小白,生活很简单”更是成为当代青年的宣言。

(二)组织形象的构成

组织形象由众多要素构成,所涉及的范围十分广泛,既包括有形的、看得见的外在因素,也包括无形的、看不见的内在要素。这些有形的和无形的要素共同组成组织形象这一有机整体。

1.有形形象

组织的外在形象是公众可以实实在在看得见、摸得着的形象,主要包括:

(1)产品形象

它是组织最主要的有形形象,也是公众认识组织的主要依据。产品的质量、性能、包装、款式、商标等都属于产品形象的范畴。产品形象是公众对组织形象最直观的认识,产品形象的好坏直接影响到组织形象的好坏。

(2)员工形象

它是公众对组织内员工的看法和评价。员工是一个组织形象的实际创造者,主要包括管理者和一般职工。员工的精神风貌、个人素质、职业道德、仪表仪容、言谈举止都是组织内员工形象的重要组成部分。

(3)环境形象

它是组织通过自身环境建设展现出来的形象，主要包括办公环境、生产环境以及其各种附属设施。环境对组织形象起着烘托和装饰的作用，是组织向公众展示自己形象的重要窗口。

(4)实力形象

它是组织形象存在的物质性基础，主要包括企业的固定资产、总资产、流动资金、生产规模、销售情况等。一个组织具备的强大经济实力，为组织的其他形象要素提供了坚实的基础和扎实的支撑。

2.无形形象

无形形象是指通过抽象思维和逻辑思维而提炼出来的形象，是一种深层次的组织形象，更接近于组织形象的本质。它对组织的影响是长期的、深刻的。组织的无形形象主要包括：

(1)文化形象

它是组织在长期发展中逐步形成的，更是组织形象的精髓所在，主要包括组织使命、组织价值观念、组织精神、组织目标等。它反映和代表了该组织的整体精神、共同价值观以及追求发展的文化素质。

(2)人才形象

它是组织现有的人才状况，主要包括人才的整体结构、管理水平、科技水平等等。强大的人才基础是组织得以稳定发展的基础，一个人才充裕、结构合理的组织，更有利于组织形象的展示。

(3)品牌形象

它是组织的产品、服务等留给公众的总体印象，是组织形象的生命线。品牌形象的好坏直接影响着组织的生存和发展。品牌形象更是组织宝贵的无形资产，是组织核心竞争力的重要体现。

组织形象是有形形象和无形形象的结合，其构成要素有很多。这些要素相互作用、相互影响、相互制约，共同对组织的整体形象产生影响。组织要想在公众心中树立一个良好的形象，就必须对每一种形象构成要素高度重视，既要重视外在的、表层的表现，也要重视内在的、深层次的表现，使每一个要素都能发挥作用。

二、组织形象的量化

组织形象是社会公众对组织的总体印象和综合评价，是组织公共关系工作的综合反映。公众对组织形象的评价主要通过三大标准来衡量，即认知度、美誉度、和谐度，它们是组织形象的可操作性评价指标，也是公共关系的一个科学衡量标准。对认知度、美誉度、和谐度内涵的深入了解和具体量化，是组织进行形象调查、公共关系策划的重要参考依据。

（一）认知度的内涵和量化

1. 认知度的内涵

在公共关系学中，认知度是指一个社会组织被社会公众所认识、知晓的程度，它是评价组织名气大小的客观尺度，其包含被知晓的广度和被认识的深度两个方面。例如，组织名称、地理位置、行业归属、规模档次、发展历史、组织业绩等诸多具体信息在多大范围内被公众知晓，在多深程度上被公众所认识。"一般来说，公众如果只闻组织其名，即'知名'，对组织的意义并不很大；而在知名的基础上，公众对组织的认识越多、越深，对组织的意义或作用就越大。"①

2. 认知度的量化

认知度主要由两大维度构成，即一个组织被知晓的广度和被认识的深度。对认知度的量化也主要是从这两个维度入手。

被知晓的广度是指组织被公众认知的区域级别，具体分为五个等级，即 A（国际）、B（全国）、C（大区）、D（省区）、E（当地）。这五个级别是按照 E→D→C→B→A 的广度关系层级递进、逐渐扩大，这种级别的区分是量化认知度的前提。要确定组织的区域广度属于哪个级别，应该将组织的影响力分解成以下几种要素进行衡量。这几种要素分别是：①组织的规模、档级；②与之发生关系的公众分布；③媒介传播曾经所及的范围及频率。以中国移动通信集团公司为例，从该企业的规模来看，其总资产、年产值、利润等方面都比较雄厚，属于大型企业；从受众分布来看，其用户分布在全国各地；从媒介角度来看，其信息遍布报纸、电视、广播等传统媒体和以互联网为基础的新媒体。从这三大要素分析来看，该企业被知晓的广度级别应该是 B（全国）。

被认识的深度是指公众对组织信息认识知晓的深度。一个组织在发展的过程中会产生很多内容信息。将这些内容信息由表及里，可以分为组织名称、地理位置、行业归属、规模档次、发展历史、组织业绩、交换物、组织领导、个性概念等 10 个要素。在这 10 个要素中，"交换物"和"个性概念"需要重点解释一下。交换物主要是指政府、企业等社会组织向公众提供的物质产品或无形

① 丁玲、李秀杰：《公共关系目标"二度论"与"三度论"的辩论》，《佳木斯大学社会科学学报》2008 年第 8 期。

服务。在现代社会,一个组织需要以特定的、有形或无形的“交换物”服务于公众,它是组织生存的价值基础。个性概念主要是指组织为公众关注的个性化特征,如个性化管理、个性化服务、个性化产品,它是组织引起公众注意的重要特征,是组织创新能力的概括反映。这10个要素是按照由浅入深、由表及里的顺序排列,为了便于把握组织被认识的深度,我们可以将其分为10个档级,即0,1,2,3,4,5,6,7,8,9。例如,人们对某组织的认识深度仅仅停留在“组织名称”这一档级上,那么该组织被认识的深度就是0档级。

从上面分析来看,一个组织具有的最高级的认知度应该是9A级,认知度的最低级为0E级。通过认真调查和详细计算,任何一个社会组织都可以在0E级到9A级之间找到相应的位置。

(二)美誉度的内涵和量化

1.美誉度的内涵

美誉度是指一个组织被公众赞许、信任、欢迎的程度,它是公众对组织形象美丑、好坏进行评价的社会性指标,主要是针对“质”的评价。与认知度不同,美誉度是一种褒贬性很强的指标,是对组织道德价值的判断。譬如,两个商店的产品在质量、价格和提供的服务上都相当,销售条件相同。如果其中一家供不应求,另一家却无人问津,那么原因很可能是两家的知名度不同;如果两家商店所处的环境相同,一家顾客很多,另一家却门可罗雀,那么原因很可能是两家商店的美誉度不同。另外,组织形象的认知度高并不一定代表其美誉度一定高,组织形象认知度低也并不一定代表其美誉度一定低。例如,有些组织的知名度可能仅仅限于当地这一等级,但是该组织完全可凭借高质量的产品、优质的服务并主动承担社会责任,获得极高的美誉度。

2.美誉度的量化

不同的社会组织,美誉度体现的内容也不尽相同。如企业的美誉度与政府的美誉度的衡量角度并不相同。企业美誉度的内容主要包括产品评价、服务评价、贡献评价、文化评价等,而政府机关美誉度的内容则主要包括政绩评价、服务评价、民主建设评价、廉政建设评价等方面。尽管不同类型的组织在美誉度评价内容上有差异,但是美誉度作为舆论倾向性的指标,又是有共性的,即不同类型的组织都可以在一个统一的指标体系内得到衡量。为了便于统计和量化,我们可以将“美誉度”分为11等,即−5,−4,−3,−2,−1,0,1,2,3,4,5。在现实生活中,组织的“美誉度”一旦出现负数,说明组织在公众心目中的形象已经很糟糕了,必须立即采取有效的公关策略,重塑组织形象,才能使组织健康地向前发展。如果组织的美誉度等级是正数，那么说明组织在公众心目中的形象是好的；美誉度的等级越高，说明组织得到的信任和赞誉越多。

（三）和谐度的内涵和量化

1.和谐度的内涵

和谐度是指一个组织在发展运行的过程中，目标公众对组织的态度认可、与组织的心理距离、合作关系、情感沟通等方面的程度，它主要是针对组织与公众的关系而言的。与美誉度一样，和谐度也是一种对组织道德价值判断的指标。过去，中国公共关系学界以及业界对组织形象的知名度、美誉度关注得更多，对和谐度并没有引起高度重视。然而，随着公共关系理论与实践的交替推进，只关注组织形象的“知名度”“美誉度”而忽视其“和谐度”必然会存在一定的弊端。首先，知名度是一种中性的衡量指标，也仅仅是公众知道而已，不足以说明组织与公众的关系；其次，美誉度虽然是一种评价组织形象美丑、好坏的社会性指标，但它在很大程度上是非目标公众对组织的评价。美国公共关系学会将公共关系定义为：通过团体和机构提供相互理解，帮助我们这个复杂、多元的社会去更有效地作出决定和发挥作用。它的服务使得私营的和公共的政策臻于和谐。[①] 由此可以看出和谐度在公共关系中的极端重要性。可以说，公共关系学本身就是为求取组织与公众关系的和谐而生的。因此，组织应该追求与受众之间的和谐关系，把和谐度视为更重要的形象指标。

2.和谐度的量化

从和谐度的内涵中可以看出，它强调的是组织与受众之间的关系。它的量化必须建立在专门面向各类受众调查统计的基础之上。为了便于统计和量化，我们亦可将“和谐度”分为 11 等，即－5，－4，－3，－2，－1，0，1，2，3，4，5。在现实中，一个状态稳定的组织，其和谐度不可能为负数，否则它就无法生存；但在某个危机来临的时刻，组织出现“负和谐”却是可能的，它提醒组织要赶紧采取危机公关。当组织和受众之间的和谐度是正数时，说明两者之间的关系是和谐的。和谐度的等级越高，则说明组织与受众之间的关系越和谐，越有利于组织的发展。

通过对组织形象的三大指标即认知度、美誉度和和谐度的分析和量化，我们为组织形象的等级确定提供了参考的标准。具体来说，形象等级＝认知广

① 参见［美］格伦·布鲁姆、艾伦·森特、斯科特·卡特里普：《有效的公共关系》，明安香译，华夏出版社 2002 年版，第 7 页。

度区域级+认知深度等级+美誉度等级+和谐度等级。例如,公众对某组织的认知广度为B(全国),认知深度为7,对该组织的信任和赞美的等级为5,受众与该组织关系的和谐度为4,那么该组织的形象等级即为"B754"。

对组织形象的具体分析和量化为组织公共关系状态的衡量提供了一个标准,它可以使组织在形象塑造的具体工作中更加有章可循,使组织目标更加系统化和科学化。

三、组织形象的定位

定位理论最早出现于20世纪60年代末、70年代初的美国,是由广告大师艾·里斯(Al Ries)和杰克·特劳特(Jack Trout)提出来的。他们在其所著的《定位》一书中指出:"定位要从一个产品开始。那产品可能是一种商品、一项服务、一个机构甚至是一个人,也许就是你自己。但是,定位不是你对产品要做的事,定位是你对预期客户要做的事。换句话说,你要在预期客户的头脑里给产品定位,确保产品在预期客户头脑里占据一个真正有价值的地位。"①20世纪80年代,美国著名营销专家菲利普·科特勒(Philip Kotler)开始把定位理论系统化、规范化。他进一步指出,定位就是树立组织形象,设计有价值的产品和服务,以便让目标市场的消费者能够清楚地了解并识别出组织与竞争对手之间的差异。由此可见,定位最根本的目的就是使产品或者组织在消费者心中留下深刻的、特有的印象,占据一个无可替代的位置。

组织要想在公众心中留下完美深刻的印象,首先要对组织形象进行定位。组织形象定位主要是指组织根据环境变化的要求、本组织的实力和竞争对手的实力,选择自己的经营目标及领域、经营理念,为自己选定一个理想的、独具个性的形象位置。简言之,就是使组织在公众心目中占据一个理想位置。组织形象定位是组织形象塑造的前奏,事关组织未来形象的总体态势和特征,准确的组织形象定位是塑造良好组织形象的第一步。

(一)组织形象定位的要素

组织形象具有主观性。不同人的文化背景、价值观念、生活环境以及喜好等都不相同,就必然导致公众对同一个组织形象会产生不同的评价。那么,组织要想在公众心目中占据一个相对理想的位置,就必须先了解影响组织形象定位的几大要素。

① [美]艾·里斯、杰克·特劳特:《定位》,王恩冕、于少蔚译,中国财政经济出版社2002年版,第3页。

1. 主体个性

主体个性又称“组织个性”，它是指组织品质、组织精神及其价值实现方式等方面的独特风格。优秀的组织之间有很多共性，例如良好的产品质量、优质的服务等，这些共性使得组织之间的竞争难度加大。因此，组织要想在充满竞争的环境中赢得公众的认可，就必须充分思考自身的个性，如组织精神、组织风格等。例如，每一个知名的体育品牌都有自己独特的个性特征。李宁公司将“崇尚运动、诚信、激情、求胜、创新、协作”作为企业的核心价值观，让运动唤起人们生活的自信；耐克则将其组织精神概括为“Just do it”，鼓励人们想做就做、坚持不懈；特步则追求时尚、前卫、自由与叛逆，打出“非一般的感觉”的口号，这样的品牌宣言淋漓尽致地体现了特步强调体验式的运动和不为运动所累的“玩运动”的态度。

创建主体个性时，其个性特征必须建立在主体自身特点及实力的基础之上，坚持实事求是的原则，不能无中生有，更不能夸张渲染。任何企图通过虚构或夸张的手法建立组织个性的手段，不仅不能达到预期的效果，而且还会产生负面效应，甚至会遭到公众的唾弃。总而言之，主体个性的建立不是随心所欲的，更不是空泛的，而是实实在在以组织的实力和特点为保障和依据的。

2. 传达方式

传达方式是指将组织个性特征有效传达给公众的渠道和方式，主要包括电视商业广告、公益广告、社会公益活动、人员推广等。在当今的信息时代，“酒香也怕巷子深”，主体个性如果不能通过适当的渠道传达给公众，那么它就是无效的。蒙牛公司不仅在电视上投放由陈道明、章子怡等大牌明星代言的广告，多年来还在环保和教育等方面持续投入，其目的就是采用各种方式传达蒙牛优良的品质以及承担社会责任的态度，让公众了解、认识并认可蒙牛。

在传播组织个性时，要充分考虑不同传播媒介的影响力以及目标公众的媒介使用习惯，以实现传播效果的最优化。

3. 公众认知

公众认知是组织确立了主体个性并使用了有效传达方式将个性传达给公众后得到的公众的认同，它是组织形象定位的最后一步，也是组织形象定位完成的标志。当组织形象的定位得到了公众的认可时，公众会自觉地将组织形象定位与组织自身建立起稳定的联系。组织要想获得公众的认知，不仅要为公众提供有品质的产品和优质的服务，而且还要让公众获得精神上的满足。

(二)组织形象定位的方法

1.突出特色的定位方法

这种定位方法主要是强调组织的独特之处，突出组织的特色，给公众带来强烈的感知冲击，以此达到吸引公众的目的。这种特色可以来自组织的很多方面，如组织的管理特色、服务特色、文化特色等。例如，格力空调以追求高质量为特色，坚持“好空调、格力造”，追求完美质量，提供专业服务。

2.公众引导的定位方法

这种方法主要是通过感性诉求、理性诉求以及感性诉求与理性诉求相结合的方式建立组织形象定位。通过感性诉求，向公众诉之以情，引起公众和组织之间的情感共鸣；采取对公众理性说服的方式，让公众接触客观事实后作出理性的判断；感性诉求和理性诉求相结合的方式就是要对公众动之以情、晓之以理，在情与理的结合中完成组织形象的定位。例如，埃菲斯出租汽车公司明白自己并不是美国排名第一的出租汽车公司，于是领导层放弃争取“老大”的目标，甘居第二，以“老二主义”作为公司的宣言。这样一来，埃菲斯不仅坦诚地告诉了公众其在行业内的排名，而且还表达了自己不忘顾客厚爱并努力工作的积极态度，有利于博得公众的同情，从而完美地将情与理结合在一起，很好地完成了组织形象的定位。

3.形象层次的定位方法

形象层次主要包括表层形象和深层形象，其定位方法主要是对这两个层次形象的定位。表层形象定位主要是指对构成组织形象的外部直观部分的定位，如办公场所、设备、环境、产品包装等方面的定位；深层形象定位主要是指组织内部的信仰、精神、文化等深层次部分的定位。

4.抢占先机的定位方法

这种方法是指组织在定位时要做到先入为主。谁能在竞争对手之前抢先将自己的形象嵌入消费者的心中，谁就能占据有利的位置。就像人们往往会称第一个吃螃蟹的人是英雄，而往往记不得第二个吃螃蟹的人。例如，可口可乐公司提出“只有可口可乐，才是真正的可乐”这样的定位，向公众宣告可口可乐才是软饮料行业中的鳌头。

组织形象定位的方法还有很多，例如对比、反差、对象分类等。一个组织要根据自身的实际情况，选择一种或多种适合自己形象定位的方法，才能有效地完成组织的形象定位。

四、组织形象的设计——CIS战略

在当今的市场环境下，产品和服务日益丰富，但是产品与产品之间、服务与服务之间的差异性却在逐步缩小，同质化现象越来越严重，各个组织面临着巨大的竞争压力。组织要想从激烈的竞争中占据主动，就必须努力发展组织的经营理念、经营哲学，塑造个性化的组织形象。CIS是一种为组织提升形象、增强竞争力的有效方法，更是组织形象设计的强大武器。

(一)CIS概述

CIS是英文“Corporate Identity System”的英文缩写，即企业形象识别系统。具体指通过对企业形象的精神层面、行为层面和视觉设计层面的各种要素进行有目的、有计划的规范和整合，塑造企业独特个性和精神内涵的科学管理体系。它是公众评价企业的依据，也是企业塑造良好形象以赢得公众认可的有效手段。

CIS最早源于1914年德国电气总公司采用彼得·贝汉斯(Peter Behans)所设计的商标。20世纪50～70年代是CIS的发展时期。在这一时期，美国一些连锁经营企业，在招牌、广告、外观设计等方面均采用相同的设计风格，并取得了良好的效果。1956年，美国电商机器公司采用设计大师艾利奥特·诺伊斯(Eliot Noyes)设计的平面标识图案，并把公司全称改为“IBM”，同时以蓝色为主色调。这一设计使IBM公司赢得了“蓝色巨人”的荣誉，并促使CIS在企业界得到广泛认可。20世纪60年代，沃森·马格里斯(Watson Margres)正式提出CIS这一术语，CIS也从此被看作组织经营管理策略的重要组成部分。20世纪70年代，CIS理论传入日本，并在日本得到了系统化的发展。在我国，CIS率先在台湾发展起来，直到90年代，国内的一些大企业如广东太阳神公司、联想集团、海尔等都进行了CIS设计，并取得了巨大成功。自此，CIS在我国迅速发展起来。

(二)CIS的构成要素

CIS是由三大要素组成，即理念识别系统(MIS)、行为识别系统(BIS)以及视觉识别系统(VIS)。在这三大要素中，理念识别系统占据主体地位，是整个企业识别系统的核心和依据；行为识别系统和视觉识别系统则是理念识别系统的演绎和延伸。三大要素相互作用、相互影响，共同构成企业识别系统这一有机整体，如图3-4所示。

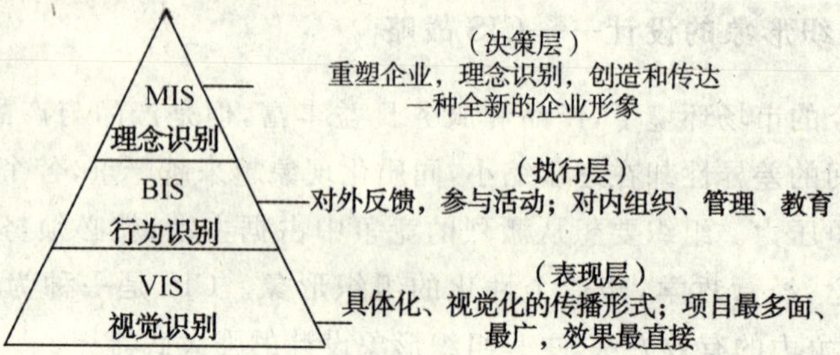

图 3-4　CIS 构成要素

1. 理念识别系统(MIS)

理念识别系统(MIS)是一个企业在生产经营活动过程中的经营理念、经营信条、企业使命、企业目标、企业哲学、企业文化、企业精神和企业战略等要素的统一化。企业理念是企业开展生产经营活动的指导思想和行为准则。它包括企业的经营方向、经营思想、经营道德、经营作风和经营风格等具体内容。理念识别系统是企业的基本精神和宗旨，主要针对企业的精神特征进行策划，实际上就是企业文化在观念层面的构建。它是企业的“心”，支配着组织活动的各个方面。理念识别系统是企业家们积极倡导、全体员工自觉践行的企业信念，更是激发企业活力、推动企业生产经营的团队精神和行为规范。一个企业的成功必定离不开完备并且先进的理念。例如，海尔集团在企业理念这方面一直做得很好，它以“真诚到永远”作为企业核心价值观，以“装点人生，服务社会”作为企业宗旨，以“斜坡球理论”(即企业如同斜坡上的球体，要使它向上移动，必须有制动力——“日清日高”的基础管理；拉动力——企业的创新力)为企业哲学；以“创新”为企业文化的核心，以“创造资源、美誉全球”为企业精神。这些企业理念内化为一种精神力量鼓舞着员工，影响着公众，使海尔在求变创新中实现突破与发展。

2. 行为识别系统(BIS)

行为识别系统(BIS)是企业理念识别系统的外化和表现，也是企业理念得到贯彻执行的重要体现。企业行为识别是一种动态的识别形式，它通过各种行为或活动将企业理念加以观测、执行、实施。企业行为识别的范围很广，主要包括对内和对外两部分。对内包括对管理层教育、员工的教育(如服务态度、接待技巧、服务水准、工作精神等)、生产福利、工作环境、生产效益、废气物处理、公害对策、研究发展等；对外包括市场调查、产品开发、公共关系、促销活动、流通政策、银行关系、股市对策、公益性与文化性活动等。在一个企业中，行为识别相当于企业的“手”，它针对员工行为进行设计策划，并对员工的所有操作行为进行规范化的管理。值得注意的是，企业各种行为只有在企业理念的指导下规范、统一并有特色，才能被公众识别认知、接受认可。企业的行为识别几乎涵盖了整个企业的经营管理活动。不同的企业在内涵上又有所不同，如银行业重视外观形象和社会形象，销售企业重视外观形象和市场形象等。

3.视觉识别系统(VIS)

视觉识别系统(VIS)是企业全部经营理念和行为规范的集中反映，是企业理念识别和行为识别的具体化与视觉化的传达形式，是一种企业的整体形象的静态识别符号系统，能最直接地向社会传递信息。视觉识别系统包含的项目多，层面广，是一个复杂的系统，一般包括基本设计、应用系统、辅助应用三个部分。基本设计包括企业名称、品牌标志、标准字、标准色、企业造型、企业象征图案、企业宣传标语、口号、吉祥物等；应用系统包括办公器具、设备、招牌、标识牌、旗帜、建筑外观、橱窗、衣着制服、交通工具、包装用品、广告传播、展示、陈列等；辅助应用包括样本使用法、物样使用规格及其他附加使用等。基本要素是应用要素的基准和依据，因此对组织的名称、标准色、品牌标识等方面都要有严格的规定，以此实现传播媒体上的组织形象的一致性。在一个企业中，视觉识别系统相当于企业的“脸”，它是最外在、最直接也是最具有传播力和感染力的部分。优秀的视觉识别系统能迅速地吸引受众的眼球，为企业形象的建立发挥巨大的作用。例如，全球著名的快餐餐饮集团麦当劳的成功，很大程度上归功于科学地导入并有效地利用了 CIS 视觉识别系统，以此来建立和发展自己的品牌。在麦当劳的视觉识别系统中，简洁、醒目的色彩功不可没。当人们看到黄色拱形的“M”时候，第一反应就是麦当劳。麦当劳标准的黄色不但可以吸引人们的注意力，而且还给人们以温暖、愉快的感觉；同时，麦当劳(McDonald's)开头字母“M”以弧形的设计，给人感觉像两扇打开的拱门，寓意为消费者打开门，并有效地传达了它独特的经营理念，即质量、服务、清洁、价值，给消费者留下了深刻的印象。

MIS、BIS、VIS 三者共同构成企业识别系统 CIS 这一整体，彼此之间既相互联系又相互制约。MIS 是 CIS 的核心，并通过 BIS 和 VIS 表达出来。一个企业只有建立起完善的经营理念，才能带动动态的企业行为和静态的视觉传达设计。将企业的“心”“手”“脸”实现科学化、标准化、规范化的管理，才能形成完整的企业识别系统，才能提高企业整体形象的竞争力。具体如表 3-2 所示。

表 3-2 企业识别系统 CIS

构成要素		主要内容
MIS	整体规划	企业经营宗旨、企业精神、企业文化、企业价值观、企业经营方针、企业目标、企业性格、企业哲学、企业座右铭
BIS	对内	包括干部的教育、员工的教育（如服务态度、接待技巧、服务水准、工作精神等）、生产福利、工作环境、生产效益、废气物处理、公害对策、研究发展
	对外	包括市场调查、产品开发、公共关系、促销活动、流通政策、银行关系、股市对策、公益性/文化性活动
VIS	基本设计	如企业名称、品牌标志、标准字、标准色、企业造型、企业象征图案、企业宣传标语、口号、吉祥物
	应用系统	办公器具、设备、招牌、标识牌、旗帜、建筑外观、橱窗、衣着制服、交通工具、包装用品、广告传播、展示、陈列

第四章　公共关系的对象——公众

公众，是公共关系工作的对象，它广泛存在于社会组织的内部和外部。公众，也是组织赖以生存和发展的基础，任何一个社会组织的生存和发展都离不开公众的支持和信任。社会组织在其运行过程中，要面对各个阶层、各种类型的公众，公众对社会组织的态度和行为是检验公关工作的重要标准。一个运行良好且发展稳定的社会组织必定是将公众利益作为最高准则的，一切具体的公关活动都必须面向公众展开，以此得到公众的认可并在公众心中树立起良好的组织形象。因此，公共关系必须正确认识和分析自己的公众对象，深入研究公众的特征及其分类，发掘公众的心理特征，寻找、确定其目标公众并采取相应的公关策略和方法，建立起组织和公众之间有效的公共关系，最终实现公共关系的目标。

第一节　公众及其分类

一、公众的含义

公众（public），是公共关系三大要素之一，也是公共关系这一学科中非常重要且特殊的概念。正确理解这个概念，是理解公共关系和公共关系基本构成要素的基础，也是开展公共关系工作的必要前提。

在公共关系学中，公众是指与特定的公共关系主体相互联系及相互作用的个人、群体或组织的总和，是公共关系传播、沟通对象的总称。在公共关系学中这一概念不同于一般意义的“公众”概念，它不是指人民、群众、受众，也不是指词典中所说的“社会上的大多数人”，它特指在公共关系中与社会组织相关的个人、群体或者组织。要想理解其特殊性，有必要先对“人民”“群众”以及“受众”等容易与之混淆的概念进行简单比较和区分。

人民(people)是个政治概念，它反映了一定社会的政治关系。从广义上讲，“人民”强调包括国家统治阶层在内的国家一体性概念，受到国界约束。人民作为一个集合概念，并不能指向任何一个人。人民是以劳动群众为主体的社会基本成员；在不同的国家和各个国家的不同历史时期，人民有着不同的内容。在我国社会主义时期，一切赞成、拥护和参加社会主义革命和建设的阶级、阶层和社会集团，都属于人民的范围。

群众(masses)在现代汉语词典里有两种解释：一是指“人民大众”或“居民的大多数”，即与“人民”一词同义；二是指“未加入党团的人”，以表示“党员”与“群众”的区别、“干部”与“群众”的区别。群众和人民的本质含义在很大程度上具有一致性，它们都是一种泛指，都是一种政治概念，并且带有强烈的政治色彩。但是，人民在外延上比群众大，人民包含群众；群众在内涵上比人民大，其内涵更加具体、稳定。

受众(audiences)是一个传播学的概念，是指信息传播的接受者，包括报刊和书籍的读者、广播的听众、电影电视的观众、网民。受众从宏观上看是一个巨大的集合体，从微观上看体现为具有丰富的社会多样性的信息接受者。

公众是公共关系学中的概念，它特指公关主体交流信息的对象。这一概念与上面这些概念的含义是有很多不同之处的。首先，公众是因共同的利益、问题等联结在一起并与特定组织发生联系的个人、群体和组织。在具体的公关活动中，组织面对的公众可以是分散的个人，也可以是由个人构成的组织或群体。因此，公众既可以是个指向性的概念，也可以是个集合性的概念。其次，公众是相对于特定的组织而存在的，组织存亡决定了组织内外部公众的“存亡”。就是说，只有当个人、群体或组织进入某一特定公关主体的视野中，并与这一公关主体存在相关利益联系时，才能称其为这一公关主体工作的公众对象。

二、公众的基本特征

公众是公共关系中一个极其重要且具有特殊性的概念，其特征主要有以下几点：

(一)共同性

公众是指因共同利益、共同问题联结起来的个人、群体和组织，其并不是一盘散沙。这些个人、群体和组织之间具有某种内在共同性，这些共同性主要表现为共同的利益、共同的需要、共同的目标等。公众的形成，是因为社会成员遇到了共同的问题或事件，这种共同的问题或事件对他们有着不同程度的影响。当某一群人、某些社会团体因为这些问题而发生联系时，这些人群或团体便成为一类公众。例如，在某一经济论坛中，对其感兴趣的企业家或经济学家可以构成一类公众；在某个明星的演唱会上，前来观看的观众可以构成一类公众；生活在排泄污染物的某工厂附近的居民因为共同面临着环境污染的威胁而成为一类公众。这些群体中的个人之间未必相互认识，他们之所以成为某一组织的公众，是因为他们面临的共同点与组织具有一定的相关性。由此可以看出，充分了解和分析自己的公众，把握其间共同性以及内在的联系，对组织确定工作目标、采取公关策略来说具有非常重要的意义。

（二）整体性

公众是公共关系工作对象的总称。任何组织的生存和发展都离不开一定的公众环境，这里的公众环境是指组织在运行过程中必须面对的社会关系和社会舆论环境。这个公众环境具有广泛性，涉及组织内部、外部以及社会的方方面面。例如，一个企业的公众环境有内部的员工、股东，外部的客户或顾客以及与之有关的政府、社区等各方面。同时这个环境是一个相对松散的整体，各个要素之间的联系并不一定是非常紧密的。比如顾客与生产商之间并没有直接的联系，股东与社区之间也没有明显且必然的联系。虽然有些要素之间的相关性比较小，但是它们一起共同构成了组织必须面对的公众环境。由此可见，公众环境中的任何一个要素都十分重要且不容忽视，对任何一种公众的不重视或者忽视都可能导致整个公众环境的恶化。因此，组织必须把公众视为一个完整的环境，用全面、系统的观点来分析自己的公众。

（三）变化性

公众是公共关系的工作对象，在公共关系中公众是处在不断变化发展中的，并不是固定不变、封闭僵化的对象。任何组织面临的公众都是会随着组织的目标、行为以及客观环境的变化而变化的，这些变化主要表现在公众的数量、构成、范围以及性质等方面。主体条件和客观环境的变化，会导致公众对象的产生和消失、公共关系的和谐或恶化、公众数量的扩大或减少等。例如，随着组织某一话题的产生，对这一话题感兴趣的新的公众会出现；如果以前的公众对这一话题不感兴趣，以前的公众就会消失，即此时的公众并不是彼时的公众。公众环境变幻莫测，组织应该针对公众的这一特征，深入细致地了解公众，把公众看作一汪四处流动的活水，时刻把握公众的变化和动向，坚持以发展的眼光看待公众。

（四）层次性

公众是一个多层次的立体结构。从公众的概念中就可以看出，公众是由个人、群体和社会组织三个部分组成的，其存在形式并不是整齐划一的，而是具有不同的层次。个体是公众构成最基本的细胞，群体是公众构成的中间层次，第三个层次是组织。例如，在一个商店里，公众可以是消费者个体，也可以是一群消费者，还可以是工商、税务等部门组织。公众的层次性还表现在公众可以由不同划分标准分出不同的层次，而这些不同层次的公众也会对组织的目标和行为产生重要影响。即使是同一类的公众，其存在形式也是多种多样的。例如，对于消费者公众来说，其既可以是一个独立的个体，也可以是某个群体（如消费者协会），还可以是某个组织（与经营有关的政府机关）。

（五）相关性

公众是相对于一定的公共关系行为主体即组织的存在而存在的，其不是抽象的，而是具体的。公众与组织之间是相互关联、相互影响、相互制约的。一方面，组织的决策和行为会对公众的利益、态度、需求等产生实际或潜在的影响；另一方面，公众的态度、行为、观念以及意见对组织的发展和目标的实现也同样具有实际或潜在的影响力。公众和组织之间的相关性是两者形成公共关系的关键，也是组织寻找并确定公众的关键。一旦这种相关性被揭示出来，组织就很容易确定自己具体的工作对象，从而确定自己的工作目标。

三、公众的分类

公众是组织赖以生存的基础，通过对公众含义和特征的分析可以看出，公众不是一个简单的整体，而是一个极其复杂的网络系统。一方面，不同的社会组织有不同类型的公众；另一方面，同一社会组织也会面对不同类型的公众。这表明社会组织面对的公众并不是单一的，而是复杂多样的。为了更好地了解公共关系中的公众，明确组织的公众对象，就需要对公众进行分类研究，这是非常有意义的。首先，公共关系政策的制定和公共关系方法的采用，都离不开科学地区分不同的公众，这是提高公共关系效率的保证；其次，对公众进行分类能帮助组织更好地认识公众的特性和共性，清晰地把握每一类公众的特征；最后，公众具有多变性的特征，对公众进行分类能够帮助组织了解和掌握公众的变化趋势。由此可以看出，深入研究公众并善于对其进行准确科学的分类，对开展公关工作、确定组织的行为、实现组织的目标都具有非常重要的意义。

公众分类的标准和方法有很多，具体可以按以下标准将公众予以分类。

（一）按照归属关系划分

社会组织在运行中，不仅面临着复杂的内部公众关系，而且在外部也面临着各种各样的公众关系。内部公众是组织内部全体成员构成的公众群体，一般包括组织内的从业人员以及股东等。这类公众具有稳定性，同时也是与组织自身相关性最强的一类公众对象。外部公众是指组织外部与组织有联系的个人、群体和组织。例如对于一家企业来说，消费者、竞争对象、媒体记者、政府机关、社区等都可以看作是这家企业的外部公众。与内部公众相比，外部公众的稳定性较差。

公共关系是一门内求团结、外求发展的经营管理艺术。组织要充分了解内部员工的价值并且照顾到各个部门的利益以及股东的权益，让组织的内部环境稳定和谐，这样才能调动各方面的积极性，增强组织内部的凝聚力。而外部公众则构成了组织的外部社会环境，对组织的生存和发展也起着至关重要的作用。组织要积极争取外部公众的支持和信任，为自己创造良好的外部环境。组织在发展的过程中一定要做到兼顾内外部公众，实现内部团结、外部发展这两大目标。

（二）按照公众的重要程度划分

首要公众是指对组织有重要的制约力和影响力，甚至关系到组织的生死存亡，并决定组织成败的公众。他们与组织联系最密切、最频繁，对组织具有特殊的意义。例如，在一个商店中，顾客和供应商是最首要的公众，他们直接关系到组织的生存和发展，是组织兴衰最基本的影响因素。首要公众是组织生存发展的“生命线”，是公共关系对象中最关键的公众。因此，组织应该投入更多的人力、物力和财力来维持或改善同这类公众的关系。

次要公众是指对组织的生存和发展有一定影响，但没有决定性影响的公众对象，一般是兼顾的对象。比如在一个企业中，与企业来往的税务机关、社区、媒体等。由于组织的人力、物力、财力资源总是有限的，因此应将针对此类公众的公共关系工作放在次要地位，以突出公共关系工作的重点，提高效益。次要公众虽然不是社会组织公共关系工作的重点对象，但可能通过各种手段间接地制约组织的发展，如果忽视这一点，仍然有可能导致社会组织公共关系的恶化。因此，一个社会组织仅仅做好首要公众的公关工作是不够的，还应注意处理好与次要公众的关系。

（三）按照公众对组织的态度划分

顺意公众又称“支持公众”，是指那些对组织的政策、行为和产品持赞赏、支持和认同态度的公众。这类公众对组织的方针、政策、行动持赞同、支持的态度，并在行动上热情宣传、主动配合。顺意公众是推动组织发展的基本工作对象，队伍越壮大，对组织的发展越有利。他们不仅可以在行动上支持组织的发展，而且还可以通过其传播来扩大组织的知名度和美誉度。社会组织的公共关系工作的首要目标就是要保持和扩大顺意公众的队伍，经常与他们沟通联系，避免他们被竞争对手争取过去。

逆意公众是指对社会组织奉行的政策、采取的行为持反感、反对、不合作态度的公众。他们可能是由于误解而持这种态度，也可能是组织错误行动的受害者。组织的公共关系人员要全面调查逆意公众产生的背景条件，主动进行适时有效的沟通，澄清事实、说明情况，争取谅解、理解，促其改变敌对态度，由逆意向顺意转化，以达到“多交友、少树敌”的目的。

独立公众又称“中立公众”或“不确定公众”，是指对社会组织奉行的政策、采取的行动持中立态度、尚未表态、态度不明确的公众。独立公众往往是社会组织公共关系工作的竞争之地，他们具有极大的可塑性，既可向顺意公众转化，也可向逆意公众转化，宜采取多种方式，争取他们向着对组织有利的方向转化，绝不能掉以轻心。当条件成熟时，可以将之转化为顺意公众。

（四）按照组织对公众的价值判断划分

受欢迎公众是指完全迎合组织需要并对组织感兴趣、乐意跟组织合作的公众，即组织对公众“有情”，公众对组织“有意”，双方是你情我愿、一拍即合的关系。例如自愿的投资者、为组织作正面宣传的媒体等。在这种关系中，组织和公众在某一方面的利益是一致的，组织与公众之间往往是互惠互利的关系。

被追求公众是指符合组织的利益需求，但是却对组织不感兴趣或缺乏交往意愿的公众，即组织对公众“有情”，公众却对组织“无意”。对许多组织来说，著名媒体是“被追求”的对象。组织往往想跟这类媒体合作，但是却比较困难。组织应该想方设法、采取主动攻势“追求”这类公众，与他们形成良好的合作关系，以实现组织的目标。

不受欢迎公众是指违背组织意愿和利益，对组织的生存和发展构成潜在或现实威胁的公众，即两者是相互排斥的关系。一方面，这类公众对组织来说是“入侵者”，他们对组织表示出不友好的意向；另一方面，组织害怕受其困扰或被其损害利益,力图避免“产生”这类公众。

(五)按照公众和组织的相关程度划分

非公众是指在一定时空条件下,处在组织的影响范围中,但却与组织无关,其观点、态度和行为不受组织的影响,也不对组织的发展产生作用的公众群体。对于组织来说,划分出公众与非公众可以减少工作的盲目性,避免浪费。

潜在公众是指组织与其发生了联系,两者面临共同的问题,但未意识到这种问题存在的一类公众,即由于组织机构的行为,在将来可能与组织机构发生利害关系的公众对象。在一定时间内,至少在公众意识到他们面临的问题之前,他们不会采取行动,不会对组织构成威胁,但一旦问题暴露出来就会损害组织形象。组织应该意识到潜在公众的存在,及时发现、加强预防,密切关注事态的发展,这不仅有利于组织制定有针对性的公关策略,而且还有利于组织调整对现实公众的政策行为。

知晓公众是指已经知晓自己的处境,明确意识到自己面临的问题与特定组织有关,迫切需要进一步了解与该问题有关的所有信息并开始向组织提出有关权益要求的公众。对于这类公众来说,他们仅仅是知晓了与组织之间的联系,还尚未采取行动,只是在等待事态的发展以决定自身是否采取行动或采取怎样的行动。这时,组织必须与这类公众及时沟通,通过有效的传播途径向公众提供他们想要了解的信息,主动地引导知晓公众。

行动公众是指已采取实际行动,对组织构成压力,并迫使组织采取相应行动的公众群体,也是知晓公众发展的结果。在这个阶段,不管行动公众的行为是积极的还是消极的,组织都不能坐以待毙,要采取有针对性的措施。尤其是当行动公众采取了消极行为时,组织更应该亡羊补牢,查清事实,缓和矛盾,尽全力得到公众的谅解。否则,组织形象也将一落千丈,甚至会威胁到组织的生存和发展。

(六)按照公众构成的稳定性划分

临时公众是指因为某一临时的因素、偶发事件或特别活动而形成的公众对象。比如,因为航班误点而滞留机场的旅客、足球场闹事的球迷、因工厂爆炸而受伤的居民等。临时公众的存在说明在瞬息万变的社会中,组织不能完全预料到某些突发情况的发生。当突发事件发生后,组织应该及时采取措施应对,尽量减少或缓和与临时公众之间的矛盾。

周期公众是指有规律地聚集起来的公众。这通常同重大节日、纪念日相联系，如抗洪抢险将士、游园者、节假日购物消费者。周期公众的出现具有规律性，可以预测，这有利于组织做好必要的准备，有计划地开展公关活动。

稳定公众指具有稳定结构和稳定关系的公众，如老主顾、常客、社区居民。这类公众由于兴趣、爱好、习惯的影响，比较集中地与某些组织发生稳定的联系，是组织的基本公众，甚至对组织而言具有“准自家人”的性质。如定期去某医院体检的老年人、经常光顾某娱乐城的顾客、只使用飘柔洗发水的消费者、稳定的协作厂家、组织的内部公众等均属此类。

以上主要介绍了六种公众的分类方法。公众的分类没有绝对的标准，在实际的工作中，要采取哪种方法进行分类要根据组织在不同时期的工作重点和工作目标来决定，从而有针对性地开展公关工作，维持与公众良好的互动关系，实现自身的发展目标。

第二节　基本公众关系分析

在公众的分类中，按照公众与组织的内外关系可以将公众分为内部公众和外部公众，这是划分公众最常见的一种方法。将公众划分为内部公众和外部公众可以明确地看清楚组织与公众的归属关系，也便于对组织内外部的基本公众关系进行分析。处理好组织内外部的公众关系，不仅有利于增强组织内部的向心力和凝聚力，而且还有利于组织获得外部公众的认同和信任，实现组织的和谐稳定发展。

一、内部公众关系

所谓内部公众关系，是指组织与内部公众之间的关系。内部公众是组织内部沟通、传播信息的对象，主要包括员工、管理者和股东等。他们既是外部公关工作的主体，又是内部公关的首要对象。所以，内部公众关系主要包括员工关系和股东关系。内部公众关系是一种主客体角色一体化的公众关系，社会组织内部的员工是组织的主体，这是内部公众主体性的体现；同时员工也是社会组织的公众对象，这是内部公众客体性的体现。在这里员工有着双重角色，集主客体于一身。这种主客体角色一体化的特征决定了社会组织与内部公众之间在根本利益上具有一致性，组织内部的公众是为了追求和组织共同的目标而走到一起，组织的兴衰成败和组织内部公众的利益息息相关。因此，处理好组织与内部公众之间的关系不仅有利于实现内部公众的价值，而且还是实现组织目标的前提和基础。

内部公众与组织的关系是最密切、最直接的。一个组织首先需要掌握内部公众的状况，协调好组织内部公众的关系，才能得到内部公众的认可和支持，以便形成内部团结一致的局面，调动起内部公众的积极性，增强组织的凝聚力。

(一)员工关系

员工关系是指组织与内部员工的关系。组织的大部分工作都是由员工来完成的，员工关系是组织最重要的内部公众关系。良好的员工关系不仅能够将全体员工合成一个有机整体，增强组织的凝聚力和归属感，而且还可以提高组织的对外影响力。全体员工在各自的工作岗位上共同努力，积极配合完成工作目标并注意维护组织形象，以此获得外界的认可，提高组织的知名度。除此之外，良好的员工关系还是调动员工积极性的一剂良药，它能有效实现组织和员工之间的信息沟通，使员工始终明确自己的工作方向和努力目标。因此，建立良好的员工关系尤为重要。

建立良好的员工关系，最主要的就是实现组织管理者和员工之间的有效沟通，使组织的决策和行为能同时体现组织和员工的共同利益，并能同时满足双方的愿望和要求。在这个过程中，组织首先要了解自己的员工，并承认和尊重员工的个人价值，让每位成员都能在团体环境中追求和实现自己的价值。其次，组织内部要有明确的沟通理念，这是实现组织与员工有效沟通的前提。组织内部开明的沟通氛围和沟通政策能够实现信息在内部员工之间的有效传递。再次，组织要将员工视为传播沟通的首要对象，尊重员工共享信息的权利，构建组织内部畅通的信息渠道；通过完善信息沟通渠道，争取员工之间的相互了解和理解，以减少上下级、同级员工之间的隔阂、矛盾与冲突等不利于组织整体发展的不和谐因素。例如，拥有 30 余万“蓝色大军”的“蓝色军团”IBM 非常重视内部沟通，并且建立了众多“蓝色沟通渠道”，保障组织内部信息交流的畅通无阻。IBM 有若干条制度化的沟通渠道为员工提供申诉的机会。同样，公司由上及下的沟通也做得非常出色，比如建立了 Round Table(一种多人沟通方式，召集不同部门的若干员工与总经理座谈，交流公司的发展信息，提出相关建议与意见)、Speak Up(这是一只意见箱，IBM 各分公司的员工都可以把自己的想法直接交给“Speak Up”，将意见与建议直接反馈到公司的高级管理层，包括地区总经理、大中华区总裁、亚太区总裁，甚至是公司总部的首席执行官。公司会派高层人员及时、妥善地处理相关问题)。除此之外，组织还要注重对员工多种能力的培训以提高员工的综合实力。组织和员工之间的关系具有互动性，在建立良好的员工关系的过程中，员工自身综合实力的提高是适应组织发展的要求，更是组织更好地完成现在和将来可能面临的工作的要求。同时，培训可以促进企业与员工、管理层与员工的双向沟通，增强企业的向心力和凝聚力，塑造优秀的企业文化。最后，良好和谐的工作环境对建立良好的员工关系来说也非常重要，它是使员工安心工作、乐于工作的重要保证。一个组织要为员工提供舒适的工作环境，协调好组织内的人际关系，组织一些活动，营造组织内部的和谐氛围，让员工在组织内享受到家的感觉。例如惠普就提出良好的工作环境是留住人才的关键。惠普倡导“以人为本”的办公设计理念，对办公桌、办公椅是否符合“人性化”和“健康”原则进行严格核查。惠普还在每天上下午设立专门的休息时间，员工可以放轻松的音乐来调节身心，或者利用健身房或按摩椅“释放自己”。惠普遵奉这样一个原则——相信任何人都会追求完美和创造性，只要给予适合的环境，他们一定能成功。这就是著名的“惠普之道”。本着这个信念，惠普着力营造轻松和谐的工作氛围，充分信任和尊重员工，让他们时刻保持良好的情绪，充分发挥才能和想象力。

（二）股东关系

股东是股份制公司的出资人或投资人，是公司股份的持有者，既可以是组织机构也可以是个人。股东依法凭借股票行使权利，有权出席股东大会并具有表决权，对公司产权具有间接拥有权。股东是股份制公司存在的基础，是现代企业的重要组成部分，股东的投资是企业资金的重要来源。从企业与股东的隶属关系来看，股东是企业内部公众的延伸，与企业发展息息相关，企业盈利越多意味着股东们的投资回报越大。所以，在企业的发展过程中，股东出于自身利益的考虑，非常乐意为企业工作。同时，作为股份制公司重要的财源与众多权利的行使者，股东在企业的发展过程中扮演着非常重要的角色，要想实现企业的稳定发展，必须要处理好企业与股东之间的关系。

股东关系就是指股份制公司与其出资人和投资者之间的关系，这是企业内部公众关系的重要组成部分。建立良好的股东关系对企业的发展来说是十分有益的。第一，维持良好的股东关系可以稳定和扩大企业的资金来源。对一个企业来说，资金是企业生存和发展的基础，企业与股东关系的好坏直接影响着企业的资金来源，良好的股东关系有助于股东对企业持续稳定的投资，同时还可以增强潜在股东对企业的投资信心，最终保证企业资金来源不断。第二，良好的股东关系还是树立企业形象、开拓市场的重要保证。企业的利益和股东的利息息息相关；企业的利益实现了，股东的利益也就得到了保障。良好的股东关系可以促使股东发挥自己的优势，利用自身资源宣传其投资企业的产品和文化，以此来提升企业的形象，为企业吸引更多的消费者。

良好的股东关系是企业的追求，如何建立良好的股东关系是企业必须要认真考虑并且积极实践的事情。对于企业来说，要建立并维护良好的股东关系，首先要具备尊重股东“特权”的意识。股东作为企业的投资者，有权知晓企业的发展方向和经营状况，所以，企业要定期向股东们汇报企业的发展情况、管理状况、分红政策等方面的信息。其次，重视并且收集股东的意见和信息，主要包括股东的兴趣、对企业的态度、对企业的意见等方面的内容，密切关注股东队伍的发展变化，并采取有针对性的措施。最后，建立良好的股东关系最重要的是要保证股东应有的经济利益。股东最初投资企业的目的就是希望自己可以在企业发展中获得一定的经济利益，如果应有的经济利益得不到保证，股东们必然会失望，进而影响到他们对企业的资金支持。因此，企业必须及时向股东们发放股息和其他福利，并切实地保障股东享有退还或转让股金的权利。

二、外部公众关系

社会组织在运行中，不仅面临着复杂的内部公众关系，而且在外部也面临着与各类社会公众的关系，即外部公众关系。所谓外部公众关系，是指组织与组织之外并且与组织有着实际或潜在利益关系的公众的关系，如消费者关系、社区关系、媒介关系、政府关系等，它代表了与组织发生一定联系的所有外部关系的总和。外部公众关系同样也是公共关系的重要组成部分，是制约或促进社会组织生存和发展的重要因素。建立良好的外部公众关系，能够争取外部公众的理解和认同，有利于树立组织良好的形象，协调彼此之间的利害关系，消除可能出现的矛盾冲突，为社会组织的生存和发展创造有利的社会环境。

（一）消费者关系

消费者关系是指组织与其产品购买者、经销商之间的关系。组织与消费者的关系不仅是指组织与市场上生活资料消费者的关系，而且还包括与生存资料、精神产品消费者的关系。消费者是公共关系对象中与组织利益关系最为直接的外部公众。常言道，“顾客至上”“顾客第一”“顾客就是上帝”。尤其对企业而言，消费者的需求是一切活动的中心和出发点，也是组织生存和发展的前提条件。了解并掌握消费者需求是组织生存和发展的必经之路。美国公共关系专家加瑞特(Paul Cacelt)曾说:“无论大小企业都永远必须按照下述信念来计划自己的方向。这个信念就是:企业要为消费者所有,为消费者所治,为消费者所亲。”[①]这更充分说明了消费者对于组织的极端重要性。因此,一个组织必须要建立良好的消费者关系并能够使消费者形成对组织及其产品、服务的良好印象,以此提高组织的知名度和美誉度,最终实现组织的销售目标。那么该如何建立起良好的消费者关系呢?应该从以下几个方面入手。

第一,为公众提供优质的产品和服务。对于消费者来说,他们最在意的是购买的产品和服务是否优质,如果连消费者最起码的需求都不能满足的话,不仅不能得到消费者的信任,而且还无法形成稳定的消费者群体。所以,一个组织必须为消费者提供质量合格、性能优良的产品和服务,在售前、售中、售后都要尊重消费者、为消费者着想。例如,近几年崛起的华为在为消费者提供产品和服务方面就做得非常好。在广州一个服务网点内,曾经来过一对聋哑夫妇。这对特殊的客人需要检测手机,引导员在为客户取号后,发现了二人的特殊情况。于是店内在招待二人时,以文字书写的形式取代了以往的对话交流方式。虽然这样受理的时间比较长,但受理人员依旧拿出专业的态度,了解产品的全部问题后为其加急处理。可以说,华为服务网点的工作人员以智慧的方式,不仅避免了客户的尴尬,而且还及时地为客户解决了问题。

第二,加强信息传递,在消费者和组织之间建立顺畅的沟通渠道。沟通的重要性不言而喻,然而及时有效的沟通却又常常被人忽视。没有沟通,就没有成功的组织,也没有稳定的消费群体。组织要重视与消费者的沟通,首先就要了解顾客。组织要为消费者提供了解自己的渠道,帮助消费者了解组织的宗旨、政策、经营品种以及服务方式等,充分利用大众媒体向广大消费者传递与组织有关的各种信息。例如,日本企业家松下幸之助曾说:“我们每天都要测量顾客的体温。”这样做使得松下电器产品在国内外始终保持很高的市场占有率。

第三,正确处理消费者的投诉。顾客关系的处理总会有不尽如人意之处,出现差错或纠纷在所难免。及时处理好顾客的投诉、质询、批评,做好善后工作,同样也是组织经营管理中的重要环节。对于来自顾客的任何纠纷,组织的公关人员都必须持积极、慎重和诚恳的态度予以处理。相关研究发现,对于

① 转引自熊源伟:《公共关系学》,安徽人民出版社1990年版,第139页。

50%～70%的投诉顾客而言，如果投诉得到解决，他们还会再次与公司做生意；如果投诉得到快速解决，这一比重会上升到92%。因此，顾客投诉实际是为企业提供了再次让顾客满意的最直接的补救机会。面对消费者的投诉，组织要从保护顾客利益的立场出发；无论以什么方式处理顾客纠纷，都要给顾客明确而清楚的信息反馈，以示对顾客意见的重视，切不可敷衍了事，依然我行我素。

（二）社区关系

社区是一个社会学概念，即人们共同生活的一定区域，如村落、城镇、街道等等。社区关系又称“区域关系”“地方关系”，主要是指组织与周围相邻的工厂、机关、学校、商店、旅馆、医院、公益事业单位以及居民的相互关系，这种关系具有空间区域性强、生活联系面广、文化背景相似、利益分享相关的特点。

社区与组织相互作用、相互影响，主要表现在两个方面：一方面，社区是组织存在的自然根基，也是组织发展的社会根基。它为企业提供经济环境和基础设施以及当地劳动力等资源。另一方面，企业作为社区的重要组成部分，对社区的各方面的发展有着不可推卸的责任。对于一个组织来说，建立一个良好的稳定的社区关系意义深远。建立良好稳定的社区关系可以为组织创造一个稳固的生存环境，为组织提供各种地方性的服务和支持。社区关系的好坏还直接影响着组织的公众形象。在一个社区中，组织要做到承担自己的责任和义务，为社区建设发挥中坚力量，这样才能得到社区公众的认可，才能使组织产品迅速占有市场。在美国市场日趋饱和的情况下，可口可乐公司的第二任董事长伍德鲁夫提出了一个惊人的设想，就是“要让全世界的人都喝上可口可乐”。为了打开国外市场，赢得各国民众的认可，伍德鲁夫制定了“当地主义”战略。他在当地投资建厂，本着用人本土化的原则，招收当地的工人，在缓解当地就业压力和推动当地经济发展的同时，也轻松赢得了当地人的认可和接受。当地人也给予了可口可乐公司极大的支持和协助，为其创造了良好的发展环境。可口可乐就这样在攻下了一个个社区“堡垒”之后，完成了全球可乐“王国”的组建。由此可以看出，社区关系对组织的生存发展起着多么重要的作用。20世纪70年代，日本名古屋褚木电力公司下属的一座发电厂没有处理好废水问题，使许多海洋生物遭了殃，严重影响了渔民们的谋生资源，一大群愤怒的渔民闯入了公司大楼抗议。公司意识到了问题的严重性，立即成立公共关系部并制定了一个相当庞大的长远计划，展开了持续几年的“消费者亲善运动”，主动参与当地的亲善活动，比如到养老院去演戏、清洗马路上的废弃交通标志等，在当地社区公众心中树立起讲信用、有责任的企业形象。总而言之，一个组织利用社区资源的前提是不能损害社区公众的利益，否则该组织必然不会实现长久的发展。

在实际工作中，建立良好的社区关系应该从以下几点入手：

第一，主动承担社区责任，树立居民意识。企业对社区的责任包括与当地居民保持友好关系、维护环境生态、增加社区的福利、协助社区解决棘手问题等。组织要主动承担起这些责任，要有为社区公众服务的意识，切实关心他们的利益，不能为了实现自身的利益损害社区公众的利益。

第二，开展信息交流，增进相互了解。良好的社区关系一定是建立在相互沟通、不断了解基础上的。一方面，组织应该把自身的发展情况及时地告知社区公众并表达愿意为社区发展贡献力量的愿望，例如可以向社区公众发送组织的宣传材料、出版物等，或者通过举办各种形式的座谈会、企业纪念日活动等让社区了解组织的宗旨、政策以及发展目标等；另一方面，组织要经常调查、了解社区公众对组织的印象以及各种意见，发现问题并及时改进。

第三，支持各类公益活动。在一个社区中，组织要想在公众心中树立良好的形象，除了不损害社区公众的利益之外，还要积极支持当地的公益事业。如赞助公共设施的兴建、扶持当地的教育事业、保障社区公众安全、帮助社区安置老人、支持残疾人事业等。这些活动都将不断强化组织在社区中的"热心居民"形象，最终必定会赢得社区公众的信任，从而建立起良好的社区关系。

（三）媒介关系

在公共关系工作中，媒介一方面是组织与公众实现广泛、有效沟通的渠道，具有工具性；另一方面又是组织必须特别重视的公众，具有对象性。媒介这种工具性和对象性的双重属性赋予了它们在公共关系中特别重要的地位。可以说，媒介关系是公共关系工作对象中最敏感、最重要的部分。良好的媒介关系可以把组织需要输出的信息最大限度地传播出去，同时又从媒介方面获取组织需要的信息。布鲁姆、卡特里普和森特在《有效的公共关系》一书中说："负责与媒介和媒介把关人打交道的从业人员必须建立和维护相互尊重和信任的关系。这种关系是互惠互利的……"[①]由此可见，建立良好的媒介关系是任何组织必须高度重视的工作内容。尤其是在当下互联网时代，新媒体发展迅速，其传播力量不容小觑，获得媒体信任和支持必定会对组织的发展产生积极的作用。

---

① [美]格伦·布鲁姆、艾伦·森特、斯科特·卡特里普：《有效的公共关系》，明安香译，华夏出版社2002年版，第269页。

美国最大的医药公司约翰逊联营公司，有段时间曾受到“泰诺”药物中毒事件的困扰。在查出事件跟公司无关的真相后，为消除人们的疑虑，公司决定推出更加坚固的3层密封包装的新型“泰诺”解痛胶囊。为了让公众接受公司的新产品，公司决定发挥好新闻媒介的作用。公司在纽约举行了规模盛大的电视记者招待会，有30个城市的媒体参加，通过卫星向全国播送实况，受到了全国人民的广泛关注。一段时间之后，公司及其产品重新获得了公众的信任，“泰诺”镇痛胶囊重新获得了95%的原有市场份额。对此，美国的新闻媒介又进行了大量报道，《华尔街日报》《时代周刊》等都进行了积极的报道，影响力极大。约翰逊联营公司与新闻界通力合作，最终使自己走出了困境，并且重新树立了良好的声誉，开拓了更广阔的市场。

要想处理好与媒介的关系，必须做到以下几点：

第一，熟悉各种媒体以及它们的运作规律。要对媒体作深入了解，这是组织建立良好媒介关系的第一步。同时，媒体有自己的运作规律，学会和媒体打交道，建立媒体通路，就要熟悉媒体内部运作规律。只有这样，才能和媒体的编辑记者们建立良好的关系，使组织掌握发布信息的主动权。

第二，向媒体提供真实的信息。真实是新闻的生命。媒体如果报道了虚假的信息，不仅损害了媒体的声誉，而且还破坏了组织的形象。因此，组织在向媒体提供信息的时候，必须秉持真实、客观的态度，特别是在组织出现问题时，绝不能用片面或虚假的信息来搪塞媒体，而是要提供真实的信息，以协助媒体人员作出客观的报道。有时，组织需要通过制造新闻以引起广大媒体以及其他公众的关注，但制造事件要保证建立在真实合理的基础之上。例如，蒙牛就曾以“神舟五号”升空作为载体成功制造了一次事件营销。蒙牛乳业以庆祝“神舟五号”取得圆满成功为题材，以“中国航天员专用牛奶”为诉求，通过电视、网络、广播、报纸等多种媒体及时迅速地将这一事件报道出去，搭载“神舟五号”从而实现“蒙牛”传播价值的极大化，被相关媒体评为中国企业营销2003年的经典案例之一。

第三，主动与媒体保持经常性的联系。组织要积极主动地与媒体保持联系，了解媒体近来的工作动向和传播重点，及时向媒体提供与本组织有关并且有新闻价值的事件。具体来说，可以邀请新闻媒体来组织内部进行参观访问，实地的参观访问有利于增强媒体对组织的感性认识，获得宣传报道的第一手资料；安排熟悉媒体特点与业务的专职人员负责与媒体保持联系，这样既可以保持联系的稳定性又能实现联系的专业性；适时召开记者招待会或新闻发布会，这是组织建立和保持与新闻界联系的一种较为正规的方式，能够更深入地与媒体人士进行双向沟通。

第四，平等对待各种媒体。社会上的媒体有很多，有主流媒体，有非主流媒体，有名望高的媒体，也有名望低的媒体……组织不能因媒体的地位不一而区别对待，面对媒体要一视同仁，不能有等级亲疏之分。只有这样，组织才能建立起有效、和谐、良好的媒体关系。

（四）政府关系

政府是国家权力的执行机关，是国家公共行政权力的象征、承载体和实际行为体。政府公众指政府各行政机构及其工作人员，即组织与政府沟通的具体对象。任何组织都必须接受政府的管理和约束，政府是组织所有传播沟通对象中最具权威性的对象。政府关系是指组织与政府权力机构之间的关系。政府在组织的发展过程中会产生巨大的影响力，如在对组织的监管行为中，政府会直接干预组织的运营；政府有时也会通过修改政策、规则等方式改变组织的外部环境，这是一种间接对组织产生影响的手段。可见，与政府建立起良好的关系对组织来说是极其重要的。良好的政府关系可以为组织提供安全、稳定、有利的生存和发展空间；同时，来自政府的支持和认可也是组织各项工作得以顺利开展的前提条件。

良好的政府关系对组织的发展大有裨益。在我国，各组织在积极与政府建立关系的过程中，也出现了一些问题，存在着一些不正常的政府关系。主要表现在：把政府关系定义为送红包、搞腐败；通过不正确的沟通方式与政府建立联系；过于注重和政府的某位官员的交往，认为一个人就可以代表一个政府；把良好的政府关系看作为组织谋求经济利益的“护身符”，将企业利益凌驾于公众利益之上，漠视甚至牺牲公众利益来换取高额利润（如环境污染、隐性收费）等。这些问题的存在是对组织与政府关系认识存在误区的表现。任何组织都必须摆正自己的位置，坚持企业利益与国家利益和社会利益一致的原则与政府建立良好的关系。组织在实际工作中要通过以下几个方面与政府建立起良好的关系。

第一，主动与政府保持密切联系，加强与政府部门的信息沟通。组织可以工作总结、剪报、工作汇报等书面方式向政府提供组织的发展信息，或者以请领导参观、实地考察的方式让政府相关部门切实了解组织的发展情况。政府只有深入了解了组织，才能根据各个组织的实际情况制定相关政策，同时组织也可以为自己争取有利于企业发展的政策规章。

第二，熟悉政府所颁布的各项政策规章及其更正、修正情况并认真遵守。组织必须对政府颁布的各项政策规章有清晰的了解，保证组织的工作和活动在法律允许的范围之内。同时组织要随时关注其政策变动情况，根据这些变动及时调整工作，唯有这样，才能在遵守各项政策规章的前提下顺利地开展工作，并能获得政府的认同和好感，组织也能得到更好更快的发展。

第三，主动承担社会责任，坚持经济效益和社会效益的统一。组织要协调好经济效益和社会效益的关系，不能一味地追求经济效益而损害社会公众的利益；同时，要积极主动地承担起社会责任，参与各种公益、环保、慈善活动，这样有利于组织树立良好的声誉，赢得政府的好感和信任。例如，海尔集团在“真诚到永远”理念的指导下，一直积极投身社会公益事业，用真情回报社会，赞助和开展各类公益性活动，获得了政府的高度认可。

（五）名流关系

社会名流是指对公众舆论和社会生活具有较大影响力和号召力的人物，如工商界、政界、金融界首脑人物，科学界、教育界、学术界的权威人士，文化、艺术、影视、体育等方面的明星，新闻出版界的著名记者、编辑等。这类关系对象的数量有限，但他们能使舆论传播迅速“聚焦”，影响力很强。名流关系就是指组织与社会名流建立的关系，建立良好的名流关系对组织的发展具有重要意义。首先，建立良好的名流关系，能够使组织借助于名流的知名度扩大自身的公共关系网络，提升组织的外在形象。其次，社会名流往往见多识广，在与他们交往的过程中可以获得广泛的社会信息或宝贵的专业信息，可以充分利用这些信息为组织的经营管理提供指引。最后，社会名流往往与社会各界有广泛的联系，与社会名流建立良好的关系，有利于组织扩大社会交往范围。

建立良好的名流关系应该从以下几点着手：

第一，加强组织公关人员的文化修养，讲求交往的艺术性。社会名流通常是文化层次和社会地位相对较高的人士。素质比较高的公关人员易获得他们的好感，得到他们的认可，这种好感和认可是组织与名流融洽相处的基础和前提。

第二，任何一种良好合作关系的建立，一定是本着长期发展、互惠互利的原则。名流关系的建立也不例外。与社会各界建立关系时，一定要把眼光放长远，切忌目光短浅，只重视眼前利益而忽视长远利益。组织不应该把名流看作仅仅靠金钱就可以“征服”的对象，名流也不应该把与组织之间的合作看作捞取钱财或者提高知名度的手段。组织要想与名流建立长期稳定的合作关系，就应该在获得自身利益的同时兼顾对方的利益，积极支持他们的事业。

第三，对名流有一个准确的价值判断。首先，组织要与公众真正喜爱的名流建立关系。有些名人在公众心目中形象不佳或者争议比较大，往往得不到公众的认可，最终会“殃及”组织，损害组织自身的利益。只有选择得当，才能充分利用名流的知名度以及公众对他们的信任和偏爱吸引公众对组织的注意力，才能使组织的活动或行为更具有说服力，在公众心中树立起良好的形象，最终达到组织的公关目标。其次，组织最好选择与自身有某种必然联系的名流合作，例如经营体育用品的公司往往是选择一些知名度很高的体育明星进行合作。因为体育明星本身就是体育产品的使用者，他们往往更加有说服力，更容易让公众信服。

第三节　新媒体环境下的公众

一、公众的地位变化

公众作为公共关系的三大要素之一，在公共关系的发展过程中地位不断提高。在巴纳姆时代，公众被看作被愚弄的对象。这一阶段，组织单向地向公众传播信息，其目的就是要进行宣传，而并不需要对所传播的信息的真实性负责。在艾维·李时代，公共关系开始发展成一种职业。艾维·李明确提出，公众是应该被告知的；虽然组织依然是单向地向公众传播信息，但是必须要对其传播的信息负责任。在伯内斯时代，他提出一个组织的发展要充分关注公众的需求，要做到“投公众所好”。在这一时期，组织开始重视公众的反馈意见，组织和公众之间开始进行双向的联系。随着公共关系的发展，公众越来越受到重视。1952年布鲁姆、卡特里普和森特在《有效的公共关系》一书中率先提出了“双向对称”模式，就是要求组织与公众建立起双向互动的关系，对公众的意见和态度给予充分的尊重。格鲁尼格又进一步指出，双向对称模式的目标是在企业及其公众之间达成相互理解。他强调指出：“双向对称模式对公共关系来说是一种更加合乎道德标准的方法，它也是公共关系实践中更加有效的模式。”①

但是在传统媒体时代，由于组织是通过报纸、广播、电视等大众媒体向公众传播消息，反过来公众并不具备通过报纸、广播、电视等大众媒体向组织表

---

①　转引自[美]弗兰·迈特拉、雷·阿尔提格：《公关造势与技巧——通向21世纪的桥梁》，欧阳旭东译，中国人民大学出版社2009年版，第89页。

达自己的态度和意见的条件，组织获得的反馈是小范围的，因此组织和公众对彼此传播、交流信息的接受效果明显不对称。可以说卡特里普和森特提出的“双向对称”模式在传统媒体时代并未获得良好的实施。

如今，我们的社会已经进入新媒体高度发展的时代。新媒体是一种数字化的传播手段，它综合应用了多种网络通信技术以及各种数字终端，是向受众提供各种信息服务的新的传播形式。这种传播手段具有很强的交互性和全时性，对于新闻的线索搜集、采访、发行等一系列活动，公众都有机会参与，并且在事后可以发表评论，已经形成全媒体互动式的传播。信息发布的低门槛和信息传播方式的灵活性加速了一个真正互动的环境的形成。信息不再依赖于某一方发出，而是在双方的交流过程中形成。这在真正意义上实现了组织与公众之间在交流上的双向对称，双向互动的传播模式为公共关系活动引入了开放和平等的“活水”。在这种环境下，组织不再是对公众进行宣传、说服，而是与公众形成一种相互了解、理解的良好关系。可以说，在新媒体环境下，只有尊重公众，重视他们的意见、喜好和评价，树立公众至上的理念，才是组织发展的唯一出路。

二、新媒体环境下公众的新特点

（一）新媒体环境下的公众更具广泛性

在传统媒体环境下，组织信息是按照传统媒体线性的传播模式进行传播的。“线性”传播关系就是两点之间的“一线牵”，构成了由“传”向“受”的单向传播关系。这种传播模式会受到时间、空间、内容等方面的限制，因此接收到信息的公众范围会相对较小。但是，在新媒体环境下，非线性传播打破了传统媒体的线性传播限制，时间、空间的限制不复存在。任何人都可以在网上发布有关组织的信息，会有更多的人通过了解这些信息与组织发生联系，非公众和潜在公众都有可能成为组织的目标公众。因此，组织往往需要面对比想象中更加广泛的公众群体。

（二）新媒体环境下群体性公众向个性化公众转变

在传统的公共关系中，公众可以细分为非公众、潜在公众、知晓公众、行为公众、稳定性公众、周期性公众、临时性公众等。虽然这些公众在一定程度上被细分化，但是他们仍然是以群体的形式存在，而不是被看作一个个独立的、有个性的个体。从很大程度上说，公众仍然是模糊的、难以把握的；这些公众的意见往往是以群体意见的形式存在的，建立并维护与之长期的合作关系还是有很大难度的。但是，在新媒体环境下，网络具有小众化甚至是个性化的特点，组织可以面对小众性的甚至是个体的公众，这使公众由未知的、模糊的群体对象变成了已知的、明确的个体对象。他们以个体的形式搜集、思考信息，个性化非常鲜明，受到他人的影响相对较小。例如，在传统媒体时代，一个社区的物业公司在解决社区问题时，往往是与业主委员会沟通意见；业主委员会的意见虽然来自业主，但是并不能使每一位业主都能充分地发表意见。而在新媒体环境下，业主可以通过社区论坛充分表达自己的意见，而物业公司也可以清楚地了解到每一位业主个性化的意见。

（三）新媒体环境下公众的主动性、参与性增强

在传统公共关系中，公众表达自己的意见会遇到一些障碍，这些障碍有的来自于社会关系的制约，有的来自于心理的影响，有的则来自于组织程序的要求……这些障碍使得有不同态度和看法的公众难以或不愿意真正参与到组织公关工作的反馈中来，公众的参与性不高。但是，身处网络环境下的公众面对的社会制约力量较小，现代公众可以十分便利地搜寻到关于公关主体的信息，与信息获取的便利性一同到来的是，公众在公共关系运作中将变得更为主动，并能积极、简单、直接地表达自己的态度或意见。他们参与的积极性大大提高。正如亚马逊公司的创始人杰夫·贝索斯(Jeff Bezos)所说："以前，如果我们的服务让一个客户不满意，他可能告诉他的五个朋友，而现在通过因特网，他可能会告诉五千个人。"[①]由此可见，网络虚拟环境下的公众比现实环境下的公众的参与性更强，同时这种积极的参与性也会带动更多人的参与，为组织的公关工作及时地作出反馈。

（四）新媒体环境下公众凝聚力增强

在传统媒体环境下，大众传播主要是一种点对面的传播；新媒体的传播形式更为灵活，它既可以实现点对面传播，也可以实现点对点传播，还可以实现面对面传播，甚至是面对点传播。这种灵活多变的传播方式使得公众之间能够建立起更加广泛的联系。他们更倾向于聚集在一起，分享观点和爱好。这种基于共同观点、爱好和利益形成的公众群体往往会具有相当强的合意基础和凝聚力。观点相同的人很容易找到自己的盟友并联合起来发表共同的意见，这样他们的声音就会洪亮许多；他们甚至还可以团结起来采取某些行动，使组织和传播者无法忽略他们的存在。

---

① 转引自车跃丽：《论网络时代的公共关系》，《江淮论坛》2002年第2期。

(五)新媒体环境下公众信息需求更加多元化

在传统媒体时代,组织经大众传媒传递给公众的信息往往相对有限,在新媒体环境下却恰恰相反。首先在内容方面,来自用户的庞杂、海量的信息造成信息的过剩,高品质、专业性、个性化的精品内容又相对稀缺。其次在渠道方面,除了传统的报刊、图书、广播、电视等媒体外,还有网络、手机、移动阅读器、平板电脑、楼宇电视、车载电视、电子书等新媒体,多元化的渠道背后意味着渠道的过剩,同时也意味着针对性强、有效率的渠道的稀缺。内容和渠道的过剩,在一定程度上使公众在了解组织信息的过程中会遇到一些干扰,一些比较复杂、冗长的信息更难引起公众的关注,他们更倾向于浏览与自身相关的部分,也更希望组织能够传播简洁、有价值并且指向性明确的信息。从这一点来说,新媒体环境下的公众搜索信息更具功利性。

(六)新媒体环境下公众价值需要重新定位

在传统媒体时代,对组织来说,公众的价值更多地集中在既成价值上。如对企业而言,公众的价值更多地体现在其购买商品所带来的销售额的增长上,对于公众的潜在价值关注得相对较少。当然这并不是说在传统媒体时代公众不会给组织带来一些潜在价值,但是相对于新媒体环境,传统媒体下的组织获得公众潜在价值的途径有限,难以形成规模且难以统计,所以组织的目光更多地集中在公众既成价值上。在新媒体环境下,互联网具有范围广泛、快捷、高度开放、双向互动、个性化的特点,这给公众潜在价值的发挥提供了广阔的空间。例如,公众会在网络上留下自己喜欢的品牌、产品、服务等资料。通过对这些资料进行统计和分析,组织会获得下一步工作的方向和指南。

三、新媒体环境下的公众观念

在新媒体环境下,公共关系主客体关系发生了相应的变化,包括主客体角色的变化和主客体权威格局的转变,两者最终会朝着平等互惠的方向发展。因此,组织在处理与公众之间关系的时候,必须要立足当下新媒体的发展环境,转变传统的公众观念,用新的互联网思维去指导处理与公众的关系。具体来说,组织应该具备以下几种思维。

(一)用户至上思维

用户即产品和服务的使用者。在互联网“大行其道”的当下,新媒体上产生了海量的用户,这些用户成为消费市场上无比重要的资源。“用户第一”成为当下各个企业生产和服务的响亮口号。树立“用户至上”的思维是社会组织在新媒体环境下生存和发展的基础和前提。对于一个社会组织来说，要想做到用户至上，首先要了解用户的需求和期望。例如，一个口渴的人想喝一瓶可口可乐来解渴。在这里，口渴是用户的需求，可口可乐是用户的期望。如果你在这个用户口渴的时候递给他一瓶矿泉水，虽然能帮助用户解决口渴的问题，但是未能满足用户的期望。因此，了解清楚用户的需求以及他们的期望是用户至上思维的重要内容。在传统商业时代，人们获取信息的渠道有限，策划和媒体主导一切。有好的内容、好的创意，并在主流媒体渠道上对着受众不停地"狂轰滥炸"，就能让受众买单。脑白金就是通过电视广告的"狂轰滥炸"进入消费者的视野，消费者对于这个产品的接受过程是相对被动的。但是在新媒体时代，互联网为受众提供了多样化的选择，同时受众也通过新媒体的渠道如微博、微信、淘宝等平台表达自己的需求。组织必须关注受众在各种媒体上的诉求，需要利用网络与受众进行互动，利用微博、微信等新媒体走进用户的生活，走进用户的内心，满足受众的期望甚至超越受众的期望，让受众为之惊艳。例如，小米手机现在已经成为用户思维下的一个成功典型，而雷军把成功的心得总结为"给用户超预期的感受"。

树立用户至上思维还必须注重用户体验，让受众认识、了解自己的产品和服务是至关重要的。用户体验即用户在使用一个产品或系统之前、使用期间和使用之后的全部感受，包括情感、信仰、喜好、认知印象、生理和心理反应等各个方面。要让用户有好的体验，成为组织的忠实拥护者，需要组织在产品研发的最初阶段，就秉承"自由、开放、共享"的互联网精神，让用户参与进来，聆听他们的声音，根据他们的建议对产品进行迭代改进，最终让用户有好的品牌体验、产品体验、购买体验，这样才能让用户成为企业的品牌大使。腾讯公司在开发微信时将重心着眼于用户体验，其设计没有花哨的外表，用户在极短的时间内就可以学会操作，并熟练地运用这些功能与外界进行联系。对老年人来说更是如此，很多老年人喜欢使用微信，原因就在于其简单操作性。他们一打开手机微信就可以直奔"朋友圈"，看看自己的老友和亲人有什么"新鲜事"，也可以进入聊天窗口与老朋友聊天。简单的操作和界面，增强了老年人对微信的黏度。微信在研发之初就站在用户的角度去考虑问题，分析用户的使用感受，注重用户体验，这是微信火爆的重要因素。

（二）大数据思维

21世纪是大数据时代，大数据正在改变我们的生活、工作甚至是我们的思维。《大数据时代：生活、工作与思维的大变革》一书中说："如果你是一个个人，拒绝大数据时代可能让你失去生活，如果是一个国家的话，拒绝大数据时代可能失去这个国家的未来，失去一代人的未来。”[①]如果一个行业拒绝大数据时代，则可能失去生存和发展的资源。如今任何行业的发展都深受大数据的影响，公共关系领域也是如此。组织树立大数据思维是在当下新媒体环境下实现发展的必由之路。

大数据思维可以使组织从海量用户中定位出精准用户。在互联网时代，大数据可以通过对交互性以及智能数据库的管理，将受众的兴趣和需求勾勒得更加清晰，比如可以清楚地知道在线上的活动吸引多少人浏览，有多少人互动，有多少成交率、转化率，等等。这样就提升了组织公关工作的精准性，从而避免了用大量无关甚至是骚扰性的信息来挑战用户的忍耐度。这使得传统公关依靠直觉和经验进行决策的优势不复存在，公关人员不再需要通过烦琐复杂的调查方法对受众进行调查，大大节省了人力、物力和财力。现在很多大型公关公司已经开始通过大数据的抓取来获得消费者对产品的看法，锁定品牌和消费者的关系，让策略和创意有迹可循，进而创造较好的公关战绩。例如，《纸牌屋》的参股方奈飞公司（Netflix）在拿下剧集首播权之前，就通过大数据了解到了喜爱观看1990年《纸牌屋》的用户情况。对于奈飞公司来说，在线播出可以使其通过强大的数据库监测系统分析收视情况，甚至清楚用户在何处按下了“暂停键”，这一系列的用户体验数据收集与分析，可以为企业下一步的公关活动提供有价值的参考。

（三）粉丝经济思维

粉丝经济泛指架构在粉丝和被关注者关系之上的经营性创收行为，是一种通过提升用户黏性并以口碑营销形式获取经济利益与社会效益的商业运作模式。国内第一本研究粉丝文化的《粉丝力量大》一书对粉丝经济的定义为：“粉丝经济以情绪资本为核心，以粉丝社区为营销手段增值情绪资本。粉丝经济以消费者为主角，由消费者主导营销手段，从消费者的情感出发，企业借力使力，达到为品牌与偶像增值情绪资本的目的。”[②]在西方国家，粉丝经济在20世纪90年代就已经初显端倪。英国学者西尔斯（Matt Hills）观察到，在从“广播”到“窄播”的媒介工业转型中，忠实的粉丝变成了最有吸引力的消费者。中国“粉丝经济”发展于20世纪90年代后期。2006年，以湖南卫视的“超级女

---

① [美]维克托·迈尔-舍恩伯格、[美]肯尼思·库克耶：《大数据时代：生活、工作与思维的大变革》，盛杨燕、周涛译，浙江人民出版社2013年版，第12页。

② 张嫱：《粉丝力量大》，中国人民大学出版社2010年版，第25页。

声”为代表的选秀节目播出之后，“粉丝”不仅仅成长为一个庞大的消费群，同时也是一股不容忽视的力量。事实上，“粉丝经济”的发展速度与大众文化的商品化速度是一致的，网络媒体的发展更是丰富了粉丝经济的内容与形式。

目前，“粉丝经济”可分为两种形态：一种为大众传播形态下的线下粉丝群体，一种为网络形态的线上粉丝群体。在传统的大众传播环境下，公众关注的多为明星、偶像和行业名人等。作为粉丝的个体很难与被关注者有亲密接触，他们通过购买歌星专辑、演唱会门票以及明星所喜欢或代言的商品等来支持喜欢的明星。这些粉丝群体成为忠实的消费群体。新媒体形态下，传统的线下粉丝走上线上，粉丝经济表现出更强的张力与生命力。以微博、微信、直播为代表的媒介终端，拉近了粉丝与明星的距离，粉丝的心理归属感更强。商家借助一定的平台，通过某个兴趣点给粉丝用户提供多样化、个性化的商品和服务，最终转化成消费，实现盈利。当下，社会组织必须具备“粉丝经济”思维，不仅要学会“吸粉”，而且还要维护与粉丝的关系，有一批忠实的粉丝将会助力公关主体的稳定发展。在国产手机中，小米深谙粉丝经济之道。在短短的时间里，小米手机作为手机业的新秀，成就了手机销售业的神话，其背后是“粉丝经济学”的运用。雷军曾坦承，小米手机成功的要诀有三：创业团队、创新和粉丝经济；而粉丝经济是其中最为重要的因素。

第五章　公共关系与传播管理

随着公共关系实践逐步走向职能化，公共关系部门或机构已不再局限于技术层面上的采集、制作、发布信息以及联络媒体等具体工作，而是进入了组织的管理层面，参与组织决策，并为组织制定长期的公共关系传播战略。但公共关系管理与一般的组织管理相比，又有其特殊性。它是对组织和公众之间传播过程的管理，目的不是帮助组织获得短期的经济效益，而是建立组织和公众之间长期的良好关系。因而，公共关系管理实际上是一种传播管理。

从20世纪七八十年代开始，公共关系管理理论一直在公共关系研究中占主导地位。然而其功能主义的逻辑和工具理性的导向却让公共关系学的合法性饱受批评，公共关系与管理学等学科的交叉融合也让公共关系学的学科独立性模糊不清。为了建构公共关系理论的“元话语”，重塑公共关系学的合法性，“关系理论”进入了公共关系研究的视野，并迅速被广泛接受。公共关系管理学派和关系学派出现了既对立又互补、融合的发展趋势。

第一节　公共关系传播管理概述

公共关系传播管理指的是把公共关系学和管理学交叉融合，从而将公共关系定位于一种传播管理职能。公共关系学在发展的过程中，曾部分借鉴了管理学的理论和方法，尤其是从20世纪80年代开始，公共关系管理理论长期占据着主导地位。但是公共关系管理和一般的组织管理相比，又有其特殊性。如果考察公共关系管理的对象、方式和目标，可以发现公共关系实质是对组织和公众之间传播沟通过程的管理，这种传播管理的目的不是为了获得短期的经济利益，而是建立起组织和公众长期的良好关系。

一、公共关系管理的历史演变

在发展过程中，公共关系逐渐定位于管理职能。公共关系管理学派的出现同管理学的发展息息相关。管理学是一门动态开放的学科，其内涵一直处于丰富的变化中。当组织与外界的信息交流越来越频繁，需要对其统筹规划、协调时，公共关系管理便作为管理学的新视角、新领域出现了。另外，这也是公共关系理论不断深化和成熟的结果。随着组织自身的发展壮大，外界环境的竞争愈演愈烈，单纯技术层面上的经验、技巧等已无法满足公共关系工作的需要。公共关系工作需要从一次次的实践中总结出系统的理论、原则、方法，让组织与公众的交流更加规范化、制度化、有效化，公共关系管理理论也应运而生。

（一）管理学向公共关系领域的拓展

19世纪末，管理学开始在西方社会形成系统的理论。从此以后，其内涵不断丰富。有学者将管理学的发展大体分为三个阶段："第一阶段，大致自20世纪初到二三十年代，科学管理理论形成，现代管理学形成基本框架；第二阶段，从二三十年代开始，人际关系学说和行为科学产生并得到发展；第三阶段，大致上从五六十年代开始，进入了'管理理论的丛林'，各种新理论层出不穷。"①

从20世纪初至二三十年代是管理学发展的起步阶段，这一时期科学管理理论出现，现代管理学框架基本形成。代表人物及其理论有泰罗的"科学管理理论"、法约尔的"一般管理理论"、韦伯的现代管理的组织理论与"行政集权制理论"等等。这一阶段的管理理论被称为"古典管理理论"，它的人性假设是"经济人"，即把人看作被动、机械的客体，忽视了人的主观能动性；它主要关注企业作业层面的生产问题，很少涉及对企业其他领域以及外部环境的考量。古典管理理论之后，又产生了人际关系说和行为科学理论，强调管理中人的作用，把人当作"社会人"看待。由此可见，管理学的关注重点已经逐步从对"物"的管理转向了对"人"的管理；从对组织纪律性的重视转向了对人的主观能动性的重视。这一时期的管理理论虽然没有明确地分化出公共关系管理，但它为公共关系中处理组织内部公众的关系问题奠定了理论基础。而到了20世纪五六十年代，管理学又出现了许多新的理论和方法，形成了竞相争荣的新局

---

① 孙耀君：《现代管理学的发展与回顾》，《经济管理》2001年第2期。

面,例如社会协作系统理论、决策管理理论、企业行为理论、系统理论、管理科学理论、经理主义理论等。有的也为公共关系管理学的产生、发展提供了理论支撑,比如社会协作系统理论强调组织要对内平衡、对外适应,即把组织看作一个由人和人的行为组成的系统,组织按照一定的方法调节人的活动和行为的相互关系,最终让组织的成员具有协作的愿望、共同的目标和信息联系。再如在系统理论中,社会被看作一个工作着的系统,具有动态的、开放式的特征,强调组织也应该同整个社会联系、交流,不断地调整自己以适应外部环境。公共关系专家卡特里普和森特的开放式系统模式也受到了系统理论的影响。可以看出,这些理论都从不同的方面谈到了组织内部成员的协调、组织同外部环境的适应等问题,而这些正是公共关系所关注的。公共关系学的发展与管理学具有千丝万缕的联系。

虽然公共关系管理不能完全算作管理学的分支,但管理学的发展的确影响了公共关系。20 世纪二三十年代的人际关系说以及五六十年代后的社会协作、系统管理等理论都为公共关系中处理组织的内部协调和外部沟通问题提供了理论基础。管理学的发展是不断细分的过程,最初的古典管理学派把组织和整个管理系统的结构作为研究对象,可以说是一种宏观的管理理论。而现在的管理学已具备了工商管理、教育管理、行政管理、公共管理、经济管理、人力资源管理、工程管理等多个具体的专业或类别。随着管理学的内涵不断丰富、领域逐渐扩展,公共关系管理已经成为组织管理的一个重要领域。

(二)公共关系向管理职能的转变

在公共关系历史上,巴纳姆曾经主张用“愚弄公众”的方式为组织争取最大利益,而这种做法随后便被历史抛弃。之后艾维·李提出了公共关系的两个原则,即“讲真话原则”和“凡是有利于公众的必然有利于组织原则”。他在 1903 年开办了一家宣传事务顾问所,向客户提供新闻咨询并收取劳务费。艾维·李虽然努力让公共关系朝着职业化、正规化的方向发展,但是他局限于为客户提供新闻宣传技巧方面的指导。总的来说,这一时期的公共关系机构主要是作为一个在企业外部、为企业提供宣传意见的“智囊团”而存在的,无法从管理者的高度为企业的长远发展制定传播战略。在伯内斯时期,公共关系的管理职能有所体现。伯内斯在《舆论的结晶》一书中,提出了“公共关系咨询”这一新术语,认为公共关系公司不应该只为客户提供改善宣传效果的小技巧,还应该从长期的目标出发,为客户提供战略决策。公共关系机构因此跳出了“宣传顾问”的视野,开始从帮助企业制定战略层面开展工作。20 世纪中期,佩奇也是公共关系实践的开拓者之一。在为美国电话与电报公司工作时，他就明确地提出自己绝不作为一个新闻宣传者接受任职，而必须在制定政策中有发言权。在此后的总结中，佩奇的六项公共关系原则之一就是“犹如整个公司离不开它似的，实施公共关系，即企业的公共关系是一种管理功能，任何企业战略在没有考虑到其对公众的影响之前不得实施，公共关系专业人员是能够广泛处理企业传播活动的决策者”①。从佩奇的公共关系思想中，我们可以清楚地看出他把公共关系当作一种管理功能，且公共关系从业人员应当处于组织决策者的地位上。1952 年美国的卡特里普、森特和布鲁姆三位公关专家合著的《有效的公共关系》，一直以来被认为是公共关系研究的权威著作。该书在结合公共关系实践的演变和总结了众多定义的基础上，提出公共关系实践中的许多活动和目标都应定位于管理功能。在 2002 年第 8 版的书中仍然保留把公共关系看作管理职能的说法。其完整定义如下：“公共关系是这样一种管理功能，它建立并维护一个组织和决定其成败的各类公众之间的互利互惠关系。”②这个定义是历史上较早地、较为明确地把公共关系定位于管理功能的观点，在公共关系界产生了持久的影响。

除了卡特里普和森特外，管理职能论也被历史上其他的公共关系学者或研究机构广泛接受。比如美国的商业性公共关系通信刊物《公共关系新闻》，将公共关系定义为“这样一种管理功能，它评估公众的态度，确定个人或一个组织的政策和程序与公共利益的一致性，计划实施行动方案以争取公众的理解和认可”③。该定义描述了公共关系作为管理职能时的运作过程，即评估公众态度、确定组织利益和公共利益的一致性、计划实施行动方案。再如哈罗博士在总结了 472 个公共关系定义后，提出了一个具有概括性和可操作性的定义：“公共关系是一种独特的管理功能，它能帮助建立和维护一个组织与其各类公众之间传播、理解、接受和合作的相互联系；参与问题或事件的管理；帮助管理层及时了解舆论并作出反应；界定和强调管理层服务于公共利益的责任；帮助管理层及时了解和有效地利用变化，以便作为一个早期警报系统帮助预

① [美]亚瑟·佩奇：《公关实践六原则》，《公共关系》2001 年第 5 期。

② [美]格伦·布鲁姆、艾伦·森特、斯科特·卡特里普：《有效的公共关系》，明安香译，华夏出版社 2002 年版，第 4 页。

③ 转引自[美]格伦·布鲁姆、艾伦·森特、斯科特·卡特里普：《有效的公共关系》，明安香译，华夏出版社 2002 年版，第 6 页。

料发展趋势;并且利用研究和健全的、符合职业道德的传播作为其主要手段。"[①]该定义首先明确了公共关系的工作目标,即建立、维护组织和公众之间的相互联系;然后说明了公共关系管理的职责范围,有问题事件管理、监测公众舆论、强化管理层的社会责任意识、建立危机预警系统等;最后提出了公共关系管理的实施手段,即完备的、符合职业道德的传播手段。1982 年,美国公共关系学会也对公共关系的概念作了一个较长的陈述,认为公共关系作为一种管理职能,包括了 6 项主要内容,即预测、分析、解释舆论;向管理层提供咨询;调查、实施、评估传播方案;影响改变公共政策;管理公共关系所需的各种资源,比如确定计划、编制预算、招聘职员、发展设施等;掌握多种管理原则和职业道德规范以及技术型的知识、技能。[②] 而 1985 年格鲁尼格等人开始的卓越公共关系项目,也把公共关系看作组织和公众之间的传播管理。

可以说,公共关系大体经历了由宣传说服到管理的演变过程。公共关系从最开始的依赖于经验和技巧改善宣传效果,逐渐转向参与组织的战略决策,为组织的长远发展制定沟通计划,帮助组织处理好和公众的关系。组织面对的舆论环境日益复杂,给公共关系工作带来了更大的挑战,这就要求公共关系部门或机构必须站在管理的高度,从长远考虑、从全局考虑,统筹组织生产运营各个方面的因素才能充分发挥公共关系的职能,为组织的发展构建和谐稳定的内外环境。

二、公共关系定位于管理职能的原因

公共关系学是一门综合性、应用性的学科,与新闻学、传播学、社会学、心理学、管理学、经济学等学科都有所交叉。公共关系管理即把公共关系放在管理学的视角下,借助现代管理学的相关理论和方法研究公共关系的本质、目标、任务、原则等问题。从前文对管理学和公共关系学发展历史的梳理中可以发现,管理学中的社会协作、系统管理等理论为公共关系学提供了学科基础,而公共关系学自身的发展也越来越定位于管理职能。在当今开放、动态的新媒体信息环境中,组织一直处于和外部环境沟通交流的状态中。当这种交流越来越频繁、对组织的影响越来越重要的时候,单纯地从技术层面改善每一次

① 转引自[美]格伦·布鲁姆、艾伦·森特、斯科特·卡特里普:《有效的公共关系》,明安香译,华夏出版社 2002 年版,第 6 页。

② 参见[美]格伦·布鲁姆、艾伦·森特、斯科特·卡特里普:《有效的公共关系》,明安香译,华夏出版社 2002 年版,第 7~8 页。

的沟通效果已经不能满足组织生存发展的需要了。因此公共关系不仅要把单次的交流沟通活动规范化、制度化，形成系统的理论方法，而且还要从全局和长远角度出发，为组织制定恰当的传播沟通战略，协调传播沟通活动中的各个要素，分配好可以利用的传播资源，而这些正是组织管理者所需要做的工作。

把公共关系定位于管理职能，是为了让公共关系工作发挥最大效用。公共关系的工作既包括执行层面上的信息制作发布、媒介联系、自媒体平台的运营维护、公共关系活动实施、公众反馈意见收集等内容，也包括舆论环境监测、组织形象管理、传播媒介管理、沟通计划制定、公众关系管理、危机管理等管理战略层面上的内容。这种管理对于维护与提升组织的无形资产的价值很有必要。在组织与外部环境联系日益紧密、信息传播的渠道日益多元的新媒体环境中，组织既可能取得全社会范围内的公众认同，也可能因为某个负面信息或谣言的迅速扩散、放大而让组织形象毁于一旦，因此维护和利用好这些无形资源不仅关系着组织的发展问题，而且还关系着组织的生死存亡。

此外，组织战略思维的形成和公共关系可发挥战略咨询作用相呼应，也促使公共关系向管理职能的转变。现代社会中，组织为了让自己的运营发展更加高效、规范，需要根据长期目标为自身制定战略规划，这种战略规划是立足于组织自身的。但与此同时，组织还要面对内外部环境的不断变化。组织的顾客、供应商、股东、管理者、员工以及政府部门和社会事业单位、团体等群体形成了数个利益集合体，他们会对组织提出新的要求和期望，给组织带来舆论上和管理上的压力。组织的战略变化必须考虑到不同群体的态度、情感、舆论等方面的变化可能产生的影响，因此组织在制定战略时，需要公共关系部门为其提供决策咨询。而当组织的战略与这些群体产生冲突、纠纷时，又依赖于公共关系部门提供解决方案。公共关系的手段可以有效地帮助组织减少和外部环境的摩擦，赢得公众的信任，因而公共关系管理已成为组织战略决策执行中必须考虑的重要方面。

组织规模的扩展、竞争的加剧以及新媒体环境下公共关系事务愈加复杂，客观上也要求公共关系机构行使管理职能。新媒体环境下公众有了传播的话语权，组织与公众之间的交流也越来越频繁，这不仅增加了公关部门的工作量，而且还使得公关工作的难度上升到新的高度。在这种形势下，公关部门必须借助管理学的管理思维、管理方法、管理原则等，对各项公共关系事务进行科学、系统的规划管理，以提高公共关系活动的效率和水平，最终帮助组织建立和公众之间的良好关系。

三、公共关系管理是一种传播管理

公共关系管理是从公共关系的整体认知出发，讨论公共关系应当在组织何种层面上发挥作用的理论；而从公共关系的实践来看，公共关系的主要任务是促进组织和公众之间的交流沟通，这种交流沟通如果落实到实际操作层面，就是组织与公众之间双向的信息传播过程，因而公共关系管理的核心内容是对组织与公众之间传播过程的管理。格鲁尼格也认为，“公共关系是一个组织和公众之间的传播管理”，并且指出“传播管理所包含的内容比传播技巧更为广泛，当然也比媒介关系、宣传等专项公共关系项目更为广泛，它描述的是一个组织与其内外部公众——那些影响到组织达成其目标的能力的群体——之间的总体传播行为的规划、实施和评估”[①]。该定义不仅从管理的角度定位了公共关系的职能，而且指出了公共关系的管理对象主要是组织和公众之间的传播行为。可以看出，格鲁尼格是从传播与管理两个角度看待公共关系的。从角色定位、功能设置角度看，公共关系是一种管理职能；从工作方式、管理对象来看，公共关系又与传播密切相关。公共关系管理包括组织形象管理、公众关系管理、信息系统管理、对外传播管理、内部沟通管理、议题管理、传播媒介管理等诸多方面，但是这些方面都紧紧围绕着传播展开，因而公共关系管理其实是组织与公众之间的传播管理。

（一）传播管理与一般组织管理的区别

公共关系传播管理是组织管理的重要组成部分，但它又与传统的组织管理有所区别。传统的组织管理的主要关注对象是组织本身，如何保持组织高效协调地运转、提升生产效率、保证组织内部环境的稳定和谐等是传统组织管理主要考虑的问题。而公共关系传播管理，一方面要保证组织内部信息渠道的畅通，促进组织员工横向与纵向的沟通交流；另一方面还要将视角投向组织的整个外部环境，投向组织生存发展离不开的外部公众。传统组织管理主要是对内管理，而公共关系传播管理则涉及对内管理和对外管理两个领域，其中对外的传播管理是它的主要职能。可见，公共关系管理为管理学提供了全新的视角，并将管理学中的系统管理理论、社会协作理论等部分内容进一步明确化，把组织系统和整个社会系统的交互落实到组织和其外部公众的信息交换沟通上。

一个组织往往拥有多个管理部门，比如生产管理部门、人力资源管理部

① [美]格鲁尼格等：《卓越公共关系与传播管理》，卫五名等译，北京大学出版社 2008 年版，第4页。

门、财务管理部门、技术管理部门、行政管理部门、工程管理部门等等。公共关系传播管理与这些领域相比,似乎具有模糊性与不确定性,而这正是公共关系传播管理的特殊性导致的。公共关系传播管理的对象,不是组织中以实体形式存在的产品、人力、资金、技术等,而是组织和公众之间的传播沟通过程。这种传播沟通既发生在组织精心策划、安排的公关传播项目中,也时时刻刻发生在组织和公众的日常交往中,因而难以对每一次的沟通都进行细致的规划。公共传播管理的方式,不是采用常见的行政、法律、道德或经济的手段,而是以新媒体时代信息传播常用的手段为基础,通过调查、制定、实施、评估传播沟通计划的方式,收集、监测公众的舆论,促进组织和公众的双向交流。公共关系传播管理的目标并不是在短时间内收到提高生产效率、改进产品质量、获取销售利润等效果,而是形成良好的公众关系,为组织发展创造一个有利的环境。公共关系传播沟通的效果往往要在长年累月的积累中慢慢显现,达成这个长远目标需要一个持续不断的管理过程,这是组织生存发展不容忽视的重要环节。

(二)传播管理的要素

传播管理的对象是组织与公众之间的传播沟通过程,传播管理的方式是制定、实施、评估传播沟通计划,而传播管理的最终目的是形成良好的公众关系。

1. 传播管理的对象——组织与公众之间的传播沟通过程

公共关系传播管理主要着眼于组织与公众之间的传播沟通过程。传播沟通是公共关系一切内容的基础。比如组织形象管理。组织形象是公众头脑中对组织知名度、信任度、美誉度等方面的认识,而这种认识的形成不仅与组织自身的实际情况有关,而且还是组织和公众长期的信息交流的结果。再如危机公关事件管理,许多危机公关事件的产生或者放大,都是因为组织提供的信息和公众的信息需求不对等,组织没有及时有效地回应公众的疑问,导致公众产生误解。危机公关事件的解决,同样依赖于组织和公众之间的沟通交流。因此,公共关系传播管理的手段,主要就是现代信息社会中信息传播、交流的手段,组织的传播行为以及组织和公众之间的双向交流过程即为公共关系传播管理的对象。

2. 传播管理的方式——调查、制定、实施、评估传播沟通计划

为了让组织和公众之间的传播沟通过程更为顺畅和有效,组织需要选取合适的传播媒介,协调传播沟通中的各个环节,合理分配利用传播资源,而这

些有赖于制定、实施合理的传播沟通计划。传播沟通计划是整个传播战略的具体化，它服务于某个项目或是某一阶段的传播沟通过程。传播管理的具体操作过程，就是对传播沟通计划的调查、制定、实施、评估的过程，如卡特里普和森特曾提出过“调研、计划、实施、评估”的四步工作法，美国学者马斯顿也提出过“R-A-C-E”工作法，即研究、行动、沟通、评估。调查是制定合理的传播沟通计划的前提。公共关系应在科学调研的基础上，充分收集第一手的信息，掌握大量背景材料，以便对面临的问题或要开展的公共关系活动有全面的认识。制定计划即把第一步中收集的信息纳入组织计划、战略的考虑范围中，对接下来组织要采取的行动进行详细的规划。实施环节即根据计划安排专门的负责人和执行者，把组织和公众的传播沟通落到实处。评估是对前三个过程以及该计划所产生的效果的评价，它也是公共关系传播管理的重要环节，评估计划既可以在计划实施过程中进行，也可以在实施完毕后进行。它能让组织根据实际的效果对方案作出调整，决定继续执行或是停止执行，并为组织以后的公共关系传播活动提供指导。

3. 传播管理的目标——形成良好的公众关系

促进组织和公众之间的双向交流是公共关系的工作内容，而建立和维护良好的公众关系则是公共关系传播管理的最终目标。现代社会中，关系已经成为一种重要的资源和财富，对于组织来说，公众关系影响组织的发展前景，长期稳定的公众关系可以帮助组织在激烈的竞争环境中维持和增强自己的竞争优势，在面对突发事件时有较大的缓冲余地；而脆弱甚至是恶劣的公众关系则会让企业发展举步维艰。良好的公众关系是公共关系传播管理能为组织带来的最高层次的价值，它影响到组织形象、公众口碑以及组织在整个社会系统中的定位和角色。公众关系虽然与组织的产品、服务、实力等多种因素有关，但是在新媒体时代，如何让组织的信息在众多同类信息中脱颖而出、如何让公众正确接收到组织想要传递的信息、如何让组织了解到公众内心的真实想法等问题，是组织公共关系部门及人员需重点考虑的，而这些正是公共关系传播管理所关注的内容。

第二节　公共关系传播管理的角色和内容

公共关系及其从业人员在组织中扮演的角色，决定了公共关系能在何种层面上发挥作用以及公共关系传播管理的具体工作内容。在公共关系实践的历程中，公关从业人员的角色逐渐从传播技术型人员向管理型人员转变。相应地，公共关系的职能也不仅是在执行层面上制作发布信息、联络媒介等，而且还行使一种管理职能参与组织决策，并对组织和公众之间的传播沟通过程进行整体上的设计、规划、调配、评估。具体来看，公共关系传播管理包括基础信息管理、组织形象管理、传播沟通管理、公众关系管理、传播战略管理、议题管理等多个方面。

一、传播管理视角下的公共关系角色理论

要探讨公共关系在组织中的作用，找到公共关系的正确位置，我们需要认清公共关系在组织中的角色。"角色是个人在组织中行为模式的抽象"，"通过角色，组织可以明确细化对构成组织的个体所寄予的期望"。① 关于公关从业人员的角色，有人认为他们就是组织的记者，主要任务是撰写、发布组织的新闻稿；或是媒体联络员，主要负责处理组织与各种媒体的关系，利用媒体发表组织的正面报道；或是组织的人际交往代表，代表组织协调好同重要公众、重要客户的关系。诚然，这些工作都是或曾经是公共关系工作的部分内容，但是公关人员的角色定位却不仅限于此。在新媒体环境下，信息数量不断增加、传播速度越来越快，组织可利用的媒介资源日益丰富，组织与公众的联系也更加紧密。可以说新媒体时代组织的生存环境不断变化，各种意料之外的状况层出不穷，如果公关人员仅是低层次的传播技工，而无法在更高的层级上对组织的宏观传播过程、传播战略进行有效的规划和管理，那么组织只能是疲于应付各种突发情况，无法掌握话语的主动权。因此，在传播管理的视角下，"公共关系从业者必须改变，否则，就只能眼睁睁地看着公共关系被降落为一种低层次的、隶属于其他部门的辅助性职能"②。

那么，在探讨公共关系角色的改变之前，我们有必要认清公共关系在组织中扮演的角色。布鲁姆、卡特里普和森特曾提出一种公共关系角色的分类方法，他们认为公关人员可以扮演传播技工、专家型咨询者、问题解决过程促进者和沟通促进者四种角色。③

---

① [美]格鲁尼格等:《卓越公共关系与传播管理》，卫五名等译，北京大学出版社 2008 年版，第 254 页。

② [美]格鲁尼格等:《卓越公共关系与传播管理》，卫五名等译，北京大学出版社 2008 年版，第 255 页。

③ 参见[美]格伦·布鲁姆、艾伦·森特、斯科特·卡特里普:《有效的公共关系》，明安香译，华夏出版社 2002 年版，第 35～40 页。

(一)传播技工

传播技工更多时候是公关人员入门时的角色。这一时期,他们主要从事新闻稿件的撰写发布、媒体联络、组织自媒体平台的运营维护等日常工作。组织的权力中心作出战略决策,确定沟通方式,然后把具体的沟通工作交给传播技工。因此此时传播技工不参与组织的管理和决策的制定,有时甚至对于项目的动机和预期结果都没有清晰的认识,一般也不会从全局的角度考虑问题。传播技工就像组织的“驻地记者”,掌握着一定的沟通技巧和大众媒介的使用经验,其中很多人都有在报社、广播电台、电视台等大众传播媒体工作的经验。

(二)专家型咨询者

专家型咨询者主要指的是那些公共关系专家,他们见多识广,熟悉各类公共关系问题。专家型咨询者和组织管理者之间并没有紧密合作的关系,往往是专家型咨询者提供意见,组织管理者决定是否采纳。在这种模式下,组织里其他的管理者一般不参与公共关系事务,他们选择让专家对公共关系工作全权负责。久而久之,组织里其他的管理者会把公共关系当作一种辅助性的、可有可无的工作,而不是组织需要直接参与的重要工作。而且专家型咨询者往往只在组织发生危机公关事件或是开展公关传播项目时才被需要,因此也无法从全局的角度对组织长期的传播战略进行把控。

(三)问题解决过程促进者

问题解决过程促进者承担着和组织其他管理者共同发现问题、解决问题的责任。与专家型咨询者不同,问题解决过程促进者和组织其他管理者的关系并不是割裂的,而是紧密合作的,他们成为组织的最高管理层中的一员。相应地,组织也把公共关系工作纳入管理层的决策体系,成为管理者需要直接参与的重要一环。可以说,问题解决过程促进者是一种管理层面上的公共关系的角色,具有较高的地位。

(四)沟通促进者

沟通促进者是组织与公众的直接联络人,他们主要的工作是保障公众和组织沟通渠道的畅通、促进组织与公众的双向交流。他们一方面需要把组织的信息告知公众,另一方面也需要关注和收集公众的反馈信息,承担着组织和公众之间的联系纽带的作用。他们关注组织和公众之间传递信息的过程、数量和质量。与传播技工不同,沟通促进者是从传播管理的层面协调组织与公众的关系,从而为组织的发展创造良好的环境。

此后,格鲁尼格还对其他学者有关公共关系角色理论作出了总结,提出了两种主要的公共关系角色类型，即管理者型和技工型。管理者型主要负责构思和指挥公共关系项目，而技工型主要提供传播技术方面的服务。其中，卡特里普和森特提出的专家型诊断者、问题解决过程促进者和沟通促进者属于管理者型角色，而技工型则是技工型角色。格鲁尼格等人还用实证的方法证明了这两种角色的存在，且它们之间不存在相关性。这种分类方法可能并不全面，但它至少提醒我们，公关人员不仅仅作为组织的传播技工而存在，他们还可以参与管理决策的制定，从全局考虑组织的形象建构、传播资源分配、传播过程管理、公众关系协调、社会舆论引导等问题，而这些在新媒体环境下显得尤为重要。

根据卡特里普和森特以及格鲁尼格的观点，在管理者层面上，公共关系还可以细分为多种不同角色，即专家型咨询者、问题解决过程促进者和沟通促进者，这三种角色各自的职能也有所差别。

专家型咨询者并不是一种理想的公共关系管理的角色。他们虽然参与决策咨询、制定公共关系计划、评估公共关系项目、制定危机公关的应对方案等管理层面的工作，但本质上是扮演辅助性角色。在这种角色模式下，一方面组织的其他管理者常常认为公共关系工作事不关己，对公共关系工作的重要性缺乏足够的认识，导致“全员公关”的思想难以在组织中普及；另一方面公关人员不能持续地、长久地参加组织的管理工作，他们只在特定情况下才被需要，导致在重大公关事件面前缺乏必要的自主权和控制权，无法对事件背后的关键因素进行调控，也无法从长远的视角出发为组织制定传播沟通战略，只能在一个个独立的公关事件中疲于奔命。

问题解决促进者和沟通促进者是传播管理视角下公关人员应有的角色定位，他们分别从不同的角度诠释了公共关系管理工作的内容。问题解决促进者站在了决策层级的高度，他们不仅是公共关系问题方面的权威专家，而且还是组织高层管理者中的重要成员，与其他组织管理者一同参与决策制定。在这种角色模式中，不仅公关工作的重要性得到了组织成员的一致认可，而且组织在制定其他方面的决策时也会考虑公共关系的要求，让公共关系的思想贯穿于组织的全部工作中，因而能从根本上避免某些不利于组织维护和外界良好关系的因素。与问题解决过程促进者相比，沟通促进者的工作更加具体，他们专注于在管理层面上促进组织和公众的双向交流、改善组织和公众的关系。沟通促进者可以确立传播议题、选择合适的传播媒介和沟通方式、纠正组织在交流沟通中的错误以及参与传播战略的制定。因此，沟通促进者也是具有重要作用的管理者型的公共关系角色。

通过对不同的公共关系角色的分析比较，可以发现公关人员可以在三个层面上开展工作：一是执行日常的写作、采编、策划、媒体联络、信息发布、公众交流等微观层面的工作；二是协调组织内部各部门之间的活动，保障组织内部的交流沟通，促进组织和外部环境的接触等中观层面的工作；三是参与组织决策，为组织发展方向提出建议等宏观层面的工作。按照格鲁尼格对公共关系角色的二分法，微观层面属于技工型角色，中观和宏观层面属于管理者型角色。这三个层面的公共关系工作都是维护组织的正常运转、为组织的发展创建良好环境。然而在实际的操作中，公共关系工作却容易陷入微观层面，缺乏在中观和宏观层面上对整体局势的把控。

二、公共关系传播管理的基本内容

公关人员在组织中担任的角色在一定程度上决定了公共关系传播管理工作的内容和范围。公共关系不仅要在技术层面上执行日常的传播沟通工作，而且还应在管理层面上做好组织和公众之间的传播管理、规划。从管理层面出发，公共关系传播管理的工作大致包括基础信息管理、组织形象管理、传播沟通管理、公众关系管理、传播战略管理、议题管理等方面。

（一）基础信息管理

在信息社会中，信息无疑成为组织生存发展的重要资源之一。公共关系传播管理的一项基础工作就是将组织面对的内外部环境中的大量信息进行系统化的收集、过滤、整合、分析，建立起完整的公共关系信息数据库，为组织日后的战略决策提供参考和指导。基础信息管理是公共关系传播管理其他工作的基础，也是公共关系行使监测环境、决策咨询、传播沟通等职能的前提条件。公共关系应收集的基础信息有：

1. 经济信息

经济信息是企业运营发展的基础性信息。公共关系管理者应对组织的经营状况乃至整个行业、整个国家的经济形势有所了解，得到关于组织规模、资金等基本情况的正确认识，并在此基础上开展公共关系工作。经济信息包括多个层面。宏观层面上，公关人员应了解国内生产总值、平均购买力、利率、汇率、通货膨胀率、国家的财政和货币政策以及其他与组织经营状况有关的宏观调控政策、发展战略等。如果组织是面向全球的国际性组织，还应对世界经济的发展形势和同组织直接相关的国家的经济政策等有所了解。中观层面上，公关人员需要收集如产业增长、产业竞争格局、供需状况、市场潜力等产业发展信息以及国家的产业政策、产业规划、扶持程度等政策、管理信息。微观层面上，公关人员应对企业的经营状况信息有充足的掌握，包括生产总值、销售额、利润率、市场占有率、员工人数、股票价格等。

2.相关的法律法规以及政府的行政管理规定

遵守相关的法律法规是组织进行各项活动的底线。公共关系部门也应熟悉各类法律法规文件，包括公司法、广告法、商标法、劳动法、消费者保护法、专利权法、经济法、环境保护法以及同新闻传播活动相关的法律规定等等。除了法律法规外，公共关系部门还应时刻关注政府发布的各项行政管理规定，比如交通、环保、治安、卫生、工商行政管理、教育、文化、出版、城建等方面的规定。

3.公众的资料信息

公共关系传播管理的目标就是建立组织和公众之间的良好关系，因此公众的资料信息是组织开展公共关系活动、进行公共关系传播的基础信息之一。公众的资料信息既包括内部公众的资料，也包括外部公众的资料，总体来说一般涉及以下几个方面：一是公众的人口统计学特征，主要指的是公众的数量、分布、年龄、性别、职业、地域、收入水平、文化程度、联系方式等；二是公众对组织的认知情况以及态度倾向，主要指的是组织易被哪一类公众所关注以及公众对组织持正面评价还是负面评价等问题；三是公众的反馈信息，包括公众对组织提出的意见建议、公众对组织的质疑、公众对组织产品或服务的需求以及公众的口碑评价等。

4.新闻报道及舆论信息

公共关系部门应主动关注同组织相关的各类新闻报道。在收集这些新闻报道和消息时，公共关系部门应注意报道的媒体、作者、篇幅、情感态度倾向和社会反响；对于影响力较大的负面报道和消息，公共关系部门还应及时成立危机公关小组等，分析事件背后的原因，迅速制定应对方案。

新闻报道往往是社会舆论的引发点。组织除了关注各大媒介的新闻报道外，还要时刻监测社会舆论。社会舆论是大多数社会成员对某一问题或事件形成的比较一致的看法，它直接影响到组织形象以及组织和公众的关系。新媒体平台往往是社会舆论的聚集地，组织要善于从微博话题评论、微信推文评论、网络社区热帖中发现社会热点话题及公众的态度倾向。此外，公共关系部门在收集舆论信息时，要重点关注重要人物、“意见领袖”的观点看法，他们的发言评论往往会推动舆论的形成或逆转舆论的风向。

除了以上的基础信息之外,公共关系部门还要收集分析组织形象信息、行业协会资料、竞争对手资料、新闻媒介机构档案、议题信息以及组织内部刊物等。因此在基础信息管理中,组织所需收集的信息是多方面的。而在新媒体时代,信息的总量在不断增长,单纯地依赖于传统的信息收集、分析的方法可能无法胜任信息管理工作,组织还须借助于新技术。比如,现在大数据的思维和实践已经应用到各个领域,公共关系部门可以利用大数据技术最大限度地搜集、挖掘同组织相关的各类信息,并经过过滤、分类、整合进而建立自己的信息数据库。

(二)组织形象管理

组织形象是组织重要的无形资产,包括组织的知名度、美誉度、信任度等多个方面。组织形象与组织的产品、服务以及组织自身实力等因素有关,但是在新媒体环境中,组织若想让公众准确地了解自己的实际形象或是期望形象,则必须依赖于组织和公众的传播沟通过程。因此,公共关系传播管理的一项重要内容,就是按照统一的形象要求和定位,整合各种形象要素,帮助组织树立在公众心中的美好形象。组织形象的构成要素,主要有产品形象、人员形象、文化形象、管理形象、社会责任形象等,公共关系的组织形象管理也是从以上几个角度出发开展工作的,具体来看可分为组织形象的定位与 CIS(形象识别系统)管理。

组织形象的定位是所有组织开展形象管理工作的前提,它需要考虑组织与其他竞争对手的差异、组织在外部环境中的地位、组织状态与当前公众对组织的认识、组织自身的实力与总体发展战略、组织实现形象定位的手段等相关因素。组织如果想在公众心中留下清晰、深刻的印象,则首先需要有准确的形象定位。在完成定位之后,需要对组织形象进行设计和管理,CIS 管理是一种常见的方式。关于 CIS,我们在第三章中已有较为详尽的介绍,在这里要强调的是,组织形象管理需要从整体的角度出发,统筹理念、行为、视觉三个层面,确保组织形象的可识别性和统一性。

(三)传播沟通管理

传播沟通管理是公共关系传播管理的核心内容,公共关系所有工作的开展都离不开组织和公众之间双向、有效的交流沟通。传播沟通管理分为传播沟通过程管理和传播媒介系统管理两部分。

传播沟通过程管理,指的是组织对传播沟通过程中的各个环节进行有效的规划、调配,以取得最好的传播沟通效果。公共关系传播最初主要依靠宣传的技巧、经验开展工作，后来随着公共关系实践的发展，这种机械化、单一化的工作方法已经无法实现组织的公共关系目标。因此，总结公共关系传播活动的一般规律，形成制度化、理论化、规范化的原则和方法来指导公共关系传播沟通实践尤为必要。传播沟通过程的管理，主要包括确立传播沟通的目标和预期效果、制定传播沟通方案、调配传播沟通实施所需的资金和人员、评估并修正传播沟通计划等内容；它既包括对专项公共关系活动的传播沟通的管理，也包括对组织和公众日常性的交流活动的管理。

公共关系传播活动以各种类型的媒介为传播渠道，因此对传播媒介系统的有效管理是各项公共关系活动正常开展的必要保证。公共关系的传播媒介系统可分为对内传播媒介和对外传播媒介。对内传播媒介指的是组织内部员工、管理者之间交流沟通的媒介，有组织内部刊物、墙报、员工手册、意见箱、标语公告、问卷、组织内部的QQ群和微信群等。对外传播媒介指的是组织面向外部公众传播时所使用的媒介，比如报纸、杂志、广播、电视等传统大众传播媒介以及组织网站、电子邮件、网络社区、微博、微信、手机应用程序、网络直播平台等新媒介。在这些媒介中，组织对有些媒介的控制能力较弱，比如传统的大众传播媒介和其他组织运营的自媒体平台等；而有些媒介是组织自有的，比如组织自己开办的官方网站，运营的微博账号、微信公众号等，组织对其掌控能力较强。对于组织无法掌控的媒介，组织应和它们积极展开合作，通过这些媒介发出对组织有利的声音；对于组织自有的媒介，组织应优化运营管理，改善传播内容和方式，努力吸引更多人的关注。

（四）公众关系管理

建立、维护良好的公众关系是公共关系传播管理的最终目标。也就是说，公共关系传播管理是过程，而良好的公众关系是这种有效管理的结果。格鲁尼格曾试图为这种“良好关系”建立衡量标准，并提出了良好关系的五大特征：①互相控制，即组织管理层和公众都认为他们对影响彼此的组织决策有一定的控制权；②关系承诺，即组织管理层和公众都意识到双方的互相依存性，并愿意给对方与其他方建立关系一定的自主权；③双方满意，即双方都认为这种关系对彼此有益；④彼此信任，即各自都愿意授予对方一定的控制权；⑤达到目标，即以这种关系存在或通过这种关系，双方都达到了各自的目标，维护了自身的利益。[①]

---

① 参见[美]詹姆斯·格鲁尼格、郭惠民：《公共关系是一种传播管理》，《国际新闻界》1998年第2期。

公众关系管理可分为内部公众关系管理和外部公众关系管理。内部公众关系管理主要指的是组织内部员工的关系管理。内部员工有一线操作人员、行政后勤人员、技术人员、业务人员、管理人员、股东等。他们对于组织的满意度、价值认同、心理归属等都是内部公众关系管理需要关注的内容。内部公众关系管理可以借助管理学中的行为科学理论、需求层次理论等员工管理理论，最终目的是维系、增强员工之间的联系，为组织的发展创造一个稳定、融洽的内部环境。外部公众关系管理主要指的是建立所有和组织有关联的外部公众的和谐关系，包括顾客、供应商和分销商、媒体、政府、社区、社会名流等。外部公众关系管理需要首先调查、了解组织同外部公众关系的实际情况，掌握外部公众的基本信息，将外部公众按对组织的重要程度、对组织的态度、稳定程度等标准进行划分，明确核心目标公众；然后针对不同的公众的特点，制定传播沟通方案，选择交往方式，最终将公众关系管理落实到传播沟通过程和日常的交往活动中。

（五）传播战略管理

公共关系传播战略管理是对公共关系传播管理工作的总体规划和统筹安排。公共关系是组织的一项重要管理职能，管理者应从战略思维的高度指导和开展具体的公共关系活动，以使公共关系传播管理能和组织整体的发展战略相配合，最大限度地发挥公共关系的作用。20 世纪 70 年代中期以来，社会环境的不断变化给企业运营带来巨大压力，传统的管理模式已经不适应当时的形势，企业必须要有长远、科学的战略考量，才能准确地把握环境发展动向，发挥自己的竞争优势，抓住机遇、规避风险。战略管理的思想和方法逐渐形成。而如今在新媒体环境下，信息总量迅速增长，传播渠道日益丰富，传播主体逐渐多元，公众的媒介接触习惯、兴趣偏好、信息接受能力等也发生了重大变化，复杂多变的信息环境既隐藏着巨大机遇，也给组织的公共关系活动带来了多种风险，因此公共关系传播管理也需要引入战略思维。

传播战略管理，包括传播环境分析、传播战略制定、传播战略实施和战略评估四个环节。组织在制定传播战略之前，应首先对战略环境有基本的认识，利用 SWOT 分析法明确组织的优势（Strength）、劣势（Weakness）、机遇（Opportunity）和威胁（Threat），并对组织所面临的舆论环境、社会文化环境、法律政策环境、公众关系等基本情况有所调研；在调查分析的基础上制定传播战略，其中要体现总体的愿景，即组织期望公共关系管理能达到什么样的效果，规划好年度目标、季度目标、月度目标等，并列有详细的指导方针、制度规定、工作流程等。在传播战略的实施过程中，要注意统一指挥与灵活应对相结合、长期目标与短期目标相结合、理论方法与实际情况相结合等原则，推动传播战略的有效实施。在战略实施完成后，对战略实施的一致性、协调性、可行性、优越性等方面进行重新审视，为传播战略制定提供借鉴。

（六）议题管理

议题管理通常被认为是组织战略管理的一部分。在组织战略计划的实施过程中，会不可避免地遇到各种问题，将那些对组织实现战略目标有重大影响、正在或即将出现的组织内部或外部的问题分离出来，作为具有相对独立性的战略管理组成部分，便形成了议题管理。首先使用“议题管理”这一术语的公共关系咨询专家霍华德·沙斯（Howard Chase），认为议题管理是“综合发挥并有机协调（企业）所有战略和策略计划职能，以及公共关系技能，以取得一个目标——制定影响个人和机构命运的公众策略”①。格鲁尼格则把议题管理作为战略管理的第三个阶段，即在经历了“利害相关者阶段”和“公众阶段”后，如果组织没有开展高效的公共关系工作，产生了一些遗留的问题，这些问题就会被公众关注和讨论，从而形成议题。

格鲁尼格对议题管理的研究重点，在于议题管理职能应是公共关系战略规划的一部分，不应把它分配给其他部门，但是在对议题管理的内涵或是战略议题的界定上，他却把议题管理近似等同于危机公关管理。议题管理与危机公关管理的确有交集，但是议题管理中的战略议题却不仅限于外部或内部的威胁，它还包括组织外部环境中可能出现的新机会，或是组织内部可能成长起来的优势力量。因此议题管理的外延比危机公关管理更为宽泛，同时它也为危机公关管理提供了战略导向。

沙斯等人曾提出议题管理过程模式的五个步骤，即议题辨识、议题分析、改变议题策略选择、议题行动计划、效果评估。② 首先组织应该对可能出现或已经出现的各种议题进行辨别分析，并了解议题的内涵，区分议题的重要程度和改变的可能性。如果该议题影响到了组织整体的战略目标的实现，或是有被进一步挖掘利用的可能，就要制定相应的改变策略或行动计划，最后对议题计划的效果进行评估。从这个过程可以看出，议题管理的意义在于通过及早辨别可能出现的战略问题，拟定相关的对策和行动方案，对议题进行选择、分析、改变，最终提高组织对内外部环境的适应性，为组织整体的战略发展铺平道路。

---

① 转引自张映红：《公共关系管理》，首都经济贸易大学出版社 2002 年版，第 214 页。

② 参见张依依：《公共关系理论的发展与变迁》，安徽人民出版社 2007 年版，第 120～121 页。

第三节 公共关系管理学派与关系学派

管理学派在公共关系历史上产生了重要影响，尤其是从20世纪70～90年代，管理学派一直占据主导地位。然而这一学派的功能主义范式、学科自主性、学科存在合法性等问题也受到了批判学者的质疑。20世纪末期，公共关系理论有了新的发展，“关系理论”进入公共关系研究的视野，并被广泛接受。关系理论的学者主张公共关系的研究重心应放在“关系”上，提出“关系是公共关系的元理论”“把关系还给公共关系”等观点，并试图扭转管理学派研究的工具理性导向。两种学派之间存在着既对立又互补的辩证关系，未来公共关系理论的发展也存在将两种学派的理论交叉重构的可能。

一、公共关系理论的发展历程

公共关系管理学派和关系学派形成于公共关系理论发展的历史中，至今仍有重要影响力，但是作为公共关系理论发展的阶段性成果，我们不能把它们从整个公共关系理论发展的历史背景中割裂出来，单独探讨两种学派的关系。因而在探讨管理学派与关系学派的对峙、互补、融合的关系之前，我们有必要简单梳理一下公共关系理论的发展脉络，了解两种学派的历史背景与历史地位。

回顾公共关系理论的历史，我们可以清晰地发现该理论经历了“宣传说服—管理—关系—语艺、生态、整合营销、文化分析等学说多元共存”的发展历程。我国台湾有学者曾将公共关系理论与范式的演变划分为三个“十年”，即1975～1985年的第一个“十年”是说服的年代，1986～1995年的第二个“十年”是管理的年代，1996～2006年的第三个“十年”是关系、语艺的年代。[①] 这种划分方法以第一本公共关系学术期刊的出现时间——1975年为起点，而实际上此前的公共关系理论大多也是宣传说服的范式。从伯内斯时代开始，公共关系逐渐建立起了系统化的理论体系。伯内斯认为，公共关系应该通过告知和说服的方法“整合”公众的态度和行为，形成一致的社会认同，其“投公众所好”的公共关系思想是关于劝服技巧的典型代表。如果再往前追溯，艾维·李时期虽未形成成熟的公共关系理论，但他的基本公共关系思想也是利用新闻宣

① 参见张依依：《从“说服”到“管理”到“关系”——1975～2006年公共关系理论与范式演变的历史比较分析》，《国际新闻界》2007年第12期。

传的手段改善公众对组织的认识，本质上也是对公众的劝服。这一时期的公共关系理论始终坚持组织本位，把公共关系看作组织单方面的、强有力的信息发送行为，并试图用传播学的理论找出让公众态度、情感乃至行为发生根本转变的方法。宣传说服的公共关系理论着重于说服和传播的效果研究，研究对象以信息传播主体、传播渠道和传播内容为主，而忽视了公众的感受和实际需求。在这一历史时期，公共关系与传播学、心理学紧密相关，公共关系理论更多的是借鉴传播学的理论，比如说服理论、创新扩散理论以及传播效果研究中的强效果论、有限效果论等。

此后，公共关系理论逐渐向管理学靠拢，形成了比较成熟、完整的公共关系管理学理论体系，并在20世纪末期占据统治地位。其代表理论便是格鲁尼格在“卓越公共关系”项目中提出的传播管理论。该理论把公共关系看作对组织和公众之间传播过程的管理，并且提出公共关系人员应跻身组织的管理层，为组织的战略决策提供意见咨询。20世纪80年代，社会环境的迅速变化使得组织面临的冲突、意外、危机事件急剧增加，公共关系工作所面临的压力也迅速增加。在这种背景下，只给组织提供技术层面的宣传方法、技巧的指导已经无法实现公共关系的目标，因此公共关系开始借助管理学中的相关理论和方法，研究如何通过管理手段让公共关系发挥实效。管理学派的公共关系理论有卓越公关理论、系统论、公共关系过程理论、公关模式论、公关角色理论、议题管理理论、战略管理理论、危机管理理论等。格鲁尼格的传播管理理论深受系统论的影响，而格鲁尼格对公共关系管理学派做出的最大贡献，也在于他把系统论中的整体、和谐、适应的原则上升为双向平衡模式，让建立组织和公众之间的双向、对等的关系成为公共关系的最终目的，由此公共关系摆脱了宣传说服的理论范式，摆脱了外界对于公共关系为了组织利益而改变公众态度、操纵舆论的认识，不仅帮助公共关系学科进一步确立了自身合法化的地位，而且还让公共关系理论进入了一个更高的层次。

1984年，玛丽·佛格森提出“关系”应成为公共关系研究的焦点：公共关系研究的重点，既不是组织，也不是公众，而应是宏观层面上的关系。此后，关系观点逐渐被广泛接受，关于“把关系还给公共关系”“让关系成为公共关系的元理论”等研究大量涌现。公共关系的关系学派强调组织和公众之间应建立双向、互动、合作、信任的关系，公共关系的工作效果也应由组织和公众之间的关系质量决定。关系学派不仅关注在实践层面上公共关系应发挥何种作用，而且还侧重于追问公共关系的本质，即把公共关系学科的理论研究由实践应用层面上升到哲学思辨层面的高度。公共关系学科在发展的过程中，一直与传播学、心理学、管理学、新闻学、社会学等多种学科存在深度的交叉。这种海纳百川、多学科融合的发展历程，一方面让公共关系学理论得以吸收其他学科理论的精华，并为公共关系实践提供多角度的指导，另一方面也带来了公共关系学科自身元理论缺失的困惑与担忧。由此，公共关系学在厘清多学科的交叉关系、构建纯粹性的理论范式、摆脱学科边缘性地位等方面的诉求日益高涨。关系学派正是在这种学科发展的需求下诞生的，它试图通过“关系理论”让公共关系从多学科的交叉中脱离出来，使其成为一门独立的学科。在这一时期，除了关系学派外，整合营销理论、语艺理论等也产生了重要影响。进入 21 世纪后，呈现出管理学派、关系学派、整合营销理论、生态关系理论、对话理论、文化分析理论等多种理论学派竞相争荣、交错融合的发展态势。

二、管理学派与关系学派的对峙

20 世纪 80～90 年代，公共关系管理学派的理论体系不断完善，并以格鲁尼格的“卓越公共关系”课题的完成为标志达到了顶峰。20 世纪 90 年代末期，尤其是进入 21 世纪后，管理学派的诸多理论受到质疑，出现了一些从批判视角看待公共关系管理理论的声音。比如语艺学者质疑管理学派的理论是一种操纵的理论，它服务于组织的领导阶层，太过商业化、管理化，缺乏对公共关系最高目标的阐述，并带来了公共关系学科存在合法化的危机。在管理学派统治地位动摇的同时，网络技术也得到了普及，人类正式进入互联网时代。随着新媒体平台的兴起，人与人之间的关系更加复杂，现实社会中的人际关系和虚拟空间中的网络关系不断地交织、重合。在这种背景下，关系问题逐渐成为公共关系研究的重心，关系理论被认为是公共关系的元理论。从此，公共关系告别了管理学派的时代，开始向关系研究的时代迈进。然而公共关系作为一门应用性很强的学科，其理论必须要对公共关系实践有指导意义。管理学派经过数十年的发展，其公共关系过程理论、议题管理理论、危机管理理论、公共关系角色理论等都能为组织的发展带来实效性的价值，而关系学派在此方面相比，还显得比较薄弱。因此，完全抛开公共关系管理理论，只谈“关系”，似乎有些力不从心。以下笔者将从工具理性与价值理性对立的角度，分析管理学派和关系学派的对立性。

工具理性和价值理性的对立是管理学派和关系学派的根本对立。管理学派立足于功能主义的逻辑，是一种以组织为研究主体的“工具理性”导向的理论。20世纪初期，商业的迅速发展导致组织掌握公众舆论的需求日益迫切，这种需求刺激了现代公共行业的产生和发展。可以说，现代公关业从产生开始就立足于功能主义的思维，公共关系被看作是帮助组织改变公众态度和行为，协调公众关系，维护组织利益的学科，具有很强的应用性。而管理学派则将这种功能主义的逻辑发挥到了极致。在管理学派看来，公共关系是位于组织和公众之间的中介角色，承担着沟通、调解的职责。公共关系理论的目的，就是要寻求合适的方法，最大化地提高组织和公众之间沟通交流的效率，保证公共关系工作对组织的有效性。公共关系管理学派的理论一直和组织研究息息相关，其背后的理论范式正是结构—功能论。结构—功能论把社会看成具有一定组织化结构的系统，各组成部分有序地相互联结，以保证系统整体功能的发挥。结构—功能论把组织看作具备一定结构的系统，公共关系作为系统中的组成部分，必须在正确的位置上高效地工作，这样才能保证组织整体功能的发挥。从这里可以看出，公共关系管理学派的理论借鉴了现代管理学中的思想和方法，聚焦于如何让公共关系部门有效地发挥作用，以保证整个组织的正常运转，因而其提出的理论具有很强的应用性和可操作性。

与管理学派相比，关系学派则立足于非功能主义的逻辑，坚持的是一种把组织和公众之间的关系作为研究主体的“价值理性”导向的理论。关系学派的理论主要来源于对管理学派的批判性思想。从20世纪90年代开始，以功能主义范式为基础的管理学派的理论遭遇了发展的困境。这首先体现在管理学派的工具理性导向使得公关学科的存在合法性遭到质疑，管理学派视角下的公共关系被视为操纵民意、维护既有等级秩序、提高工作效率、维护组织利益的代表，这与公共关系中声称的“公共性”“公众利益”相去甚远。尽管管理学派对此提出了“双向平衡模式”，希望在平衡的互动交流中共同维护组织和公众的利益，但是这一模式又被批评过于理想化：在组织和公众的天平上，组织处于天然有利的位置，掌握着大量的资源和权力，怎么可能仅通过形式上的互动交流就实现组织和公众真正的平等呢？因此，在批判学者看来，“双向平衡模式”不过是管理学派的辩解，要想让公共关系真正具有公共性，必须从根本上转变公共关系理论的价值导向。除此之外，管理学派视角下的公共关系理论的学科自主性也遭到了质疑。管理学派认为公共关系的核心职能是管理，使得公共关系学一直从属于管理学，再加上公共关系学还依赖于社会学、心理学、市场营销学等多种学科的理论，这更让公共关系学处于边缘性学科的尴尬境地。为此，关系学派提出公共关系应有独有的纯粹性的理论，即关系理论。

尤其是进入网络时代后,关系学派的观点更是得到了多数人的认可。关系学派认为网络构建了一个“熟悉而陌生的全球社区”。在这样的社区中,网络传播由信息传播为主过渡到关系传播为主,建立和维系人与人之间的关系成为信息传播的根本目的。而网络社区的虚拟性和人们交流的频繁性,又让关系的持久性、信任性、真实性等方面发生了剧烈改变。在这种条件下,关系成为现代社会重要的无形资产,建立组织和公众之间的和谐关系、促进组织和社会的协调发展成为公共关系的最终目标。

可以看出,管理学派的理论关注于如何开展公共关系更为高效,而关系学派的理论则试图回答公共关系的本质、公共关系为谁服务以及公共关系学科的存在价值等问题。二者的对立不仅是功能主义和非功能主义逻辑的对立,而且还是工具理性导向和价值理性导向的对立。关系学派的研究把公共关系学推向了更加形而上的层次,试图提高公共关系学科的学术高度与思想深度,但是公共关系学本身又是一门应用性强的学科。关系学派的思辨性的理论在认识论和价值观层面上为公共关系的发展指明了方向,然而落实到方法论层面上又显得捉襟见肘,最终可能又会回归到管理学派和其他学派的理论中。因而管理学派和关系学派的对峙只是二者辩证关系的一方面,二者之间的互补、融合又是不容忽视的另一方面。

三、管理学派与关系学派的互补与融合

在关系学派兴起后,管理学派的公共关系管理理论仍然对公关研究和实践有重要影响,二者呈现互补与融合的发展趋势。从目前的公共关系理论研究的情况来看,管理学派具备较为完整的、成熟的理论体系,然而其功能主义的理论范式却遭受批评;关系学派旨在建构公共关系学的元理论与价值导向,然而在实际应用层面上却略逊于管理学派。公共关系理论未来的发展方向,并不是让一方取代另一方,而是两种学派的互相借鉴、相互交融。

(一)管理学派为公共关系提供操作路径

管理学派的理论虽然是功能主义的理论范式,但是它为公共关系提供了可操作的原则和方法,其中的众多理论仍然被广泛应用于当今的公共关系实践。比如公共关系角色理论指出,公关从业人员不应只从事执行层面上的信息制作、发布以及联络媒介的工作,还应在管理和决策层面上参与组织的战略制定和规划,这促使公关人员跻身组织的管理层,并因此得以充分发挥公共关系的职能。公共关系过程理论为公共关系设计了信息调研、战略制定、战略实

施、效果评估的工作流程，促进了公共关系工作有序、高效地开展。危机管理理论适应了20世纪80年代后社会环境复杂多变、危机冲突不断的趋势，帮助组织分析危机事件的发展阶段，做好危机事件的预案，并提出了行之有效的应对处理原则。组织形象管理理论则从组织形象角度出发，分析影响组织形象的要素，建立组织形象量化模型，并选择合适的组织形象推广渠道。理论的意义在于推动实践的发展，这对于公共关系学这样一门注重应用的学科尤其如此。管理学派经过数十年的发展，已经形成了相当完备的理论架构，不仅在公共关系的定义、公共关系的社会角色、公共关系实践的原则以及公关人员需要遵守的道德准则等方面都有理论阐述，而且还针对公共关系实践提出了相关的基本假设，并做了大量实证研究来证明这种假设是否真能为公共关系带来实效性。而关系学派、批判学派等学派的理论研究在涉及方法的层面时，可能还要借助于管理学派的理论，正如格鲁尼格对批判学派的回应那样，批判理论除了批评之外并没有对公共关系作出充分的阐述。

在公共关系学科的发展过程中，管理学派对公共关系的理论与实务都做出了重要贡献。尽管管理学派基于功能主义的逻辑，是一种工具导向的理论范式，但我们不能忽视它在方法层面上为公共关系提供的理论指导。因而，管理学派为公共关系提供了可行的操作路径，这是一门应用性学科的理论建构中必不可少的部分。

(二)关系学派为公共关系提供价值导向

批判学者认为管理学派是基于工具理性的，工具理性的导向让公共关系理论偏向组织本位，即管理学派的理论最终是为组织服务的，而公共关系之前声称的公共性、公共利益却难以实现，公共关系理论始终缺少人文关怀，忽视了人的价值。为了扭转公共关系朝功能主义、工具理性的方向发展的趋势，关系学派基于价值理性，提出公共关系不应把研究中心放在组织或者公众上，而应回归到最本质的“关系”上。公共关系是为了协调人与人之间、组织与组织之间、组织与公众之间的关系，从而突破了传统的组织—公众的二元定式。在价值取向上，关系学派也突破了管理学派中重视利益共享、实现组织与公众之间利益双赢的“物化”取向，而把关注人的发展、实现人的价值作为根本的价值取向。关系学派的这种改变给公共关系理论的发展注入了活力。它不仅能够帮助公共关系学科解决合法性、自主性的危机，而且还把公共关系的研究视野扩展到整个关系层面。而在新媒体的环境中，除了公共关系学，社会学、传播学以及其他学科也开始关注人际关系、群体关系、现实关系、虚拟关系等多种类型的关系在社会结构、信息传播等方面的重要影响，因而关系学派的这种转变，也适应了新媒体时代中社会学科创新发展的趋势。

关系学派给公共关系研究提供了一个可被广泛接受的元理论假设，为公共关系理论和实践中的诸多问题提供了一个解释框架。同时，关系学派还丰富了公共关系教育的内容，使得公共关系教育除了关注应用性的理论之外，还可以展开更有深度的哲学思考训练。关系学派使得公共关系理论的价值导向从组织回归到了人，从而拓展了公共关系学科的深度和广度。

(三)从管理到关系——融合而非转向

从公共关系学派的发展历程来看，关系学派兴起于管理学派之后，也有学者在划分公共关系理论的演变阶段时，认为从 20 世纪末期开始，公共关系已经挥别了管理史观，进入了关系史观。[①] 关系观点出现后，确实成了公共关系理论研究的重心，然而管理学派与关系学派之间并没有明确的界限，从管理学派演变到关系学派，也并不意味着关系学派是对管理学派的完全取代，二者之间存在着互相融合的发展趋势。

玛丽·佛格森在 1984 年提出的关系观点也引起了管理学派的研究兴趣。比如格鲁尼格随后把公众关系纳入了研究范围，并表示要在原来公共关系定义的基础上，加入“关系”这个词，即把公共关系的定义改为“是一个组织与其公众的传播管理，其目的是建立一种与这些公众互相信任的关系”。可以看出，格鲁尼格已经把关系作为公共关系的最终目标。此外，他还试图建立良好关系的衡量标准，认为良好关系具备五大特征：互相控制、关系承诺、双方满意、彼此信任、达到目标。[②] 佛格森的观点也迅速被卡特里普、森特、布鲁姆接受。关系视角的出现扩大了公共关系管理职能的范围，“关系管理”领域的出现正是受到了关系观点的影响。它让公共关系管理不仅关注于对组织形象、信息收集、传播沟通、危机事件等方面的调配和规划，而且还让公共关系管理明确了这一切工作背后的核心目标，即建立、维护组织和公众的良好关系，从而让公共关系管理更具备目标性和导向性。另外，从关系学派一方来看，关系虽然是公共关系的核心内容，但要如何将“关系导向”“关系中心”的理念与公共关系实践相结合，还要依靠管理手段。

① 参见张依依：《从“说服”到“管理”到“关系”——1975～2006 年公共关系理论与范式演变的历史比较分析》，《国际新闻界》2007 年第 12 期。

② 参见[美]詹姆斯·格鲁尼格、郭惠民：《公共关系是一种传播管理》，《国际新闻界》1998 年第 2 期。

总体而言，公共关系学派的发展呈现学派自身扩展、学派之间融合的趋势。如今公共关系理论研究的格局已不再是一家独大，而是多种学说共存、交叉的局面。尽管每种理论出现的时间有早晚、观点各异，但是这并不意味着新出现的理论会完全取代原来的理论，相反，每一种理论的出现都为整个公共关系研究开辟了新的领域。

第六章　公共关系传播媒介

公关传播的过程，简单来说就是组织和公众通过媒介相互交流的过程，媒介是组织和公众之间的沟通桥梁。如今，以网络技术为支撑的新媒体的兴起打破了原来报纸、广播、电视等传统媒体一统天下的格局，形成了传统媒体和新媒体共存的局面。组织进行公关传播时，往往面临着多种媒介的选择。不同媒介具有不同的传播特点，其在公关传播的过程中产生的效果也有所差别。因此，如何选择合适的媒介，就成为当下公关传播必须直面的重要问题。

第一节　传统媒体的公关传播

在新媒体时代，传统媒体对公共关系传播仍然可以发挥重要作用。当下人们对信息的需求多种多样，接收信息的主要渠道也因人的生活环境、年龄、职业、学历等不同而有所差异。尽管网络媒体的普及程度越来越高，但是单纯依赖网络媒体无法在当下的信息环境中覆盖到所有目标人群。受长期以来形成的媒介使用习惯的影响，传统媒体更易被社会各阶层的人们所接受。与网络媒体相比，传统媒体还具有权威性强、内容优质、可信度高等优势。目前，传统媒介按照材质的不同可大致分为印刷媒介和电子媒介。印刷媒介有报纸、杂志、宣传册、海报等，电子媒介有广播、电视、电影、户外 LED 显示屏等；其中报纸、广播、电视是主要的三种传统媒介。它们都属于大众传播媒介，即传播方式以点对面的传播为主，可以面向各个地区、各个领域、各个阶层的公众传递组织信息，宣传组织形象。

一、报纸

报纸是印刷媒介的主要代表，以刊载时事新闻和评论为主。报纸种类繁多，按照内容可分为综合性报纸和专业性报纸；按照发行范围可分为全国性报纸和地区性报纸；按照出版时间可分为日报、周报、早报、晚报等；按照性质可分为党报与非党报、机关报与非机关报。每种报纸主要刊载的内容不同，面向的读者群体也有所差别，组织应根据组织性质、传播内容、发布时间、目标公众分布、效果期望等实际情况来选择合适的报纸。

（一）报纸公关传播的特点

与新媒体和其他大众传播媒介相比，报纸在时效性、信息量等方面都有较大差距。报纸以文字、图片为主的信息呈现方式也不如音频、视频有感染力。但是作为传统的公关传播的媒介，报纸在以下方面仍然具有优势。

1. 内容详细有深度

为了应对新媒体的冲击，报纸更加注重发挥其专业性的优势，深耕细作，以信息详细、内容深入的报道取胜。报纸的时效性虽然有所局限，但它可以提供大量的背景材料，向读者介绍事件的详细情节并配发专业评论，完成一次长篇幅、大版面的报道，给读者留下深刻印象；还可以连续刊载对于某个事件的追踪报道，提供大量细节信息，让读者对整个事件有完整、深入的认识。如果组织需要传递的信息故事性强、细节丰富，报纸是一种较为合适的媒介。比如组织举办大型的公关活动，想把活动的活动背景、具体流程、参与者感受、活动影响等详细信息告诉公众，就可以撰写长篇的新闻稿在报纸上发布。比如美赞臣营养品（中国）有限公司在 2009～2014 年举办的“苯丙酮尿症患儿特殊奶粉补助项目”活动，获《人民日报》等中央级媒体和各地主流媒体的报道和转载约 400 篇，此外《新京报》《深圳晚报》《东方早报》等记者还深入患儿家庭进行采访，以整版或半版的长篇幅报道记录了患儿家庭的生活细节，引起全社会关注。在此次持续时间较长的活动中，各大纸媒的介入不仅扩大了活动影响力，而且还凸显了政府部门对于此次活动的重视，提高了公众对此次活动的认可度，最终在全社会范围内帮助企业树立了良好形象。

2. 便于保存

与其他形式的媒介相比，报纸刊登的信息更容易保存。读者可以用收藏、剪贴、复印等方式将报纸作为长期的资料留存。如果组织想要将发布的信息作为日后他人学习、研究的资料，比如组织的基本信息介绍、企业的运营情况、行业分析报告等信息，就可以选择报纸这种媒介。此外，公关人员还需要多留意报纸上其他人发布的，与组织、组织的竞争对手有关的，与组织所在行业、部门有关的信息，积累下来，以便日后遇到问题时有据可查。

3.读者群体受教育程度较高

马歇尔·麦克卢汉(Marshall McLuhan)曾提出热媒介与冷媒介的概念。该理论指出不同类型媒介传递的信息，人们对它的理解程度也是不同的。比如与文字类信息相比，图片、音频、视频类的信息更容易被人理解；而报纸刊载的信息全部以文字、图片的形式呈现出来，它要求人们对文字有一定的阅读能力和理解能力，也就是要求其读者群体有一定的知识储备。有调查显示，报纸的主要受众以中、高等学历人群为主，初等学历人群只占很小一部分。[①] 因此，如果组织的目标公众以较高学历的人群为主，报纸就是一种较为合适的媒介。比如企业要发布以都市白领、商务人士为目标消费者的产品，可以通过报纸对其宣传；某研究机构想要公布一项新的研究成果，或者发布一份数据调查报告，也可以考虑报纸；再比如政府部门想要宣布一项新的政策，并希望向公众介绍该政策的制定背景、分析其可能带来的影响等，也可以选择报纸作为一种公布渠道。

(二)报纸公关传播的策略

以报纸作为公共关系传播的媒介已经有很长的历史。在新媒体的冲击下，受时效性和受众人群数量的限制，报纸很难像原来一样制造有社会轰动效应的热点事件。但由于在长期的历史发展过程中积累起来的专业性、权威性等特点，报纸依然在公关传播领域发挥重要作用。

公关新闻稿是报纸公关传播中的常见形式，可以是公关人员自己撰写的，也可以是邀请专业记者撰写的。以公关传播为目的的新闻和一般的新闻相比有很大的区别。一般的新闻涉及社会的方方面面，它是对社会事件的忠实记录，一般不具有主观目的性；它传播的主体是专业新闻机构，传播对象是整个社会的公众。而以公关传播为目的的新闻所选取的事件是与组织有关的，它具有宣传组织、为组织说话的目的；它传播的主体是组织，传播对象也侧重于组织的目标公众。但是公关传播的新闻和一般的新闻一样，都以真实性为第一原则。公关人员在撰写新闻稿时，必须向公众提供真实可靠的事实性材料，不能出于宣传的目的主观地夸大事实。同时，公关新闻也要遵守一般新闻写

---

① 参见李筱悠：《2007年报纸读者阅读习惯的变化——兼谈报纸与其他媒体的受众竞争》，《中国报业》2008年第2期。

作的规律，比如语言要明快、通俗易懂，多用短句，少用长句、复合句，不用晦涩难懂的专业术语；结构要清晰简单，让读者抓住重点；标题要突出稿件的核心信息，并且能吸引读者等。

报纸上的公关新闻稿与其他媒体相比具有很大不同。报纸擅长做内容详细、有深度的报道，且报纸的读者对象大多文化水平较高，因此组织在报纸上发布公关新闻稿时要与报纸的这种媒介特性相符合。组织公关新闻的选题要具备时效性、显著性、趣味性、重要性等新闻价值要素。这种新闻的选题多是持续时间较长、有一定社会影响力的大型公关活动。新闻稿件题裁多是长篇的深度报道和数篇稿件组成的系列追踪报道，它要求提供给公众丰富的背景材料和大量的细节信息，在潜移默化中传递组织的理念与精神，从而让公众全方位、深层次地了解组织活动及组织本身。比如昆仑山雪山矿泉水在2014年策划的“挑战6000——青藏高原昆仑雪山自驾寻源之旅”活动。这次活动以注重品质生活的高端人群为目标公众，邀请了大量传统主流媒体参与报道。活动期间新华社、《京华时报》《武汉晚报》《羊城晚报》《文汇报》等主流平面媒体全程跟踪报道，《中国国家地理》还作了深度图文报道。[①] 各大报刊对于该活动持续、深入的关注不仅扩大了活动的影响力，而且还定调了高端舆论，确保信息传播的精准、权威，满足了目标公众的信息需求。

二、广播

传统媒体时代，广播主要是通过无线电波向听众传递信息；而在新媒体时代，借助互联网技术的东风，移动电台成为广播发展的新生力量。易观智库的《2016中国移动电台市场年度综合报告》的数据显示，2015年第四季度的移动电台活跃用户达7062.8万人，较第三季度增幅37.7%[②]，形成了传统广播电台与网络广播电台融合发展的新局面。广播与印刷媒介相比，在传递信息方面具有传播速度快、覆盖范围广、对受众文化水平要求低、感染力强等优势。最重要的是其收听方式非常灵活，广播允许听众伴随式的收听，解放了听众的双手双眼，使他们可以在进行其他活动，比如走路、开车的同时收听广播。这一点是广播与其他类型媒介相比具有的独一无二的优势。另外，传统广播的

① 参见中国公共关系网编委会：《2014最具公众影响力公共关系案例集》，企业管理出版社2015年版，第120～123页。

② 参见易观智库：《2016中国移动电台市场年度综合报告》，https://www.useit.com.cn/thread-12310-1-1.html，2016年11月24日。

信息保留性差、收听顺序选择性差等缺点在网络电台出现后得到一定程度的改善。

(一)移动广播电台的传播特征

网络技术尤其是移动网络的发展给传统广播电台带来了重大变革。传统广播电台纷纷拥抱互联网平台,从传播渠道、传播内容、接收终端等多个层面进行改革。与之相应的,听众的收听需求、收听场景、内容偏好等用户特征也发生了改变。如果要在新媒体环境下把广播作为公关传播的媒介,则必须对移动电台的媒介特征、听众特征有所把握。

1.内容类型多样化

为了迎合互联网时代海量听众的多方需求和喜好,移动广播电台在内容创作方面不断推陈出新,已经打破了传统广播电台节目类型单一的局面。其内容涵盖了新闻、音乐、人文、财经、相声评书、有声小说、文艺情感、少儿教育、脱口秀、搞笑段子等多个类型,其中既有专业音频团队制作的内容,又有“草根”用户自发生产的内容。移动广播电台丰富的节目类型给组织的公关传播提供了选择余地,组织应根据自身的性质、需求、品牌价值等实际情况利用适合的节目进行公关传播。

2.听众群体细分化

在传统广播电台发展为移动广播电台后,在其听众数量不断上升的同时,听众群体也呈现细分化的趋势。根据速途研究院 2016 年第二季度的移动电台市场报告[①],用户数量排名前几位的节目类型分别是有声读物(25.6%)、相声小品(14.2%)、音乐电台(9.8%)、心灵情感(7.5%)、综合娱乐(7.1%)、新闻资讯(5.1%)等,此外还有各式各样的“其他”类型节目,共占据用户规模的21%。可以看出,移动电台用户关注的内容丰富多样,除有声读物、相声小品外,其他类型节目的听众分布较为平衡。总体来说,听众分布呈现既集中于某几个类型、又广泛分散在其他类型节目中的“长尾”特点。因此组织应根据移动电台受众细分化的特点,针对不同的目标公众实行精准化传播。

3.收听场景碎片化

广播的伴随性特征允许听众在不同场景、不同时段收听。艾媒咨询统计的 2015 年移动电台用户使用场景分布显示,58.3%的人在晚上睡觉前收听广播,50%的人在白天休息时收听广播,48.3%的人在搭乘交通工具或自驾时收

① 参见侯长海:《速途研究院 2016 年 Q2 移动电台市场报告》,速途网,https://chuansongme.com/n/1850486353251,2016 年 9 月 30 日。

听广播。[①] 可以看出，听众主要在上下班出行、睡前、驾车等特定场景下收听广播。听众在这些场景中的信息需求和娱乐需求促使广播成为公众碎片化时间的占领者。收听场景的碎片化也带来听众对于内容接收的碎片化，公众在听广播时不会像阅读平面新闻那样专注。为了适应广播的这种传播特点，组织利用电台传递的消息要尽可能简短、好记，在数秒钟内就给人留下深刻印象。

（二）广播公关传播的策略

前文我们已经分析了新媒体环境下广播的传播特征，为了充分发挥广播媒体的优势，最大效率地利用广播开展公关传播，组织应考虑以下几个方面：

首先，组织应考虑电台整体的受众特征。根据艾媒咨询的调查显示，白领、一般职员和企业管理人员、自由职业者、私营企业主占据用户职业分布的50%以上；拥有本科及以上学历的移动电台用户占50%以上。另外，车载电台是移动电台的重要领域。易观智库《2016 中国移动电台市场年度综合报告》的数据显示，车主对于电台（FM）的使用率高达 90%。以上种种数据表明，移动电台的用户多是高文化水平、高收入、高消费的群体。组织如果选择广播作为公关传播的媒介，那么首先应考虑到组织提供的产品、服务以及组织的理念是否和这一部分群体的消费习惯、价值观念、信息需求相吻合。

其次，选择合适的电台和节目精准传播。目前我国拥有活跃用户数量较多的移动电台有喜马拉雅 FM、蜻蜓 FM、考拉 FM、荔枝 FM 等。这些电台整合了多种类型的电台节目，既有传统广播电台的网络频道，也有各类自媒体、"名人大咖"制作的节目，还有"草根"用户自己录制的音频内容。组织应根据自己的实际情况选择合适的电台或电台节目进行公关传播。比如 2012 年年初，中国石化准备将其在全国加油站的"自助加油"项目作为宣传重点，它的期望覆盖范围是全国、目标公众是车主，因此它选择了与中国石化品牌价值相当、网点覆盖率相同的中央人民广播电台的"中国之声"节目作为广告投放平台，取得了良好的宣传效果。[②]

最后，在声音文本的制作与播出方面，短文本、多角度、多频次播出是一种较为合适的模式。由于广播的伴随式收听、收听场景和时间的碎片化等特征，长篇、连续的文本不符合广播听众的收听习惯。短文本指的是组织一次播出

---

① 参见艾媒咨询：《2015 年中国移动电台市场研究报告解读》，中商情报网，https://www.iimedia.cn/c400/39681.html，2015 年 11 月 2 日。

② 参见周伟、赵东：《精准与规模的兼得——论新媒体竞争环境下广播广告的精准和互动营销》，《中国广播》2012 年第 8 期。

的声音文本要尽可能简短，15 秒的时间大约可以说 60 个字，已经可以表达一个完整的意思。多角度、多频次指的是组织可以围绕一个主题制作多个版本的声音文本，安排在不同时间点滚动播出，分别从不同侧面宣传主题。比如中国石化对“自助加油”项目的宣传，针对便捷，有成就感、有乐趣、环保，更加经济实惠以及放心、安全四个利益点分别制作了 7 个、5 个、9 个、2 个版本的声音文本，在不同的时间点多频次地播出。这种化整为零的传播思路在广播中尤为有效，它将组织的传播主题拆分成数个小版本的文本，每个文本只表现主题的一个侧面，这样减少了听众在每次收听时的信息量，方便记忆；同时在多频次的传播中不断强化了听众对主题的记忆，使听众了解到主题的不同侧面，最终逐渐建构起对主题的整体印象，从而达到公关传播的目的。

三、电视

电视是一种具有巨大影响力和覆盖范围的电子媒介。相关数据显示，截至 2015 年 6 月，我国共有地级以上广播电视播出机构 517 家，地级以上电视套数共计 1191 套。[①] 虽然电视行业同样面临着新媒体的冲击，但是电视仍然在人们的日常生活中扮演重要角色。根据中央电视台每 5 年一次的全国电视观众抽样调查，2012 年我国 13 岁以上的电视观众为 11.56 亿人，电视的媒介渗透率高达 99.26%[②]，居于各种类型媒介之首。[③] 因此，组织必须重视电视在公关传播中的重要作用。

(一)电视的公关传播特征

电视的传播方式是点对面的大众传播，其互动性较差；电视的信息呈现方式以视频为主，同时综合了音频、文字、图片等多种类型信息，形象生动、感染力强。因此，电视适合组织发布信息、展示形象。与其他类型媒介相比，电视作为公关传播的载体有以下特点：

1. 广泛普及

电视面向的是全国各地区、各年龄、各阶层的观众。2018 年我国电视观众大约有 12.87 亿人，基本人人都会看电视，可以说电视是传统媒体中普及率最高的媒体。另根据央视的全国电视观众抽样调查，电视观众的学历以初中、

① 参见中华人民共和国国家新闻出版广电总局：《地级以上广播电视播出机构及频道频率名录（截至 2015 年 6 月）》，https://wenku.baidu.com/view/ceed42a12af90242a995e575.html，2015 年 7 月 8 日。

② 媒介渗透率：特定地区能接触到某个媒介的 13 岁及以上人口占 13 岁及以上总人口的比例。

③ 参见徐立军、王京：《2012 年全国电视观众抽样调查分析报告》，《电视研究》2013 年第 2 期。

高中、中专为主，占比超过 60%；与报纸、广播等媒体的对象相比，电视观众的文化程度并不高。因此，电视的广覆盖范围和较低学历的观众群体要求组织在以电视为媒介进行公关传播时，其传播内容和表现形式不宜过于复杂，应以社会中绝大多数人易于理解、易于接受为标准。

2. 形象生动，现场感强

电视以画面为语言，同时又综合运用音响、文字、图片、动画等元素，配合定格、特写、慢放、回放等技巧，能够将信息生动形象地呈现给观众，具有很强的艺术表现力与感染力。电视还可以从多个景别、多个视角描述一个场景，将其全景式地展现给观众，给人以身临其境的现场感。此外，电视直播不仅最大限度地满足了观众对于信息时效性的要求，而且还增强了信息的真实感和说服力，让观众在心理上有共同参与、共同见证的仪式感。因此电视是传播组织形象、塑造组织形象的良好平台，可以让观众对组织有最直观的认识。但是电视的画面语言无法像文字一样阐明深层的逻辑结构，它只能以影像的形式辅助公众理解，因此组织对理念的阐释或是对某一事件的解释难以通过电视向观众说明。

3. 家庭属性突出

电视与其他所有类型的媒介相比，具有明显的家庭属性。公众在接触其他媒介时，大多是独自阅读或收听，但会选择几个家庭成员共同观看一个电视节目。根据央视 2012 年全国电视观众抽样调查分析报告显示，我国的电视观众家庭结构以“夫妇二人加孩子”的核心家庭结构所占比例最大，达到了 40.32%，“夫妇二人加老人孩子”占 12.72%。电视的传播对象以家庭为单位，因此电视的传播内容要适应家庭观影模式，吸引不同年龄、不同性别的家庭成员的共同兴趣，营造一种轻松、和谐的视听氛围。

(二)电视的公关传播策略

电视具有普及率高、传播范围广、权威性高、感染力强等优势，也有受场地和设备限制较大、节目制作周期长、传播成本高等缺陷。组织应根据电视的传播特点，选择适合的公关传播主题，以符合广大电视观众收视习惯的形式呈现，宣传组织的良好形象，引导有利的公众舆论。由于电视面向的是全社会不同背景的人群，电视观众的文化程度总体不高，因此电视的公关传播内容要力求通俗易懂，各种文化水平的人都能理解；传播的形式不宜过分标新立异，在吸引观众的同时更重要的是明确传播主题；传播的观念要符合大众价值观，比如亲情、爱情、公正、进取等等，能被公众普遍接受。

以电视为媒介进行公关传播有多种形式，比如电视新闻、节目冠名、赛事赞助以及组织直接参与到电视节目中等等，这些形式中有的公关意图较为明显，而有些具有隐藏性，旨在潜移默化地影响公众的态度。节目冠名、赛事赞助等类似形式的公关意图较为明显，现在我们经常可以看到企业在各大体育赛事、大型晚会、热播节目中冠名，或是独家赞助。这种形式的公关传播主要是利用了赛事或节目的知名度优势，借机向既有的庞大观众群体宣传组织。这种形式的公关传播是浅层次的，一般只能向公众告知企业的名字，而无法对企业理念、背景等深层次内容进行阐释。但是它却能大范围地提高企业的知名度，在公众头脑中留下企业的初步印象，为以后深层次的公关传播奠定基础。

电视新闻是一种公关意图隐藏较深的公关传播形式，它一般指的是电视媒体对组织活动的新闻报道。电视新闻与其他形式的公关传播相比，具有更强的权威性和专业性，因此也更容易取得公众的认可。在我国，电视新闻是政府组织常用的公关传播形式，政府可以用电视新闻报道的形式向公众解读政策、宣传政绩，以此加深公众对政府的了解，树立政府在公众心中的良好形象。企业也可以采取电视新闻的形式进行公关传播，企业在推出具有创新性的新产品或者举办大型的线下公关活动时，都可以邀请电视媒体采访报道，以扩大活动的影响力。

组织还可以和热播电视节目展开合作，借助热播节目的话题效应和既有的观众群体开展公关传播。比如立白去渍霸曾赞助湖南卫视第一季的《爸爸去哪儿》，在节目播出过程中发现“家庭教育中爸爸角色缺失”是一个普遍的社会问题，于是立白将“去渍霸”更名为“好爸爸”，并和中科院开展了相关课题研究。借助《爸爸去哪儿 2》的热播时机，立白发起了“好爸爸教室全国公益行”活动，调研了全国 20 所试点幼儿园，了解中国家庭教育中爸爸角色的现状；邀请专家和名人面向目标公众开展讲座，探讨家庭中爸爸角色的重要性，引起了全社会的思考讨论。组织在选取合作对象时，要保证该电视节目与组织的品牌价值相当、理念相近，同时电视节目的主要观众群体应与组织的目标公众接近，如此才可以做到巧妙地借势、借机传播。

此外，组织还可以派代表或首脑直接参加电视节目。组织首脑的直接出镜不仅有利于阐释组织理念，回应公众疑问，而且还是组织自信的体现。比如奇虎 360 公司的创始人周鸿祎曾经参加过湖南卫视的热播娱乐脱口秀节目《天天向上》。在该节目一贯的轻松搞笑的氛围中，周鸿祎不仅展示了 360 新产品的功能，为产品做了无形的推广，而且还传递了360公司的用户至上、服务用户的公司理念。此外，他还对社会上关于360的种种质疑做了有理有力的回应。在整期节目中，周鸿祎与其他几位主持人谈笑风生，妙语连珠，他个人展现出的风趣幽默、真诚自信的品质也代表了整个企业的精神文化。再比如王健林在2016年9月参加了《鲁豫有约》节目，在与主持人的交谈中分享了自己的创业故事与成功经验，无形中用个人的人格魅力为整个企业的形象增光添彩。电视节目中组织首脑虽然是个人，但他代表的是其背后的整个组织，这种公关传播的方式不仅能满足公众对于组织首脑的好奇心理，而且还能在轻松、愉悦的闲聊中向观众潜移默化地传递组织的理念，最终利用组织代表的个人形象来建构公众对组织的整体印象。

第二节　新媒体的公关传播

新媒体包括网站、电子邮件、网络论坛、博客、播客、微博、SNS（社交网络）、微信、手机应用客户端、网络直播平台等多种类型的媒介。综合来看，新媒体有两个核心特征：一是技术层面上，新媒体以计算机技术和网络技术为基础，尤其是网络技术的发展给新媒体带来了无限的可能。二是传播层面上，新媒体传播本质的特征就是交互性，新媒体真正改变了以往大众传播从传者到受者单一的传播模式，并把其中的反馈机制“升华”为受者对传者的再传播，使得传播回到了其最本真的状态，即人与人之间的交往。新媒体的出现不仅创新了公关传播的形式，而且还革新了公关传播的理念。

一、组织网站

网站是组织实体在网络上的反映，是组织形象和组织信息在网络环境中的集中体现。现在，大多数的组织，无论是政府、企业还是事业单位、团体等等，都拥有自己的官方网站。根据2015年CNNIC第37次《中国互联网络发展状况统计报告》显示，截至2015年12月，中国网站数量为423万个，年增长26.3%；网页数量2123亿个，年增长11.8%。[①] 各种类型的组织的官方网站虽然是Web 1.0时代的媒介形态，但它仍然是公众认识组织、获取信息的重要入口。

---

① 参见中国互联网络信息中心：《CNNIC第37次〈中国互联网络发展状况统计报告〉》，www.cnnic.cn/gywm/xwzx/rdxw/2016/201601/t20160122_53283.htm，2016年。

(一)网站在公关传播中的作用

组织的官方网站在网络公共关系传播中发挥着重要作用。网站是组织在网络上的"门面",它主要有展示组织形象、发布组织信息的职能,除此之外,组织网站一般还设有"反馈区""留言板"等板块,给公众提供了联系组织、提出意见的可行渠道。

1.组织形象的展示平台

网站是组织在互联网中的重要阵地,它为公众认识组织提供了一个最直观的窗口。组织形象是一个抽象的概念,它包括组织的文化、理念、精神等等,而组织网站主要是借助于企业形象识别系统中的视觉识别系统来展示组织的形象的。具体来说,组织网站主要是通过对色调、字体、版式、标语、图片、动画等元素的灵活运用,来达到展示组织形象、宣传组织文化的目的。比如苹果公司的官方网站,以黑色和白色为主要色调,首页以 2/3 的面积滚动播放几种主要产品的展示图片,并配合几个画龙点睛的文字阐释每种产品的核心理念,简洁大方、重点突出,给人以强烈的现代感和科技感。

2.组织信息的发布平台

网站已经成为组织面向公众发布信息的重要平台,网站所发布的信息一般是与组织相关的最核心的信息。比如企业网站会发布主要产品或服务的信息,政府网站会发布重大新闻和重要政策变化,学校网站会提供学校的招生、师资等最基本情况的介绍等。有专家在 2006 年对美国 129 所大学调查发现,这些大学全部设立了自己的网站,并且都在网站上发布了招生信息、师资介绍、奖学金情况等相关信息。[①] 在新媒体环境中,公众寻求与组织相关的信息的渠道不止网站这一种,但是组织网站所发布的信息具有权威性。它直接面向公众,由此免去了网络传播的各个环节中人为因素的干扰,因而最能代表组织的声音。

3.公众意见的反馈平台

与社交网站、微博、微信等 Web 2.0 时代的新媒体相比,组织官方网站同公众交流、互动的功能有限。但一般组织网站都会设立"反馈区""留言板"等区域供公众发表评论,或是放入组织其他新媒体平台的链接,给公众提供反馈意见的渠道。比如戴尔针对 Web 2.0 时代注重交流沟通的特点,对自己的官方网站做了些许改造,网站主页右侧有一个"联系客服"悬浮窗,上面列有在线

---

① Seok Kang and H E Norton,"Colleges and Universities' Use of the World Wide Web: A Public Relations Tool for the Digital Age," *Public Relations Review*, Vol. 32, No. 4, 2006, pp. 426-428.

咨询、QQ咨询、电话咨询、微信公众号等多种联系方式。此外，戴尔还开发了一个新网站“意见风暴”(Idea Storm)，用于收集广大用户对于其产品设计、销售渠道等方面的创意思维以及意见建议。戴尔的董事会主席迈克尔·戴尔曾表示，他宁可让公众在自家网站 Dell.com 上反馈怨言，也不愿公众在别的网站上反馈。因此组织网站不仅有展示形象、发布信息的功能，而且还能成为收集公众意见、评论的平台。

(二)如何利用网站进行公关传播

网站是网络时代早期就已经出现的重要公共关系媒介。一个成功的网站不仅可以吸引网民、满足公众的信息需求，而且还可以塑造组织的个性形象、宣传组织文化。要想发挥好网站的公共关系职能，需要做到以下几个方面：

1. 保证发布信息的真实性，对信息进行有机整合并及时更新

真实性是网站发布信息的最根本的原则。网站发布的信息应该符合组织的实际情况，不能为了宣传需要过分地夸大事实。组织应对网站的信息进行严格的校对，包括人名、地名、时间、数据、标点符号等都要准确无误，且应严格遵守国家的法律法规、社会道德规范。

在保证真实性的前提下，组织应对网站所要发布的信息进行筛选比较，结合公众的信息需求、认知心理和组织自身的表达意愿，围绕一定的事件、主题、理念等将信息进行有机组合。网站上既要有与组织关联程度最高、公众最为需要的核心信息，也有与组织有一定关系、部分公众可能感兴趣的次要信息。合理安排好各种类型信息的版面、次序，并给公众提供自行检索信息的渠道。

在完成信息的发布工作之后，还应保持对信息的及时更新，将组织的最新动向、最新产品、最新理念等及时告知公众，以维持公众持续不断的兴趣。互联网时代加快了信息更新换代的节奏，也培养了公众快速阅读的习惯。保持信息的及时更新不仅能确保公众获得最新资讯，而且还是组织向公众展现自己生命力与活力的一种方式。

2. 合理设计网页

网络环境中，组织网站的网页尤其是首页会让公众迅速形成对组织的“第一印象”，这种印象会在某种程度上影响着公众以后对组织的认识，因此网页必须要合理设计。首先，网页的风格应与组织的性质、既定的风格、理念、定位等保持一致，否则会让公众产生困惑。比如我国政府的官方网站——中国政府网首页在配色上以蓝、白、黑为主要色调，辅以中国传统的红色和黄色；在网页布局上采用“国”字形布局，网页最上方以大字号标题和大幅图片横贯左右，

下方分三拦，内设要闻、专题、政策、服务、数据等多个子板块，整体上符合政府的庄重、公正、透明的形象识别特征并带有浓郁的中华民族风格。其次，网页设计应力求精美、新颖，合理运用色彩、图案、标识、文字、图片、动画、视频等多种素材，在传递组织文化的同时又能给人以艺术感染力，在公众心中留下深刻印象。最后，网站最好分为手机版与电脑版，不同的终端给公众带来的体验也有很大差异。电脑版网页的内容可以更加丰富，并适当地使用动画、视频等增强网页的趣味性与可读性；而手机端的网页应考虑到手机屏幕大小、加载速度、流量费用等多种因素的限制，因此应将最核心的内容展示给公众，并且呈现方式以文字和图片为主，少用视频、动画等形式。

3. 做好网站的宣传与推广

网站推广是网站公共关系传播的一项重要环节。组织在建设好网站之后，还应积极地向外推广网站，提高在网络环境中的知名度，吸引访客、增加流量，以达到有效展示组织的网络形象、传递组织信息、方便和公众沟通交流的目的。常见的网站推广策略有搜索引擎注册及排名、交换或购买链接、网络广告、电子邮件推广等。搜索引擎已成为广大网民获取信息的主要入口。根据第37次《中国互联网络发展状况统计报告》的数据，截至2015年12月，我国搜索引擎用户规模达5.66亿，使用率为82.3%。① 组织可以采取在网址导航网站、行业协会网站、行业媒体网站、广告交换网站等购买、交换链接的方式，或是和同类型的组织网站分享友情链接的方式来推广自己的网站，获得目标公众的注意。此外，组织还可以采用在各大门户网站、行业性网站、网络视频网站等知名网站上投放广告，或是以向注册用户和潜在用户发送电子邮件的方式完成网站的推广。

二、电子邮件

电子邮件是网络上较早出现的交流工具。根据CNNIC第37次《中国互联网络发展状况统计报告》，截至2015年12月，我国约有2.6亿的网民使用电子邮件，使用率达到37.6%。② 尽管使用率比2009年的55.4%有所降低，但是电子邮件用户的规模仍然相当可观。电子邮件对于公共关系传播的意义，除了它具有网络媒介共有的传播速度快、成本低廉、内容丰富等特点外，更

① 参见唐绪军主编：《中国新媒体发展报告(2016)》，社会科学文献出版社2016年版，第158页。

② 参见中国互联网络信息中心：《CNNIC第37次〈中国互联网络发展状况统计报告〉》，www.cnnic.cn/gywm/xwzx/rdxw/2016/201601/t20160122_53283.htm，2016年。

在于它可以实现点对点传播。与传统媒体的大众传播的模式相比，电子邮件是点对点的传播方式。组织可以向某一个特定的公众发送专门为他定制的信息，公众也可以基于自己特殊的需求和兴趣向组织发送相关信息。这种点对点的传播方式具有较强的目的性，它把公共关系传播的对象具体到了个人，组织为其提供个性化的服务、帮助其解决问题。

电子邮件在公共关系传播中的应用主要表现在以下几个方面：

(一)定时向公众发送他们感兴趣的信息

订阅功能是电子邮件的一项重要功能。组织可以通过订户邮件地址列表向公众定期发送邮件，让公众了解组织的最新信息。电子邮件订阅虽然可以保持公众对组织的长期关注，但如果使用不当则会让组织发送的邮件沦为垃圾邮件，并引起公众对组织的反感。为此，组织应首先征求公众的许可，在公众接受订阅之后再将其加入订户邮址列表。组织虽然可以通过其他渠道搜集到各类公众的邮箱地址，但若没有征得公众的同意擅自向其推送邮件，则可能会起到适得其反的效果。同时电子邮件传播还应坚持内容为王。电子邮件是否对公众有吸引力，关键在于邮件内容质量的高低。组织应首先了解订户的兴趣爱好、利益需求等多方面的情况，再向其推送个性化、用户高关联度的信息。除此之外，组织在编辑邮件时还应保证主题明确、核心信息突出、图片文字搭配合理、内容长短适中等。当然，电子邮件订阅还要有退出机制，即公众可以随时选择“退订”邮件。

(二)建立和维护组织与特定公众的关系

正如前文所述，电子邮件的传播方式是点对点传播。这种传播方式决定了其适合建立和维护与特定公众的关系。组织可以利用电子邮件和公众建立起“一对一”的亲密关系，大量良好的“一对一”关系的集结就形成了组织和公众整体上的良好关系。在2013年特斯拉汽车起火事件中，特斯拉副总裁与事故车驾驶员通过电子邮件沟通，不仅帮助车主解决了问题，而且他们之间的电子邮件来往记录也成为日后终结网络流言、向公众揭示事件真相的重要证据。电子邮件是组织和公众之间进行双向沟通的重要工具。组织不仅要重视定期向公众发送邮件，告知新信息，而且还应该重视对公众发来邮件的及时回复，关注公众的个体需要，回答公众的疑惑或质疑，帮助公众解决问题。对于公众的常问问题，可以设置一个“常见问题与回复”的自动回复程序，帮助组织节省传播成本；对于公众提出的特殊问题或是反馈的特殊意见，组织要有针对性地进行回复，并应加强之后的跟踪联系，以确保问题的解决并体现组织的诚意。

三、网络社区

网络社区为人们在网络空间中交流意见、讨论问题提供了场所，它是人类在网络上进行社会活动的新空间。中国网络社区的发展大体可分为两个阶段：第一代网络社区阶段和第二代网络社区阶段。其中第一代网络社区以新闻组、BBS(电子布告栏)论坛为主，比如以天涯社区、西祠胡同为代表的综合社区和以铁血军事社区为代表的专业社区。而第二代网络社区则以新型社交网站(SNS)为代表，它把网上关系和真实社会关系结合起来。[①] 也有研究者把网络社区分为以 BBS 为代表的封闭的虚拟社区和以 SNS、即时通信、博客为代表的开放的社区网络，并提出传统的虚拟社区是“圈”式结构，即社区的活动在明确的“地界”内，而开放的社区网络是“链”式结构，社区靠人们的关系链条不断拓展。[②] 综合网络社区的历史发展和结构特点，我们可以将网络社区大致分为两种类型，即以 BBS 论坛、贴吧为代表的传统虚拟社区和以 SNS 网站为代表的开放的网络社区。

两种网络社区具有不同的结构特征，也给公关传播提出了不同要求。传统虚拟社区有较为明显的界限，人们往往是出于同样的兴趣爱好聚集在一起，针对某一特定话题进行讨论，并且在讨论过程中不同人的参与程度、号召力都有很大差别。因此面向传统虚拟社区的公关传播应以引导舆论为核心内容，组织应争当“意见领袖”，或是借助“意见领袖”发声。而在以 SNS 为代表的开放网络社区中，人们不再依赖话题的讨论产生互动，社区的边界被打破，基于人与人之间关系网络的社会交往成为主导。因此，面向开放网络社区的公关传播应注重在与公众的互动交流中取得认同，利用公众的社会关系网络自发地传播组织信息。

(一)传统虚拟社区的网络公关

1978 年芝加哥出现了第一个 BBS，这成为网络社区的雏形。经过 40 多年的迅速发展，网络社区的数量成倍地增长。目前在中国地区仍然活跃的传统虚拟社区按内容可大致分为两类：一是综合类社区。此类社区的话题更为丰富，涉及世间百态，比如天涯社区、西祠胡同、新浪论坛等。二是垂直类社区。此类社区的专业性、话题集中度较高，成员大多具有相同的兴趣爱好或关注对

---

① 参见宫承波：《新媒体概论》，中国广播电视出版社 2009 年版，第 100 页。

② 参见彭兰：《从社区到社会网络——一种互联网研究视野与方法的拓展》，《国际新闻界》2009 年第5 期。

象，比如以北京大学的北大未名、复旦大学的日月光华为代表的高校论坛，以铁血论坛为代表的军事论坛，以磨房为代表的旅行论坛以及百度的各大主题贴吧等。组织既应关注有较大影响力的各大综合类社区，也要结合自身的实际情况关注与之对应的垂直类社区。

在传统虚拟社区中，公关传播的核心是引导舆论。引导舆论有两个主要方面：一是话题的受关注程度，二是指人们对于该话题的态度、倾向。在一些大型网络社区中，每天往往会有成千上万条帖子出现。在这些帖子中，组织的发言能否被其他成员关注，其他成员能否对组织形成比较一致的正面看法等，是公关传播需要解决的首要问题。为此，组织应考虑以下几个方面：

1. 积极参与，及时互动

网络虚拟社区是公众意见的集中地，公众在对组织的产品、服务、政策等有意见时，有时不会直接向组织反映，而是在网络社区中展开讨论。组织应当时刻关注并重视网络虚拟社区中对组织的讨论，尤其是那些与组织密切相关的垂直性网络社区。活跃在这种网络社区的公众往往对组织有更加浓厚的兴趣，对组织的产品和服务有切身的体会。他们是组织的目标受众，同时他们的态度和意见又会对其他人产生潜移默化的影响。当网络社区中出现了有关组织的话题时，组织应当积极参与其中，与社区成员展开良性互动，而不是对此视而不见或采取消极的删帖、锁帖的措施来应对。比如索尼公司曾经在2005年发布了一款音乐授权软件，有网友在博客中批评它存在安全漏洞太多、无法卸载等问题，引起轩然大波。然而索尼却未在网络中发出一言，只是在事态严重时通过美国国家公共电台中的一档节目为自己辩护。此举并不为广大公众买账，最终索尼无奈将产品召回。与此相反，尼康在2005年发布的D200型数码相机的销售环节也遭到了“数码摄影评论”等论坛的批评，然而尼康公司的一位员工亨利·波斯纳恰好是论坛的活跃用户。他耐心发帖解释缘由并诚恳道歉，最终成功地用一个帖子挽回了公司的声誉。这两个起因相似但结果截然相反的案例提醒我们，组织必须重视网络社区中的舆论力量，积极参与社区成员的讨论，以此引导舆论朝有利于组织的方向发展。

2. 注重发言质量，以事实取胜

网络社区中的讨论常常是各种声音交错出现，各种说法真伪难辨。组织的发言要想在众多声音中脱颖而出，并取得大家的认可，最根本的原则是提供真实可信的事实。组织与一般成员不同，组织的官方性质使它的发言更容易被误认为是宣传或是掩饰，因此要想让网络社区中的成员信服就必须靠事实说话。比如伊利集团为了在三聚氰胺事件后重拾消费者的信心，与新浪论坛合作开展了伊利放心奶之旅活动。活动期间，伊利集团邀请了40位网友到工厂参观伊利奶的生产过程，参观结束后每位网友都在论坛专区晒出了自己的参观流程、心得感受等等。大部分文章图文并茂，有的甚至还有视频。在此次公关活动中，伊利集团借网友之手向公众展示了企业生产的真实流程，网友提供的事实性信息具有很强的说服力与感染力。

3. 寻求意见领袖、版主的合作

网络社区给予每个注册用户同等的发言机会，而且其低门槛进入、身份隐匿等特点更为所有成员畅所欲言提供了便利。然而并不是所有的发言都会得到其他人的关注，也并不是所有发言都会被其他人认可。按照成员影响力层级的不同，可大致分为游客、潜水者、积极发言者、意见领袖、版主及管理员等。成为高级别的成员需要一个长期积累的过程。如果组织初次加入该网络社区，可以与有一定影响力的成员如意见领袖、版主或管理员等开展合作，以提升自己发言的分量。意见领袖的影响机制在网络社区中仍然存在。美国有学者对谷歌社区16个讨论组中33000多名成员发布的63万多条信息进行了分析，发现意见领袖往往在人们的讨论中占据中心地位，他们的信息更有号召力和说服力。① 组织可以与意见领袖展开合作，请他们代为发声；也可以在重点网络社区中培育自己的意见领袖。比如在尼康D200型相机事件中，亨利既是企业员工，又是论坛的意见领袖，因而他的发言为大多数人所接受。此外，寻求与版主、管理员的合作也十分有必要。网络社区中的讨论是通过发帖、跟帖、转帖的形式实现的，论坛的版主或者管理员对帖子有独一无二的处理权力。组织可以请他们对帖子采取置顶、首页热帖推荐、侧边栏重点推荐、弹窗推荐等处理方式，以取得公众长期、持续的关注。在网络论坛中，将几个帖子做精做热往往比直接投放广告能取得更理想的公关效果。

(二)社交网络(SNS)公关

关于SNS有两种常见的解释：一种是“Social Networking Services”，即社会化网络服务，这是SNS广义上的含义，具体指帮助人们建立社会化网络的互联网应用。在这个含义下，除了社交网站以外，即时通信、论坛、微博、微信等众多应用也都被包含在内。另一种是“Social Network Site”，即专门的“社交网”，它最大的特点是将用户现实的社交关系在网络上系统化地呈现。这里

---

① David Huffaker, “Dimensions of Leadership and Social Influence in Online Communities,” *Human Communication Research*, Vol. 36, No. 4, 2010, pp. 593-617.

所说的“SNS公关”指的是它的第二种含义，即“社交网络公关”。国外著名的社交网站有Facebook（脸书）、MySpace（我的空间）等，我国常见的社交网站有人人网、开心网、Qzone（QQ空间）等。

社交网站的理念是基于六度分割理论，即通过六个中间人就能认识一个之前完全不相关的陌生人。该理论的意义在于，它提醒我们即使是两个素不相识的人也能通过人与人之间的关系网建立联系，而社交网络正是鼓励用户通过“朋友的朋友”这样一种最基本的人际关系建立起广泛的社交圈。社交网站有两种基本的方式帮助用户建立起与他人的联系：一是基于现实关系。社交网站大部分都是实名制，其主要目的是通过人们现实社会中的关系帮助他们建立起网络上的联系。二是以共同的兴趣爱好、职业、地区等为基础，在彼此的分享、交流中建立同网络上陌生人的联系。

利用社交网络进行公关传播有两大优势：基于人际关系的“病毒式”传播和对目标公众的准确识别。与其他媒体的大众传播模式不同，社交网站以人际传播为主，它鼓励用户在个人关系圈子分享、交流信息，传受双方又都是现实中的熟人，因此这种传播方式实际上是现实社会中最基本的口口相传在网络上的呈现。如果有一个人分享、转发了组织的信息，那么这则信息可能又会吸引到他的朋友们，又引起第二轮的分享、转发，最终像滚雪球一样越滚越大，形成一种“病毒式”的传播过程。而且在整个传播过程中组织只起到了信息源头的作用，其他的传播环节都是由公众自发完成，因此更能给人以说服力，并刺激人们作出行为层面上的改变。另外，社交网站大部分都实行实名制，用户需要填写比较详细的资料才可以注册，这样一个巨大的用户资料信息库对组织来说具有很大的潜在价值。组织可以与社交网站展开合作，根据年龄、性别、学历、职业、地区、爱好等人口统计学特征准确地识别出目标公众，再对其进行精准的定向推送，这种传播方式与漫无目的的“撒网式”传播相比，既节省了传播成本，又提高了传播的有效性。但需要注意的是，组织不能泄露社交网站用户的隐私信息，需分清公共空间和私人空间的界限，遵守互联网环境中隐私权保护的相关法律法规。

在社交网站平台上进行公关传播，主要有以下几种形式可以选择。

1. 公共主页

公共主页是组织在社交网站上展示自己形象、发布信息的平台，公众在社交网络上寻找组织时首先会关注它的公共主页。公共主页类似于博客，它既有组织的基本信息，比如主要产品、服务、组织理念等，又可以随时更新组织动态。组织可以发布日志文字、相册图片、音乐、视频等多媒体信息，吸引公众关注，也可以在讨论区、留言板和公众展开互动交流，增强和公众的情感联系。在Facebook和其他的社交网络上建立企业的公共主页已经成为国外乃至国内许多组织进行公关传播的常用手段。比如耐克在Facebook上建立的主页已经有超过2700万的粉丝，除了发布自己的产品信息外还有体育新闻；《纽约时报》的Facebook主页拥有超过1200万的粉丝，它经常精选自己报纸中的精彩段落、新闻图片等在此发布。另外，组织还要注意在公共主页上共享其他平台的链接，比如网站、微博、微信公众号等，方便公众查找。

2. 热门推荐

在社交网站的首页上，每天都会有系统给用户推荐的“热门内容”“新鲜事”等信息。组织可以与社交网站合作，把即将或正在举办的活动以热门推荐的形式传达给公众，不仅能够迅速吸引公众的眼球，而且还能引起公众的自发传播，进一步扩大活动的影响力。比如欧莱雅曾在2009年与校内网(即后来的人人网)展开合作，把它一年一度的“校园义卖”活动放在线上进行。它不仅以校内网为平台大力推广此次活动，还鼓励参加者交流分享感受，受到了大学生群体的持续关注，并提高了欧莱雅在校园内的知名度和美誉度。

3. 互动应用

社交网站上提供了很多互动性的应用。利用社交网站庞大的用户资源，吸引公众参与到这些互动性应用中来，也是公关传播的方式之一。中粮集团旗下的悦活饮料曾和开心网合作，利用开心网的种植游戏举办了一次悦活种植大赛。此次活动需要用户初期收集各种不同的水果种子，将其培养成成熟的果实，最后用成熟的果实换取积分，活动结束后积分排名靠前者可得到悦活公司的旅行基金作为奖励。通过这种参与方式简单、娱乐性强的小游戏，不仅成功地让大家记住了“悦活”这个品牌名字，而且还让产品的自然、健康、绿色的理念深入人心。互动性是这类应用的核心特点，它一方面指的是公众和网页的互动，公众可以从这种互动中逐渐了解、接受组织的信息；另一方面指的是公众之间的互动，这类应用一般都有“邀请好友”的选项，它鼓励公众共同参与，组织可以借此扩大活动的影响力，吸引更多人关注。

四、微博

微博是微型博客的简称，它是一种基于用户关系的信息获取、传播及分享的平台。国外著名微博平台“Twitter”(推特)于2006年7月在美国启动。

2009年8月14日，新浪网推出的"新浪微博"开始内测，微博从此正式进入中国网民的视野。随着用户规模和影响力的不断扩大，微博在公共关系中的应用也越来越被更多的组织认可。新浪微博发布的《2015年微博企业运营白皮书》的数据显示，截至2015年11月，已有96万认证企业入驻微博，与2014年相比增长了30%，覆盖粉丝近6.6亿。[①] 与此同时，政府机构也愈加重视微博的作用。"截至2015年12月31日，新浪微博平台认证的政务机构微博数量达152390个"，"2011～2015年新浪政务微博账号数量的增长率依次为231.3%、66.7%、29.9%、17.1%"。[②] 由此可以看出，微博已经成为新媒体时代公共关系传播的一种重要媒介。与传统媒介和其他类型的网络媒介相比，微博在促进组织与公众的交流沟通、塑造组织的人性化形象、化解公关危机等方面具有独特优势；相应地，微博公关也有其自身的风险。

（一）微博在公关传播中的应用

作为WEB 2.0时期的新型传播媒介，微博不仅是一个信息发布、分享、评论的平台，而且还是不同地区、不同背景的人们相互交流沟通的虚拟社区。微博对于公共关系的意义，不仅在于它拓宽了组织发布信息和收集信息的渠道，而且还为建立组织和公众之间的良好互动关系提供了一个可操作的平台。虽然微博公关按照公关策略的不同，可大体分为宣传型微博公关、服务型微博公关、交际型微博公关、活动型微博公关、危机应对型微博公关等几类，但总体而言，利用微博建立组织和公众之间的融洽关系是微博公关的核心内容。综合以上几种类型的微博公关，我们可以发现微博在公共关系中的主要作用有以下几点：

1. 实时更新组织信息

由于发送内容简单、传播速度快、用户规模庞大等原因，微博信息的更新速度非常快，比如新浪微博的"微博热搜榜"每10分钟就更新一次。微博时代公众养成了碎片化的阅读习惯，再加上热点信息不断出现，使得公众的注意力不断转移，因此组织若不能保持信息的及时更新，则极易失去公众的关注。上述几种类型的微博公关都以实时更新信息为基础，其中宣传型、服务型微博公关更为侧重。以宣传型为例，宣传型的微博公关一般指的是组织以微博为媒介发布相关信息，以吸引公众注意力，提升组织形象，增强公众对于组织的产

---

① 参见《2015年微博企业运营白皮书》，http://www.sohu.com/a/56692039_158013，2016年1月27日。

② 参见唐绪军主编：《中国新媒体发展报告(2016)》，社会科学文献出版社2016年版，第9页。

品、服务、理念、政策等方面的认知。值得指出的是，宣传型的微博公关与历史上的“宣传模式”有很大不同。微博公关的宣传不是组织单方面的公示、劝服、说教，而是为组织和公众进行交流沟通提供必要的信息基础，是组织与公众交往的开始。因此，组织必须提供符合公众兴趣、关系到他们切身利益的信息，否则组织的公关传播便是无效传播。以航空公司的微博为例，拥有376万粉丝的春秋航空、130万粉丝的亚航之家经常发布优惠购票信息、航班信息、旅游建议等，内容丰富，种类多样，将宣传与服务融为一体，因此广受欢迎。

与传统媒体、组织网站等媒介不同，微博有140个字的字数限制，因此其发布的信息内容都十分简短。这也就决定了组织一方面必须对所要发布的信息进行层层筛选，选择其中最有价值、最能吸引公众注意力的信息予以发布；另一方面，每一条微博只能反映组织的某个侧面，因此要让公众在头脑中建构起组织的完整印象，还需要长期的、多条微博的“拼凑”。

2. 积极参与粉丝互动，塑造组织人性化形象

组织微博账号的粉丝群体是组织的目标公众在网络上的集合，它将之前组织所设想的公众群体具体到了一个个微博账号。若将公众分为非公众、潜在公众、知晓公众和行为公众几个类别，组织微博的粉丝群体则至少已经达到了知晓公众的层次，即认识到组织的行为已经对他们产生了影响。这一部分公众对组织的生存至关重要。拥有一定数量、活跃度较高并支持组织的粉丝群体是组织的宝贵财富，他们不仅可能已经在实际行为层面对组织做出了贡献，比如参与了组织的相关活动、购买了组织的产品等，更可能会对组织的无形资产有所帮助，比如积极转发、评论、点“赞”组织的微博，增强组织在网络空间的话语影响力，树立组织的良好声誉。因此组织必须重视维护好与微博粉丝群体的良好关系，增强粉丝对组织的信任感和忠诚度。

建立组织和粉丝群体的融洽关系，关键在于与粉丝进行积极互动，在人际沟通交流中拉近和粉丝之间的情感距离，前文提到的交际型微博公关便是如此。而要激发粉丝的互动热情，首先组织应将虚拟的组织品牌人格化，让粉丝感到组织是一个真实的存在。与传统媒体的大众传播模式不同，微博与公众之间的传播是一种人际传播。尽管一个微博账号可能由一个团体共同运作，但它是作为个体和公众进行沟通交流的，它向公众所传达的形象是一种拟人化的形象。换句话说，组织利用微博进行公关传播时，应从一个具有庞大复杂结构的组织实体转化成具有人情味的、鲜活的个人，这有利于消除组织与公众

之间的隔阂，取得理想的公关传播效果。微博中常见的粉丝互动形式有征集意见、发起问题讨论、有奖竞猜、转发抽奖、转发评论粉丝的微博等等，与粉丝互动的过程就是和粉丝交流沟通的过程，在这种交流沟通中可以增强粉丝的参与感和存在感，增强粉丝对组织的归属意识。比如美拍的官方微博在其APP(手机应用软件)的推广过程中发挥了重要作用，原因之一就在于其官方微博和粉丝的高频率互动。美拍微博经常转发用户自己拍摄的简短视频，并附上一句话的评论。这种互动形式满足了个体粉丝渴望得到他人关注的心理需求，因此极大地调动了粉丝的参与热情，亦助力美拍自己的品牌推广。

3. 针对某一特定事件进行推广或解释

除了日常发布信息以及和粉丝互动外，微博公关还在特定事件的传播中发挥重要作用，即前文所述的活动型公关和危机应对型公关。活动型公关指的是组织利用微博为其即将举行或正在举行的线上线下公关活动宣传造势，吸引公众参与，从而达到放大公关活动的传播效果、提升组织的知名度和美誉度的目的。比如在玫琳凯化妆品公司于2014年举办的“爱·出色”公益活动中，微博传播起到了强大的助推作用。据统计，活动期间网友微博参与(阅读)次数达257759次，转发量28857次；“玫琳凯爱·出色美丽跨界盛典”话题量达20000条。① 在整个活动中，微博不仅起到了宣传推广作用，而且还向广大网友展现了企业的理念和品牌形象，形成了良好的口碑。此外，组织微博与明星微博、微博“大V”的合作也可以极大地促进活动的推广。再如宝马(中国)在2014年9～10月举行的“BMW大师殿堂”的传播项目中，项目主题“Open For All”的话题总阅读量达5258万人次，讨论达到2.3万条；活动期间共有29位微博意见领袖及草根大号所发布微博的总互动量达31748次。② 微博意见领袖往往具有庞大的粉丝群体和极强的号召力，与他们进行合作可以吸引其既有的粉丝群体的注意力，从而进一步扩大组织活动的影响力。

微博也是新媒体环境下组织进行危机公关的重要媒介。微博的用户数量庞大、即时发布等特征让组织可以在危机产生的第一时间就加以应对，从而掌握话语的主动权，改善不利境地，并在之后持续不断的回应、交流中促进事件

① 参见中国公共关系网编委会：《2014最具公众影响力公共关系案例集》，企业管理出版社2015年版，第52页。

② 参见中国公共关系网编委会：《2014最具公众影响力公共关系案例集》，企业管理出版社2015年版，第164页。

的妥善解决。比如在2012年央视“3·15”晚会曝光麦当劳存在出售过期的食品问题后，麦当劳在1个小时之内就在微博上发表了致歉声明，承认问题，积极接受媒体对事发门店的采访和卫生监管部门的调查，并在微博上对采访内容和调查结果进行直播，逐渐取得了公众的谅解。在之后的2个小时内，麦当劳又发布微博感谢网友的谅解和支持。在事发的第4个小时，微博上甚至出现了“我信麦当劳胜央视”的投票活动，公众选择相信麦当劳的比例高达82.5%。3月18日在事件基本结束后，麦当劳又一次发布微博表达感谢并表明自己的积极态度。回顾整个事件过程，麦当劳首先是利用微博在第一时间发布信息，表明态度，占领舆论的制高点；在之后的进展中一直在微博上保持和公众的互动交流，积极回应质疑，取得了网友的理解与支持，从而逆转了舆论方向，摆脱了不利境地并成功挽救了组织形象。

(二)微博给公关传播带来的风险

微博为组织进行公关传播提供了诸多便利，但是微博对于公关来说是一把“双刃剑”，我们不能忽视微博公关所带来的风险。这主要在于微博有可能会把组织的负面信息无限放大，如果组织不能采取及时有效的措施进行应对，则会给组织造成不可估量的损失。微博对负面信息的放大效应与微博传播的特点密切相关。曹林从批判的角度总结了微博传播的十大特点，其中的“浓厚的围观氛围”“段子化传播”“娱乐化”“情绪化”等特点都会对组织负面信息的扩散起到推波助澜的作用。微博是公众获取信息的渠道，更是公众消遣娱乐的方式；微博的匿名性、零门槛的机制可以让用户在发言时较少地考虑到社会责任，他们可以选择用自己喜好的方式，即娱乐化的形式对信息进行解读、传播。“娱乐化在微博上所向披靡、无坚不摧，其强大的气场有能力将所有议题、所有参与者都卷入到娱乐文化工业中。”①组织的负面信息往往也难逃被娱乐化的命运，从而让公众忽视事件的真相或是对组织接下来要采取的解决措施不再关心。比如三星的“NOTE 7”在发布一个多月后陆续曝出手机爆炸事件，该事件被网友进行娱乐化的改编后在微博上得到迅速传播。尽管三星官方陆续采取了发表致歉声明、召回手机、宣布该型号停产等一系列措施，但是收效甚微，三星官方的声音已经被淹没在巨大的微博娱乐化浪潮中。因此，组织在利用微博进行公关传播时还必须警惕微博的负面作用，实时监测微博动向，建立预警机制，力争将负面影响降到最低。

---

① 曹林：《微博传播的十大特点及对言论生态的影响》，《新闻记者》2011年第9期。

五、微信

微信由腾讯公司于2011年1月推出，如今已经成为最热门的移动端社交信息平台。根据企鹅智酷于2016年3月发布的《微信影响力报告》，截至2015年9月，微信的月活跃用户已达到6.5亿，汇聚公众账号1000万个，企业账号65万个。从2013年开始，政务微信公众号数量也不断增长，至2016年1月，政务微信公众号数量已达10万个，并形成广范围、多层级的发展态势。① 微信已经不仅是个人的即时通信工具，而且还为企业、政府部门等其他社会组织提供了一个和公众交流的新型平台。

(一)微信给公关传播带来的新变革

微信是继微博之后又一新兴的公关传播工具。与传统媒体和其他类型的新媒体相比，微信一对一的即时交流功能，依赖熟人关系网络的传播渠道以及微信公众平台的多方面应用，不仅拓展了公共关系的领域，而且还创新了公关传播的形式。这主要体现在以下三个方面：

1.实现精准传播，提高传播有效性

微信侧重于人际传播和群体传播，其信息传播的方式主要有四种，分别是好友间的即时通信、朋友圈分享、微信群内传播和公众账号的推送。微信不设置转发功能，且朋友圈的信息分享只限定在相互关注的朋友之间，因此与微博的关注、转发、评论这种公开性的、大规模的传播模式相比，微信传播范围是有限的，传播内容与公众的关联程度更高。组织一般是利用公众号向已关注的公众推送消息，如果公众对其感兴趣，再把它分享到朋友圈，这则消息就会在多个互相交叉的朋友圈中扩散，或是在微信群中共享，最后被这则消息所吸引的人中的一部分可能会关注组织的公众号，成为组织新的公众。可以看出，这一过程主要是通过人际的点对点传播实现的，最后选择关注组织的公众一定是对组织感兴趣的。

微信公众平台的数据统计功能于2013年8月29日上线。组织可以利用微信建立自己的客户数据库，提高传播效率。组织可以在数据统计功能中查询任意时间段内用户的增长、取消关注的变化；查看群发消息的效果统计，比如送达量、阅读量、分享量等；可以对用户的属性进行统计，比如性别、居住城市、使用语言。由此组织不仅可以对自己发送的信息的效果有大致认识，从而

① 参见唐绪军主编：《中国新媒体发展报告(2016)》，社会科学文献出版社2016年版，第10页。

对接下来的推送内容进行调整，还可以将用户以地区、性别等为指标进行分组管理，实现更加精细化的传播。

2. 建立强交互关系，优化用户关系管理

互动性是新媒体的共同特征，但是不同类型的新媒体之间的互动程度有所不同。微信与微博相比，其互动是强交互关系。首先从公众互动的意愿来看，微博具有"推荐"功能，新的用户可以通过系统的兴趣推荐、好友关注推荐等渠道了解组织的微博账号，成为组织微博的粉丝。在这种情况下，关注组织的公众可能对组织并没有多少兴趣，从而也就不会和组织互动，这就是网络上所说的"僵尸粉"。而微信没有推荐功能，新的用户关注组织公众号的途径只能是主动搜索或是"朋友圈"里的熟人介绍，通过这两种途径关注组织的公众大多数结合了自身的兴趣与实际需求，比如想要购买某种产品的消费者关注了该品牌的公众号以获得最新的购物信息，或者到某地旅游的游客关注了该景区的公众号以获得旅游指南等，因此他们与组织互动的意愿更加强烈。"微博承载的依然是传统的广播中心功能，而微信更像一个 I/O 系统，承载输入与输出功能。"①

其次，微信的互动形式也更利于开展深度互动。微博虽然也有私信功能，但更常见的互动形式是粉丝对组织的微博进行转发评论，组织再对粉丝的评论加以回复。这种形式一方面公开性强，粉丝不方便根据自己的私人问题进行评论；另一方面由于粉丝数量庞大，组织一般只会挑选排名前几位的热门评论进行回复，因而不利于维护与全部粉丝在个体层面上的交际关系。而微信的互动是私密的，这有利于公众根据自己的特殊情况和组织进行更深层的交流，并且其互动形式也更为丰富多样，可实现人工回复与自动回复相结合。比如微信可以根据关键字设置自动回复，利用自助 FAQ（常见问题解答）的形式解决用户的常见问题；或是根据微信平台的用户统计技术对用户发送的消息进行统计，对其中比较集中的问题进行统一解答；还可以针对某些用户提出的特殊问题专门安排人员进行沟通交流。小米的 9∶100 万微信营销模式就是一个成功的案例，它指的是小米微信后台的 9 名客服人员每天要回复 100 万粉丝的留言。借助关键字抓取技术，这些留言被分为两大部分；其中的一部分由系统自动回复，无法由系统自动回复的则由客服人员一对一进行回复。通过这种方式可以保证每个用户都不被冷落，从而大大增强了小米的用户黏性。

---

① 匡文波：《新媒体概论》，中国人民大学出版社 2015 年版，第 134 页。

微信的强交互性使其成为企业进行用户关系管理的新入口，这也对公关从业人员提出了新要求。在传统媒体时代，公关人员的主要任务就是采访、写作软文或者新闻稿，然后将其投放到媒体上。而在新媒体时代，公关人员将信息发布出去只是公关传播的第一步，他们还必须对信息进一步跟进，随时留意公众对于信息的反应，并与他们保持长期的交流沟通。公关传播不仅要告知公众、吸引公众，而且还要在一对一的互动交流中与公众达成共识，形成组织与公众和谐共存的局面。

3. 打造多维社交网络，在口碑传播中完成组织推广

微信的信息传播主要是通过"熟人—熟人"的社交网络进行的，但微信也可以建立"熟人—陌生人"社交网络。微信好友可以与 QQ 好友、手机通讯录等进行匹配，因此微信好友最初是以朋友、亲戚、同学、同事为主的熟人群体，这些群体构成了"熟人—熟人"关系网络。与此同时，微信推出的基于 LBS（Location Based Service）定位技术的"查看附近的人"功能以及"摇一摇""漂流瓶"等功能也为陌生人之间的交际打开了新的窗口，即将"熟人—熟人"的社交网络扩展到了"熟人—陌生人"层面。这两种社交网络的交叉使用为组织推广带来了新的机遇。组织可以先配合传统媒体、网站、微博、线下活动等公关形式推广自己的微信公众平台，获取部分公众的认同，与他们由"陌生人"关系发展为"熟人"关系；之后利用这部分公众的微信熟人关系网络在更大范围内完成组织的推广。每一个人背后的熟人关系网络都是组织潜在的公关传播资源，如果组织传播的信息被一个或多个人通过"朋友圈"分享、微信群共享等方式二次传播，那么它有可能会以这种方式进行三次乃至多次传播，这就是微信中口碑传播的流程。这种传播方式一方面可以借助公众的熟人关系网，帮助组织收集到大量的潜在公众；另一方面也可以增强组织信息传播的效力。在芭芭拉·比卡特等人的实验中，消费者被要求分别从在线讨论和组织网站两种渠道搜集关于产品 5 个方面的信息，其中在线讨论产生的信息是用户生成信息，而组织网站的信息是商家生成信息。12 周以后，研究者发现通过在线讨论获取信息的消费者比从组织网站上获取信息的消费者表现出了对产品更加浓厚的兴趣。[①] 微信的两种社交网络不仅拓宽了组织推广的渠道，而且还增强了推广过程中公众对组织的认可程度。

---

① Barbara Bickart and R Schindler, "Internet Forums as Influential Sources of Consumer Information," *Advances in Consumer Research*, Vol. 15, No. 3, 2001, pp. 31-40.

(二)微信的公关传播手段

微信的精准传播、强交互关系以及多维社交网络等特点改变了公关传播的样态，公关传播由原来的一对多的浅层次宣传变为一对一的深层次互动，由原来侧重信息的发布、到达变为侧重维护组织与公众之间的良好关系。这种变革与微信的工具特点是分不开的，下面笔者将结合微信的具体功能来介绍微信的几种公关传播手段。

1. 微信用户收集功能

微信的几种功能可以帮助组织有效地对外推广，从而获得更多人的关注。

(1)LBS 定位技术

在微信的“发现”标签下，有一项功能是查看“附近的人”。该功能基于 LBS 的定位技术，可以搜索到附近 1000 米以内的微信用户。配合微信的个性签名栏，组织中的成员可以将其基本信息写成一句话并作为个性签名在此发布，其他微信用户在使用“附近的人”功能时便可以看到签名栏中的信息，由此签名栏便成了一个移动广告位。这种方式一般适用于小规模、区域性强的组织，比如面向同城的个体商户等。

(2)二维码扫描

二维码具有操作便捷、环境适应性强、识别度高等特点，已经成为微信的互联网入口。用户只要使用微信的“扫一扫”功能，将二维码图案放入取景框内，便可关注该组织的公众平台，获得相关信息。二维码是一种“O2O(Online to Offline)”(结合线上与线下)的传播方式，组织在线下开展活动时提供二维码扫描，由参与线下活动的公众在其线上的社交网络中进一步传播，由此便可将组织的线下活动的影响力扩展到线上，从而吸引更多人的关注。

(3)其他推广手段

除了微信自带的推广功能外，组织还可以结合其他媒介吸引微信用户的关注。无论是报纸、宣传册、电视广告，还是网站、微博、论坛等，组织都可以在其发布的各种信息中附上微信公众平台的二维码图案或是账号名称，以此吸引更多用户。

2. 微信公众平台应用

微信公众平台是组织利用微信进行公关传播的主要载体。以下笔者将从公众账号的注册、消息推送与客户服务、用户管理三个方面进行介绍。

(1)公众平台账号的注册

微信公众平台分为服务号、订阅号、企业号三种，其中前两种主要面向组织外部公众，而企业号主要面向组织内部公众。服务号与订阅号具有相似的功能。服务号偏向于服务交互，方便媒体、企业、政府等组织给公众提供线上服务，比如“中国联通”服务号，给用户提供自助查询流量、充值话费等服务。服务号每个月可群发四条消息，消息显示在好友会话列表首层。订阅号偏向于咨询传达，可以帮助个人以及媒体、企业、政府等组织向公众提供新闻信息、娱乐趣事等内容，每天可群发一条消息，消息会折叠在订阅号的目录中。企业号由腾讯在 2014 年 9 月推出，主要面向企业内部公众。它是微信为企业用户提供的移动入口，能帮助企业建立与员工、合作者的联系，简化管理流程，提高企业内部信息的传达效率。组织应根据自身实际情况选择适合自己的公众平台，但其核心都是加强组织与公众的交流沟通。在注册微信公众平台后，组织应及时对账号进行官方认证。公众账号认证是其权威性的重要保证，也是组织对公众负责任的表现。

(2)消息推送与客户服务

消息推送与提供客户服务是订阅号与服务号都具备的两个主要功能。其中订阅号侧重于消息推送，可以是原创内容推送，也可以是热门内容转发。但由于其推送消息数量的限制，因此组织应以原创内容为主。组织在撰写原创内容时，应注意内容不仅要反映组织的最新动态，而且还要让广大公众感兴趣，满足他们的实际需求，并注重文字、图片、视频等多媒体素材的组合使用。消息发出后，还应实时动态跟进，关注、回复公众的评论反馈内容，解答公众的疑问，增强用户黏性。服务号侧重为客户提供服务。客户服务应是自助服务与人工服务相结合，组织可以将用户常用的服务整合到自助服务中，以便提升服务的效率、节省资本，同时提供人工服务渠道，以处理用户无法通过自助服务解决的问题。比如肯德基的服务号是以自助服务为主，主要包括宅急送、自助点餐、附近门店查询、优惠券获取等功能，满足了消费者日常就餐的服务需要；同时开通人工服务热线，帮助消费者处理特殊问题。

(3)用户管理

如同前文所提到的，微信公众平台的后台具有数据统计功能，可以提供日、周、月的用户新增人数、取消关注人数、净增关注人数、累计关注人数的数据，帮助组织了解用户数量的动态变化，从而对接下来的运营策略作出调整。同时，组织还可以在用户属性栏中查询用户的性别分布、地域分布特征，对用户进行自定义分类，以便增强消息推送与客户服务的针对性。

3.利用微信开展公关活动

开展公关活动，提高组织的影响力已成为常用的公关手段。微信在线上活动与线下活动中都能发挥重要作用。

(1)线上公关活动

微信的线上公关活动，指的是组织以微信为平台开展一系列网络活动，利用公众号消息推送、“朋友圈”分享等应用加深同公众的交流互动，并借此宣传推广组织形象、建立并维护组织—公众关系。比如招商银行的爱心漂流瓶活动。漂流瓶是从 QQ 邮箱移植到微信平台上的一款应用，本意是方便微信用户同陌生人交友。它允许用户将自己想说的话写在漂流瓶中，然后“扔”向“海里”，也可以从“茫茫大海”中捡一个别人扔出去的漂流瓶。为了配合此次招商银行的活动，微信后台对漂流瓶的相关参数作了修改，用户每捡到 10 个左右的漂流瓶便会碰上一个招商银行扔出的“爱心漂流瓶”，在对该漂流瓶内容简单回复后用户便可以通过“小积分、微慈善”平台为自闭症儿童提供帮助。招商银行利用“漂流瓶”这样一个简单而有趣的应用提高了公众的活动参与度，同时在广大微信用户中树立了组织积极承担社会责任的良好形象。

(2)线下公关活动

微信虽然是线上的交流平台，但它同样可以在线下的公关活动中发挥重要作用。在线下公关活动中，微信一般起到前期活动预热，后期收集、回复信息的作用，比如前文提到的宝马公司的“BMW 大师殿堂”音乐会的公关活动。宝马公司不仅通过微信公众账号和其他媒体成功完成了活动的前期预热、宣传工作，而且还在活动结束后通过微信公众号深度剖析热闹活动背后的企业理念，并邀请行业领袖和公众在微信上分享他们参加音乐会的感受，达到了二次传播的效果。

六、手机应用客户端

移动信息接收和传播成为新媒体的发展趋势之一。智能手机的出现和移动网络技术的成熟让手机成为大多数人上网的终端。《中国互联网络发展状况统计报告》显示，截至 2015 年 12 月，中国网民达 6.88 亿，其中手机网民达 6.20 亿，较 2014 年年底增加 6303 万人；网民中使用手机上网人群占比由 2014 年的 85.8%提升至 90.1%。近年来，多种多样的手机应用客户端(APP)的出现极大地拓展了手机的功能，手机已经不仅仅是传统的即时通信工具，而且还成为具有网络搜索、网络新闻/视频浏览、网络支付、网络游戏、团购预定等多种功能的"迷你型电脑"。对于组织而言,众多手机应用客户端方便了组织销售产品、提供服务,同时它也成为组织进行公关传播的一种渠道。

(一)APP 的公关传播特点

APP 的公关传播模式一般为如下过程:组织首先通过第三方移动平台(比如应用商店、网页等)发布组织的 APP,吸引用户下载使用;然后利用 APP 的营销功能、服务功能等进行公关传播。由于 APP 所依赖的终端是手机,所以它具备手机媒体共有的移动性、便携性等特征。此外,APP 强调用户参与,用户是根据自己的需要主动使用 APP 的某些功能。因此 APP 可以根据用户的使用习惯为其定制个性化信息。值得注意的是,APP 是应用程序,除了新闻类、资讯类 APP 以外,大部分类型的 APP 都以应用性功能为主,传播信息并不是它的主要任务。因此 APP 的公关传播主要是在用户与 APP 的互动过程中完成的。以下笔者将对 APP 的公关传播特征分别说明。

1. 移动性,便携性

APP 搭载手机平台,因此它天然具有手机的移动性、便携性的特征。在我国,手机网民的规模占全体网民的 90% 以上,手机可随身携带、使用方便是重要原因。由于移动网络的普及,公众可以随时随地使用手机 APP 进行浏览、搜索、咨询、预订、购买等行为,因此组织的公关传播也随着 APP 渗入到公众生活的各个角落,在碎片化的时间里保持和公众的紧密联系。

2. 人性化,个性化

各类 APP 的出现体现了媒介的人性化的发展趋势,它极大地方便了人们的生活。正如麦克卢汉所言,"媒介是人体的延伸,"APP 丰富的功能延伸了人体的某些功能。人们可以利用 APP 完成浏览新闻、听音乐、看视频、订餐、购物、导航等各项活动,拓展了个人的交往范围。此外,APP 还可以根据用户的使用习惯为其定制个性化的信息和功能,既满足了公众的个人需求,又实现了组织信息的精准化传播。比如"今日头条"APP 可以根据用户以往的阅读内容,大致计算出用户的兴趣范围,然后有针对性地向其推送资讯消息;"手机淘宝""手机京东"等 APP 也会根据用户原来的搜索记录、浏览记录、购买记录等,在首页向用户推荐类似的产品。

3. 隐形化的公关传播

APP 已成为公众联系组织、访问组织的重要入口。与信息发布型的媒介不同,APP 鼓励用户主动参与,而不是被动接收信息。用户在使用 APP 的某些功能时,也会加深对组织的认识。公关传播更多的是在这种自然的沟通中完成的。因此，APP 的公关传播是一种隐形化的传播，传递信息并不是实现传播目的的唯一方式。APP 还可以通过提供多样化的功能、周到的服务等方式提升用户体验，进而打造组织在公众心中的良好形象，提高公众对组织的满意度。

(二)APP 的公关传播策略

APP 的公关传播是在用户同 APP 的交互中自然完成的，如果 APP 能保持用户的持续使用，也就能长期地保持公众和组织的联系，从而增强组织在公众心中的认同感。因此组织在设计 APP 时要充分了解公众的兴趣、习惯、需求、生活方式等，找到 APP 与公众需求的结合点，在吸引公众的注意力、保持公众的持续关注的同时，向公众宣传组织的产品、服务、理念，完成组织和公众在移动终端上的双向交流。如果要保持公众对 APP 的持续使用，则需要注意以下三个方面：

1. 定位明确，功能突出

正如前文所述，并不是所有的 APP 都以传播信息为第一要务，因此组织在推出自己的 APP 时，需要对其有明确定位。根据侧重的功能不同，APP 大致可分为工具类、教育类、娱乐类、新闻咨询类、商务类、生活服务类、社交类等。因此 APP 既可以成为组织的信息发布平台、品牌形象宣传平台，也可以成为网络销售平台、客户服务平台，甚至可以同时具备以上几种功能，成为一个综合性的传播平台。每一种类型的 APP 都可以作为公关传播的渠道，有的以信息发布的形式直接面向公众宣传组织，有的则在为公众提供便利服务、娱乐内容的同时增进公众对组织的了解。比如“山东政务服务”“浙江政务服务”等各类政务 APP，兼顾政策解读、信息发布和提供便民服务等功能，旨在传达政府为民服务的宗旨，方便公众生活。再如“招商银行”“中国银行”等各大银行的 APP，主要是作为移动金融服务平台，向公众提供转账汇款、投资理财、缴费支付等服务。“肯德基”“必胜客”“掌上如家”等商业类 APP，则主要是针对用户所在地区，提供查询、预定、优惠券等服务来促进商家线下产品的销售。

2. 提升 APP 的用户体验

有了明确的定位后，一款 APP 是否能被公众认可，关键在于 APP 能否给公众带来良好的用户体验。良好的用户体验分为多个方面。首先在设计层面上，一款优秀的 APP 不仅能鲜明地反映组织的形象特征、理念诉求等，而且还能让用户对它的功能一目了然。在功能设计上，APP 要对各种功能分清主次，强化突出主要功能；在界面设计上，要保持简洁明了、风格统一，避免给用户带来认知混乱。

其次在更新速度上，APP既要保持不断更新，又要控制好更新频率。APP的更新一方面是指对内容的更新。组织要时刻关注组织动态、市场变化、公众需求变化、社会热点等情况，适时添加最新的内容。如果公众每次打开APP后看到的都是同样的、甚至是过期的内容，则会对这款APP产生内容疲倦感，从而丧失继续使用的兴趣。但是内容的更新也不宜过于频繁，否则会让公众产生应接不暇、难以消化的感觉。APP更新的另一方面是指版本的更新。APP是应用程序，如果组织要对APP作出较大改动，比如增添新的功能、修复程序错误、优化页面设计等，需要发布新的版本。保持APP版本的更新是必要的，它能有效地改进APP的设计，提升用户体验，让用户保持对APP的新鲜感，并且感受到组织对于这款APP的重视态度。但是每次推出新的更新补丁都需要用户再次下载、安装，这给用户带来使用上的麻烦；有些用户由于流量费用、手机内存等限制因素也不想更新。因此组织在控制好版本更新频率的同时，还要保持对旧版本的兼容，不能在每次推出一个小补丁后就完全停止原来版本的使用。

提升用户体验，还依赖于创意思维和新技术的应用。如今APP发展势头迅猛，也带来了大量同质化产品的出现。组织的APP要想吸引公众的关注，则必须推陈出新，增强趣味性。比如星巴克曾针对上班族等人群普遍的赖床误事的现象，推出了“星巴克闹钟”APP。在设定的起床闹铃响起后，用户只需点击“起床”按钮，并在一小时内走进任意一家星巴克店，就能买到一杯打折咖啡。此款APP既帮助用户解决了起床难的问题，又给用户带来了实际优惠，并且让他们在早晨刚醒来时就关注到企业，可以说是简单而有效的创意。再比如法国航空公司曾推出“Music in the Sky”APP，如果乘客想在航班上听音乐，则可以拿起手机对着天空搜寻空中随机散布的歌曲。如果捕捉到了就可以试听，而且在不同国家的天空散布的歌曲也不同。此款APP不仅创意独特，有效地缓解了乘客在飞行中无聊的状况，而且还恰当地应用了AR技术。AR即增强现实技术，是将真实世界信息和虚拟世界信息“无缝”集成的新技术，它利用了计算机系统产生的现实环境中并不存在的虚拟信息，这些虚拟信息可被用户以视觉、听觉、触觉、嗅觉等各种方式感知，成为周围真实环境的组成部分，从而增强用户对现实世界的感知。[①] 除了法国航空公司的这款APP外，比较著名的APP如“I Butterfly”“Pokemon Go”等也基于AR技术实现了

① 参见陈一民、李启明、马德宜等人：《增强虚拟现实技术研究及其应用》，《上海大学学报（自然科学版）》2011年第4期。

自己的功能。总之，APP的设计者要注意提升APP的趣味性、娱乐性，给公众带来轻松愉悦的使用感受，以此增强公众对APP的黏性。

3.促进APP的推广

APP的推广也是APP公关传播的一个重要环节。组织的APP要想在众多同类产品中脱颖而出，除了要在内容设计上有新意之外，还要采取各种手段将APP推广出去，吸引公众下载使用。不同类型组织的APP推广的难度不同，渠道也有所区别。政府部门以及高等院校、环境保护协会、红十字会等各类社会事业单位、团体本身具有唯一性，因此这类组织的APP不存在同质竞争的局面，推广难度较低。还有一些APP面向的目标公众范围有限，因此也不需要大面积地推广。企业的APP往往面临着同类产品过多、推广范围较大、目标公众模糊等困难，因此在推广上有一定难度。综合来说，APP的推广大致有以下几个渠道。首先，要让组织的APP进入各大APP应用商店。APP应用商店综合了不同种类的手机应用程序，是用户接触、下载APP的重要入口。根据艾媒咨询的数据，2015年中国第三方手机应用商店类APP排行榜前八位是360手机助手、腾讯应用宝、百度手机助手、豌豆荚、PP助手、安卓市场、安智市场、应用汇。[①] 此外常见的APP应用商店还有Apple Store、Google Play Store以及各大品牌手机预装的应用市场。组织还可以和应用商店展开合作，提高自己的排名。其次，组织还可以在微博、微信、SNS网站等社交网络、门户网站、垂直网站上发布APP广告，吸引公众的注意力，或是加入推广平台等。最后，与其他组织的APP联合推广也是一种常见的方式。比如肯德基、麦当劳曾和风靡一时的小游戏"Draw Something"展开合作，将品牌加入该游戏的词库，让用户在"你画我猜"的游戏环节中一遍遍地加深对品牌形象的认识。不同APP之间也可以利用"猜你喜欢""热门应用推荐"等标签互相推广，"大众点评"曾经就推广过"安居客"。联合推广的方式可以节省组织的推广成本，取得双赢的效果。

第三节　新媒体环境下的公关传播转型

新媒体不仅让组织可选择的媒介更加多元，而且还带来了传播环境、传播模式、传播内容、公众关系等方面的变化。组织如果固守传统媒体时代的公关

① 参见《2015年中国第三方手机应用商店类APP最新排行榜》，艾媒咨询，https://www.iimedia.cn/c400/40366.html，2016年1月17日。

传播策略，以发布信息、说服公众为公关传播的核心目标，则难以在新媒体环境下生存。新媒体的出现，让格鲁尼格的双向平衡模式不再那么遥不可及，组织与公众之间的双向沟通交流不仅必要，而且可以实现。

一、新媒体的公关传播优势

在第二节中，笔者已经介绍了几种常见的新媒体类型。尽管各种新媒体出现的时间不同，功能侧重也有所差异（比如组织网站侧重于发布信息与展示视觉形象，网络社区侧重于同公众结成社群，微博容易引发话题效应，微信可以在人际传播中完成组织推广，等等），但综合来说，这些新媒体有某些共同的特点。下面我们将结合新媒体的媒介特征探讨新媒体的公关传播优势。

（一）即时性强

与传统媒体相比，新媒体所依托的网络技术极大地提高了传播的效率，任何一个角落发生的事件都可以在极短的时间内传遍全球。新媒体最大限度地突破了时空的限制，使得全世界范围内人与人、组织与组织之间的联系更加紧密，互动更加频繁。与传统媒体相比，新媒体给公众提供了即时反馈的渠道，公众对于组织的不满或者意见可以随时提出来，并且可能迅速地扩散到各个角落。因此最短时间、最快反应成了一种传播优势。组织可以借助互联网在第一时间将公关活动向全世界传播，以期取得最好的公关效果；也可以依靠网络传播对公关危机事件作出最快反应，抢得话语优先权，以期最大限度地降低其对组织的不良影响。

（二）注重互动

正如前文所说，新媒体传播最本质的特征是交互性。在传统媒体时代，大众传播是组织进行对外公关传播最常见的模式。从传播学的角度来说，在大众传播的过程中，传播者始终占据主导地位；受众作为大量、分散、被动的个体，只能通过反馈机制向传播者传递信息。但是这种反馈机制不仅时效性差，而且还难以对传播者产生影响，反馈机制实际上是为传播者服务。这种传播模式在新媒体环境下被彻底颠覆。新媒体环境中的传播是一种互动性的传播。这种互动既有传受双方的纵向互动，也有受众之间的横向互动。从传受双方的关系来看，在传播过程中，传受双方界限逐渐模糊，双方既是传播者，同时也是接受者，传播因此回归到其最初的形态——人与人之间的交往。从受众之间的关系来看，在媒体和受众进行纵向传播的同时，受众之间也在进行横向传播。受众不再是大量孤立异质的个体，他们在横向交流的过程中形成了一种集合体，并且因此增强了他们在整个传播过程中的话语力量。

因此，新媒体环境下的公共关系传播也改变了“组织发布信息，公众接收信息”这种单一模式。在组织面向公众发布信息之后，公众不仅可以对组织传递的信息进行有选择的接触和记忆，而且还可以在新媒体平台上发出自己的声音；不仅可以直接对组织提出意见，而且还可以在公众中间交流对组织的抱怨、批评或是赞扬，进而直接影响到其他人对组织形象的认识。

（三）信息量大

传统媒体传播的信息量是有限的，报纸受制于版面，广播与电视受制于节目时长，而新媒体传播的信息量是无限的。数字技术的应用降低了传播成本，提高了传播速度，也极大地扩充了信息存储空间；加之 WEB 2.0 技术的出现使得 UGC（用户生产内容）大量增加，由此带来了整个社会环境中信息总量的增长。对于公共关系传播而言，信息总量的增长一方面有利于组织获取信息，另一方面也给组织的信息输出带来挑战。一是同质化信息大量增加。虽然现在是海量信息时代，但是对于大部分组织尤其是企业而言，它们发布的信息与同行的信息具有很大的相似性。这不仅增加了受众甄别信息的难度，而且还容易造成受众心理上的反感。二是传播过程中“噪音”的增加。在信息论中，噪音是指传播过程中一切非忠于信息本意而增加的信号。在网络传播的环境下，噪音主要指的是网络谣言、失真信息、失实信息、无效信息等等。噪音的干扰一方面给组织获取信息带来了难度，另一方面也降低了组织对外发布信息的效率和信度。组织发布的信息如何才能在大量同质化的信息中脱颖而出，并尽可能地降低噪音的干扰，成为每个公关从业者必须要考虑的问题。

（四）多媒体传播

传统媒体的内容呈现形式都比较单一。报纸主要是文字和图片的形式，广播是音频的形式，而电视主要是视频和音频相结合的形式。新媒体所依赖的计算机技术能够整合上述不同的媒介表现形式，呈现一种立体化的传播效果。除此之外，新媒体还具有可检索、可互动的特点，不仅进一步丰富了信息的传播形式，而且还有利于人们对信息的选择和查找。公关传播也不能仅仅局限于单一的文字媒体、声音媒体或视觉媒体，而应该综合不同的媒介表现形式来呈现内容。比如小米手机在推广新产品“NOTE 2”时，采用了海报宣传、文字介绍、发布会直播等各种形式，使用户可以对该产品有全方位的了解。只使用单一媒介进行公关传播的时代已经一去不复返了，新媒体环境下的公关传播更多的是多媒体的立体化传播。

(五)精准传播

传统媒体的主要传播形式是大众传播,是由媒体面向全社会的点对面的传播。这种传播方式大多把受众看作大量、分散、同质的个体的集合,因此其传播内容一般需要满足受众普遍的需求。虽然新媒体时代传播的范围更加广泛,内容更加丰富,但是新媒体却可以实现精准传播。一方面,新媒体时代公众会根据共同的兴趣爱好、利益关系、情感倾向、消费习惯等形成数个社群;另一方面,组织也可以利用新媒体技术寻找、建立与自己相关的社群。比如公众会根据自己的兴趣参与到各大垂直网站、BBS论坛、主题贴吧等网络社区的讨论中,组织可以面向与自己相关的网络社区发布信息;再比如微博中每个用户都有自己的关注列表,关注组织的用户往往就是组织的目标公众等等。精准传播比大众传播更适合于公共关系传播,因为公关传播的对象是组织的目标公众,而非全体社会成员。因此,精准传播一方面可以节约组织的传播成本;另一方面也能增加组织传播信息的到达率,形成特定信息面向特定群体的传播模式,从而提高传播的有效性。

二、新媒体环境下的公关传播的发展趋势

从传统媒体到WEB 1.0、到WEB 2.0、再到WEB 3.0,公关传播的环境发生了巨大改变。在传统媒体时代,组织需要征得传统媒体的同意,然后由传统媒体面向广大公众传播。相比于公众,公关人员把更多的精力放在和媒体打交道上。网络时代的到来,丰富了组织传播信息的渠道。组织可以通过门户网站、搜索引擎、电子邮件等多种方式进行公关传播,而不再单一地依赖传统媒体,但是此时传统媒体仍然在公关传播中占据主导地位。在WEB 2.0时代,随着博客、微博、微信、社交网站等大量自媒体的出现,公关传播的媒介真正地呈现出多元的态势。虽然传统媒体仍然是公关传播的重要渠道,但新媒体给组织提供了更多样化的选择。组织想要传播的信息无须再由传统媒体把关,它可以通过自媒体直接提供给公众。公关人员所需要考虑的主要问题也不再是媒体会不会发布组织的新闻稿,而是如何通过媒体完成和公众的信息交流。丰富的媒介形态让每次的公关传播不再依赖于一种或几种媒介,而往往是多种媒介共同发力、彼此呼应,形成一种立体化、全方位的传播效应。在WEB 3.0时代,网络环境又可能是另一番图景,网站对用户的需求进行主动提取、分析处理,最终整合多方面的资源提供给用户可能成为现实。可以说,随着媒介形态的不断更新,公关传播的媒介选择、传播模式、传播内容以及公

众关系等方面一直处于不断变化中。以下从媒介选择、传播模式、目标公众三个方面探讨新媒体环境下公关传播的发展趋势。

(一)从单一媒介到多种媒介融合

报纸、电视、广播是传统媒体时代三种主要的大众传播媒介,也是组织进行公关传播时常用的媒介。在我国,媒体是党和政府的喉舌。媒体出于意识形态的要求、保证新闻作品质量和话语权威性的考量,会对组织发布的新闻稿进行层层筛选,加之媒体收到的同类稿件太多等因素,组织通过传统媒体发布的信息量十分有限。这一时期衡量公关人员工作的标准也往往是发稿量的多少,至于信息的到达率以及公众对它的接受程度则难以评估。而在新媒体时代,尤其是 WEB 2.0 出现以后,大量的自媒体平台涌现,公关传播的渠道变得丰富多元。自媒体的低门槛特点允许组织随时随地面向公众传播信息,省去了传统媒体的把关环节。而从信息发布环节节省下来的时间与精力,又可以让公关人员投入到公关传播的真正对象——公众的相关工作中。因此,新媒体时代公关人员工作的衡量标准不再是发稿量的多少,而是公关传播对公众起到了什么样的效果,公关传播是否为组织和公众之间建立起了良好的关系,等等。

值得指出的是,在新媒体时代,传统媒体并不是可以被完全抛弃。传统媒体由于长期发展而积累起的权威性、专业性等优势,可以在公关传播中发挥定调舆论高度、增强信息说服力、赢得社会认同等重要作用。分析比较几个成功的大型公关案例我们可以发现,传统媒体与新媒体互相补充,多种媒体各显所长、彼此呼应已经成为公关传播发展的一大趋势。传统媒体和新媒体的密切配合引起了线上、线下的共同关注,不仅最大限度地扩大了活动的影响力、深化了活动的内涵,而且还有利于从多个角度呈现活动,让公众自行发掘感兴趣的信息点。比如碧迪医疗器械公司参与举办的“爱青春,为I行动”红丝带进校园艾滋病公益活动风采大赛,就是结合了传统媒体与新媒体的传播渠道。新媒体中有微博、微信、BBS 等专设渠道向大学生群体普及艾滋病的相关知识,搜狐网的公益频道还为此次活动制作了专题页面;传统媒体中有《新京报》《北京青年报》《京华时报》等平面媒体和北京卫视、中国教育电视台等电视媒体的广泛报道。组织可以根据目标公众的分布、期望达到的传播效果以及传播成本预算等实际情况选择媒体,既可以是微博、微信、网络直播等几种新媒体的组合,也可以是新媒体和传统媒体的组合。各种媒体之间的相互配合不仅能最大限度地覆盖不同性别、年龄、地域、文化背景、媒介接触习惯的公众,而且还给公众提供了提出意见、分享感受的众多渠道，由公众自发地形成二次传播乃至多次传播，增强组织和公众之间的紧密联系。

（二）从单向发布到双向交流

回顾公共关系的发展历史，可以发现无论是宣传模式、公共信息模式还是双向不对等模式，公共关系传播的过程都是组织通过媒介面向公众发布信息。在这个过程中，组织占据主导地位，公关传播主要为组织服务。直到格鲁尼格提出双向平衡模式，才把公众与组织置于同等重要的地位。公共关系应致力于打造组织和公众和谐共存、双赢发展的新局面。与之相应，在一种循环往复的、螺旋式上升的交互传播过程中，组织与公众逐渐达成了新的共识，并使双方利益都得到兼顾。

格鲁尼格提出双向平衡模式时，遭到了来自公关业界乃至学界的多方质疑。批评者认为双向平衡模式过于理想主义，在那个时代的实际操作中公关只能以说服公众为核心目标。在传统媒体时代，组织掌握着大量的传播资源，处于天然的有利位置，似乎没有必要也没有动机与公众平等沟通。而新媒体的出现赋予了普通公众话语权。公众不再是组织信息的被动接受者，他们还能通过新媒体平台发出自己的声音，甚至形成一股势力与组织对抗。组织如果再对公众的回应熟视无睹，则很可能置自己于不利境地。公关工作也不再仅仅是制作、发布信息，它更着眼于建立、维护良好的公众关系，而这种良好的公众关系依赖于双方的真诚互动。新媒体的本质是交互性，它从技术层面和价值层面都支持组织与公众展开双向的沟通交流，因此新媒体为我们实现格鲁尼格理想中的双向平衡模式提供了可行性。

（三）分众传播与社群管理

在大众传播模式中，公众是模糊的、预想的群体，组织往往对公众都采用相同的传播策略。在这种模式下，尽可能地覆盖到更多人是公关传播追求的目标，而对于这些人是否是组织的目标公众则无法判定。在新媒体时代，公众细分化趋势越来越明显。在全体社会成员中，只有一部分人是组织的目标公众；而在目标公众这个特定的群体中，又可以根据地域、性别、职业、年龄、消费水平等特征把目标公众进一步细分。针对特定的公众群体，选择他们经常接触的媒介，传播既有利于组织又满足公众需求的信息，是新媒体环境中公关传播的常用策略。比如中国石化曾推出的“自助加油”项目是以全国的车主为目标公众，因此选择了中央人民广播电台的“中国之声”为主要传播平台。中央媒体的广播电台覆盖全国，符合此次活动的公众分布范围；车载广播的高普及率和高使用率也符合车主接触媒介的习惯。再比如2015年可口可乐在巴西打造的“可乐流量”活动，当用户拿着手机靠近自动贩卖机时，就会显示“注满可乐流量”的画面，用户也会获得20M的免费流量。可口可乐的目标公众是年轻群体，而年轻群体又多是手机和移动网络的热衷用户。此次可口可乐恰好抓住了移动媒体用户和产品本身的目标公众高度重合的特点，开展了一次成功的品牌推广活动。

专注于公关行业研究的The Holmes Report（霍姆斯报告）发布了“2015 World PR Report”，这是一份针对各大公关公司的年度调查报告。其中一项调查内容为：在未来10年中，公关公司或公关人员最被看中的技能是什么？在社会化平台的社群管理能力、创意能力、多媒体内容创作能力、洞察与策划能力等10项能力中，社会化平台的社群管理能力以39.7%的得票率居于榜首。[①] 社会化平台的社群管理能力顺应了新媒体时代的分众传播趋势，它是分众传播的进一步延伸。组织可以加入到已经形成的网络社群中同公众交流，但现在更常见的做法是通过社会化媒体平台建立品牌社群，吸纳具有共同兴趣爱好和价值观念的人员加入。比如2012年年底罗振宇创办的知识性脱口秀节目《罗辑思维》，如今已经发展为全新的互联网社群品牌。它通过微信公众账号、微信群、百度贴吧、移动电台广播等新媒体平台建立了粉丝社群，并通过会员体系、消息推送、线下活动、读书推荐、微商城等具体互动形式增强用户黏性，实现品牌增值。加入到组织的社会化媒体社群的公众即组织的核心目标公众，网络社群这种形式将传统媒体时代中模糊的、设想的公众具象化，让目标公众成为可量化、可管理、可互动的真实群体。

① 参见斯特拉·施（Stella Shi）：《未来十年，公关人必须掌握的几项技能》，《公关世界》2015年第7期。

第七章 公共关系过程

《有效的公共关系》一书介绍了公共关系管理的环状结构模式。这一模式将公共关系管理活动划分为公关问题的确定——公关计划和方案的设计制定——沟通及其他公关活动的实施——公关活动的评估几个环节。在此基础上，作者在书中还指出："虽然每一个步骤都与其他步骤一样同等重要……在实践中诊断、策划、实施和评价不能如此界限分明，因为这个过程是持续不断、循环往复的，并且应用于一个动态的环境。"①美国公关大师马斯顿则把这个过程概括为 RACE 模式，即 Research(调查)——Action(行动)——Communication(传播)——Evaluation(评估)。在总结前人工作经验的基础上，美国的公共关系专家伯内斯则提出了"四步工作法"：公共关系项目调查——公共关系项目策划——公共关系项目执行——公共关系项目效果评估，阐述了公共关系工作的基本过程。

第一节 公共关系项目调查

公共关系项目调查，即公关工作人员针对自身或者自身服务的组织的公共关系状态进行的情报收集和研究的工作。具体来说，就是运用一定的理论、方法和技巧，以组织内外部公众为对象，通过收集和分析资料，了解组织的公共关系状态，揭示其发展趋势并提出改进意见的一种调查研究活动。

很明显，公共关系项目调查有两个最主要的功能：一是收集资料，反馈信息，客观真实地反映组织的公关状态；二是分析资料，透过现象看本质，揭示组

① [美]格伦·布鲁姆、艾伦·森特、斯科特·卡特里普：《有效的公共关系》，明安香译，华夏出版社 2002 年版，第 289 页。

织公关状态的发展趋势，并据此提出加强和改进组织公关的策略、方法和措施。

一、公共关系项目调查的程序

（一）确定调查课题

确定调查课题一般分两个阶段进行。

第一阶段：明确调查目的，提出调查课题设想。重大的公共关系项目调查一般都是在组织内外部出现了新情况或新问题的情况下进行的。在这一阶段，要尽量详尽地了解组织内外部出现的新情况和新问题，了解组织领导人进行调查的目的和意图；首先要弄清楚"为什么要调查"这个问题，然后在此基础上提出多个、可能不成熟的调查课题。

第二阶段：分析论证，筛选调查课题。面对多个不尽成熟的课题，公关人员要经过必要的分析论证，必要时还可以组织非正式的试探性调查，以明确问题的症结所在，从而筛选出最具有针对性的、恰当的课题。一般来说，所确定的调查课题越具体越明确越好。如新产品上市之初，早期接受者对产品的态度调查，比组织形象调查更具体明确，更具有现实意义。

（二）制定调查研究计划

制定调查计划的内容一般又可以分为两个部分：第一部分是对调查本身的设计，包括调查的目的和内容、调查的具体对象和范围、取得资料的方法及调查表格设计等；第二部分是对调查工作的具体安排，包括调查的组织、领导和人员配备、经费估算、调查日程安排等。调查计划是调查安排的依据，调查安排则是调查计划的具体化实施细则。因此，完善成熟的调查计划既要做可行性论证，又要内容全面完整、表述简单明了。

（三）收集调查资料

收集资料是整个公共关系项目调查工作的重点，它的主要任务就是按计划的要求与安排，系统地收集各种资料（包括数据和被调查者意见）。

资料可分为原始资料和现成资料两大类。原始资料是从实地调查中所得到的第一手资料。获得这部分资料一般所花时间长、费用大，而大部分调查研究并没有太多的时间和经费。现成资料是指各组织能够从本单位或其他单位和个人手中取得的现有的第二手资料，搜集这部分资料所花的时间短、费用低，在调查研究中可充分利用。当所调查研究的公众和组织数量不多而且有可靠的文献来源时，搜集现成资料就能满足这种需要。在实地调查研究的过程中，应当根据所需资料的内容和范围，尽可能地搜集单位内部和外部的资料。搜集现成资料时，必须保证获得的资料是准确和可靠的。在公共关系调查研究中，当需要更广泛、更深入地了解社会公众对组织形象的认识以及社会环境变化的资料时，仅仅依靠搜集现成资料是不够的，还必须通过实地调查研究搜集原始资料。在实地调查研究中，应根据调查研究方案所确定的调查研究方式选择调查研究对象，然后运用各种不同的调查研究方法，按照调查研究计划中的时间安排、工作进度和经费预算，有条不紊地进行。

（四）整理分析资料

公共关系调查研究得到的大量资料，在未整理前，往往是杂乱无章的。某些资料也可能是片面的、不真实的。为了有效地使用搜集的资料，就要根据调查研究的目的和种类系统地加以整理分析。这一步的工作内容主要包括：

1.资料审核

这项工作内容包括检查、核实和校订三个方面。检查主要从资料的完整性、准确性、可比性、及时性四个方面进行。如果发现资料存在重复或遗漏、数量错误、各种资料互相矛盾、数据的口径不一致、问卷回答不充分或答非所问等问题，应及时复查核实，予以更正、删改和补充。

2.资料的分类汇总

凡经审核的资料，应根据调查研究的要求和内容进行分类，一般可分为四种类型：①按数量分类，如按消费者的年龄、收入和文化水平等有关文字资料进行分类。②按性质分类，如按企业职工的籍贯进行分类。③按时序分类，即按时间顺序分类。④按地区分类，如按省、市、县进行分类。经过审核的资料用文字或数字符号编号归类，以便归档查找和使用。资料汇总又可以分为手工汇总、机械汇总和电子计算机汇总三种。根据调查研究的目的将经过审核的资料进行分类汇总，使资料条理化、有序化和系统化，为深入分析提供了条件。

3.资料的分析与综合

调查研究所获得的各种资料，反映了组织的社会形象和社会环境的状况。为了弄清社会公众的意见、态度和动机以及本组织存在的公共关系问题，需要运用科学的方法对大量资料进行分析与综合，从中得出合乎实际的结论。对于调查研究所得到的数据，可以运用各种统计方法加以分析，并制成统计表或统计图。

(五)提交调查研究报告

调查研究报告是调查研究的最终成果。它是对公共关系调查研究发现的问题作出系统的分析说明、得出结论后编写的书面报告,是公共关系调查研究最后阶段的主要工作。调查研究报告的内容一般包括三个部分:第一部分是前言,包括调查研究的意义和目的、调查研究的对象和范围、调查研究的方式和方法、调查研究的进程等。第二部分是报告的主体,包括调查研究所获得的材料和分析说明。第三部分是结论、建议和意见,作为调查研究报告的总结。另外,还应以附件的形式附上问卷样本、统计数据、背景资料等。

二、公共关系项目调查的内容

(一)自我形象调查研究

在公共关系活动中,一方面需要通过组织的自我期望形象调查研究,提出公共关系活动期望达到的目标;另一方面需要通过组织的实际社会形象调查研究,分析组织的实际公共关系状态;最后,通过比较期望目标和现状之间的差距,确定公共关系工作的方向和重点。自我期望形象调查研究主要包括以下三个方面:

1.组织领导层的期望目标和要求

公共关系活动的目标必须围绕着组织的总目标进行。组织的公共关系计划实际上开始于领导层。因此,公关人员首先必须研究领导层所拟定的各项目标和制定的各项政策,了解他们的意图和经营管理方法,了解领导层对组织形象的期望目标和要求。这是设计公共关系活动的重要依据。

2.组织员工的要求和评价

组织的目标和政策需要得到组织内部员工的认同和支持,才可能有效地转化为组织的实际行动。这就要求调查研究员工对组织的要求、看法及各种批评建议,了解他们对领导层提出的目标的支持程度。

3.组织的实际状态和基本条件

公关人员必须完整地掌握组织各方面的基本资料,包括经营方针和管理政策、生产状况、财务状况、技术开发状况、市场营销状况、人事组织状况等等,以此作为制定公关计划的客观依据。

(二)公众舆论调查研究

公众舆论调查研究是指对公众的态度倾向进行统计,用数字显示公众的整体意见。主要调查研究公众对企业的认识、态度与印象,包括:知名度调查研究，即公众是否了解企业的名称、标记、产品或服务以及这种了解的程度与范围如何；信誉调查研究，是指公众是否喜欢企业的产品，是否信任企业；公众评价调查研究，也就是公众对企业的产品或服务、经营管理、人员形象的评价等。

（三）环境调查研究

环境调查研究包括对社会大环境的调查研究和对开展公共关系活动具体条件的调查研究两个方面。组织在开展公共关系活动之前，要对社会政治、经济和文化等进行冷静分析，对市场和人们的社会心理、需求心理等进行认真的研究。同时，还需对开展公共关系活动的场地、设备以及各类规章、规定和要求进行调查研究。

三、公共关系项目调查的方法

（一）访谈法

访谈法不仅适用于听取公众意见，而且还适用于对社会名流、政界代表、权威人士、新闻工作者、协作单位的个别访问和集体座谈。访谈法的优点是所获信息详细、具体，能尽可能地把问题讨论透彻；一次面谈不够的，还可以约请多次面谈，也可以约请对方填写书面材料。但它也有不足之处，比如：座谈者易受在场人员的影响；费时费力；开支较大；如果选取的调查研究样本不够典型，那么结果往往带有片面性。因此，访谈法更适合于典型调查。

（二）观察法

观察法分为参与观察和非参与观察两种。参与观察是调查研究人员与被调查研究人员一起活动，从活动过程中了解对方的有关信息，比如到车间跟职工一起劳动，了解员工的理想和责任感，观察他们的行为和情绪；到商场与柜台人员一起工作，了解服务员的工作态度，体验顾客的喜好和要求。非参与观察是调查研究人员作为旁观者，了解被调查研究人员的思想和言行，这种办法往往比较冷静，结论也较为客观、公允。上述两种观察法的优点是能体会到被调查研究人员的具体感受，了解到的信息自然、真实；不足的地方是观察到的信息较为表层、肤浅，而且了解到的情况带有较大的偶然性。同时，由于调查研究人员的经验和阅历各不相同，对同一问题往往会得出不同的结论。

（三）文献法

文献法是指调查研究人员从文件、档案、报纸、书刊、统计报表、图书出版物等各种社会信息源中提取必需的信息材料。例如，杭州娃哈哈集团公关部就有专人负责搜集国内外有关儿童营养品厂家的新闻报道、图片、市场行情，并将其分类编制，按月剪贴装订。公关调查研究需要积累的文献资料包括：基本的工具书，如《中国经济年鉴》《地方志》《中国统计年鉴》等；必要的报刊资料，如《人民日报》《经济日报》以及《瞭望》杂志等；经营资料，如企业资产、历年产值、销售收入统计报表等；公众宣传资料，如产品广告、海报、客户档案、社区民众意见等。

(四)问卷法

问卷访问是搜集资料最常见的方式。它是由调查研究人员携带事先设计印制的调查表进行访问。由于问卷访问采用的是标准化调查表，访问的内容在调查表中已有安排，调查研究人员只要按照调查研究内容的顺序提问，然后根据调查研究对象的回答填写即可，因此这种访问又被称为“有结构的访问”。根据访问的不同形式，问卷访问可以分为通信访问、电话访问和人员访问等。

问卷分为开放式问卷和封闭式问卷两种。开放式问卷是对所提问题不作答案限制，由填答者自由表述自己的感受；封闭式问卷是对所提问题给出几个可能的答案，由填答者在限制的答案内自主选择。

第二节 公共关系项目策划

一、公共关系项目策划的基本原则

公共关系项目策划的基本原则是策划人员在策划过程中用于观察问题、分析问题、解决问题的准则。其中，创新性是公共关系项目策划重要的法则。此外，公关策划人员还需要遵循以下的一系列原则，以确保公共关系项目策划的可行与完整，即创新性与社会性的统一、创新性与科学性的统一、创新性与时效性的统一、创新性与连续性的统一、创新性与操作性的统一。

二、公共关系项目策划的程序

(一)确立策划目标

在这一阶段，对此次公共关系项目策划的目的了解得越深入、主客体需求分析得越透彻，就越容易确立一个明确的策划目标，而这一目标会成为日后策划和实施阶段的重要依据。以组织的公关策划为例。在组织的初创期，相较于推销产品和服务这类以盈利为目标的公关活动，在新市场、新领域宣传组织的情况、提高组织知名度才是公关策划的主要目的。在组织逐渐步入正轨、初具盈利能力之后，对组织形象的建构就成为公关策划的重点。此时可以通过设计社会公益活动、凸显组织力量、有针对性地向目标公众着力宣传来增进公众对组织的认知度和好感度。随着组织的业务、人员和盈利情况进入稳定期，公关策划的目标也发生了转移，变成在目标公众中普及同本组织的产品或服务有关的消费方式、生活方式，以此增进公众的忠诚度和黏合度。在组织的经营管理成熟之后，利润的持续增长、稳固其在市场中的地位以及掌握独特资源，创建自身的竞争优势就成为发展的重心，公关策划也旨在为组织争取政府及其他有利资源。在组织处于竞争或者危机的环境时，公关策划更要真诚为先，恰当地运用创造性思维，搭建主客体双向话语沟通平台，为组织赢得新的发展动力和生机。

（二）分析目标公众

进入实质性策划阶段时，应根据预设要达成的目标的需求，分析哪些是公共关系项目策划活动必须关注、交流和影响的目标公众，分析目标公众的特点、需求、对组织的现有态度，从而有针对性地设计策划主题，选择有效的传播媒介，推出符合公众心理预期的公关活动，实现公共关系策划活动传播效果的最优化。

（三）提炼策划主题

提炼主题是公共关系项目策划中最需要创造性思维的一个步骤。提炼和确定主题应当注意以下几点：

1. 主题必须服从或服务于策划目标，这也是提炼主题时最为关键的原则。提炼主题是为了更好地凸显公关策划活动的目标，在保持高度一致的基础上服务于策划目标。

2. 主题要具有鲜明独特的个性特色。例如，我国为申办北京奥运会而设计的宣传主题“人文奥运，绿色奥运，科技奥运”；北京元隆刺绣绸缎商行的公共关系活动的主题口号是“古有丝绸通西域，今有元隆连五洲”。

3. 主题要考虑目标公众需求因素。主题的确定必须以明确公关活动针对哪些目标公众为基础，充分了解他们的生活习惯、消费特点、心理需求、对组织的现有态度，从而有针对性地设计主题。

4. 主题要简洁明了，易于传播。不同于书面语言，可以让读者反复揣摩诵读，公关策划主题是策划者思想的浓缩，要用最简明的形式传达给公众，而公关活动目标公众的广泛性及活动表现形式的不可重复性都要求主题必须易于传播。

(四)策划项目设计

所谓项目,即围绕各个目标而确定的在不同策划执行时期进行的具有鲜明主题风格的各式活动。公共关系策划目标,只有通过一个个公共关系活动的设计实施来实现。因为主题需要通过活动进行表达,渗透到活动当中去,使参与活动的公众能切实感受到并产生深刻印象,所以项目的设计要紧紧围绕主题来进行。策划项目设计的步骤包括:拟定活动内容,确定活动形式,安排活动程序,确定活动时间及最后落实计划。在项目设计时也有两大要点需要格外留意:

1.时机的捕捉

捕捉时机,一要准确:对那些可以预先选择的时机,一定要选准其“时间区间”。比如开业庆典时,新产品研制成功时,组织内部改组转型时,品牌延伸时,国内外各种纪念日之时。二要及时:对那些预先不可选定、稍纵即逝的时机要及时抓住,关键是要抓住那些能够引起目标公众的关注、又有新闻价值的时机。要善于利用时机“制造新闻”,比如重大社会事件出现时、组织形象遭遇危机时、公众观念和需求发生转变时、组织内外环境发生变化时等。

2.空间的选择

公关策划对于空间场景的利用非常必要。在空间选择上要注意:空间大小以活动参与者人数与活动所需物质多少为转移,空间过大显得冷清空旷,空间过小则给人压抑逼仄的感觉;空间的地理位置要与活动内容相吻合;空间环境、空间条件、空间审美都会影响到公众的活动感受,进而影响公关活动的效果。此外,准备备用活动空间以备不时之需,也是成功的公关策划必不可少的部分。

(五)媒体资源整合

公共关系项目策划活动的开展,归根结底是一个信息传播的过程。媒体是公关策划信息传播的重要载体。想要达到预期的传播效果,公关策划人员必须知晓各类媒介特性,了解各种媒介的优缺点,并且善于通过巧妙组合的方式择取最优媒介组合,实现优势互补、交相辉映的整合性传播效果。在选择传播媒介时应注意以下问题:

1.根据传播对象(目标公众)特性选择传播媒体

公众的层次性、多样性,使得不同的公众对象对不同的传播方式和传播媒介的感受也不尽相同。要综合考量目标公众的年龄结构、经济状况、教育程度、职业性质、生活方式、消费习惯和信息接收途径等基本特点来选择传播媒体。

2.根据传播的活动内容选择媒体

传播的内容如果比较简单，只是单一层面的声画图文，可以选择广播、电视这类重复性较弱的媒体；如果内容较多，逻辑性强，希望公众通过反复体味来引起深入的思考，可以选择报纸、杂志，或与人际传播相结合，进行现场讲解；如果内容具有强烈的话题性，容易引起年轻网络群体的关注，则可以通过新媒体传播，营造“病毒式”传播的效果。

3.根据组织实力选择媒体

报刊、广播、电视、网络等大众传播媒体影响力不一，影响面也不能完全重合，因此费用也有高有低。组织在选择传播媒体时，要根据自身的实力量力而行，设法以较少的开支争取最好的结果。

（六）活动经费预算

一次完善的公关策划活动需要强大的经济实力做后盾。经费预算必须坚持目标优先的原则，一般情况下要求经费服从目标。

公共关系项目策划活动经费预算具体构成如下：

(1)行政开支：包括劳动成本（公共关系人员工资、福利、奖金及各种补贴）。

(2)管理费用：包括房屋租金、固定资产折旧、办公用品采购、出差费、交际费用、水电费、保险费、电话费、维修费等。

(3)设施费：各种影视器材、电脑、中外文打字机、复印机、传真机、印刷品、书刊订阅费、展销等。

(4)项目开支：具体指实施公共关系专题活动所需的费用。如记者招待会费用、广告费、赞助费、重大庆典费、重大项目的专家咨询费、大型调查费、影视制作费等，另外还要考虑发生对组织不利的危机事件而准备的费用。

三、公共关系项目策划的方法

创新性是公共关系项目策划最根本的法则，也是创造性思维下设计的活动所独具的特征和性质。创造性思维是以感知、记忆、思考、联想、理解等能力为基础，以综合性、探索性和求新性为特征的高级心理活动。

成功的公共关系项目策划，离不开创造性思维，策划者需要运用各种各样的创造性思维方法。一般来说，创造性思维方法有：

(一)灵感激发法

灵感，是一种在思考过程中突然迸发的创造性思维成果。灵感的产生，往往要借助外物，即外部信息的激发。外部信息与策划者头脑中的既有的知识信息突然产生共鸣和契合，便产生了创意灵感。1910年，生病卧床休息的德国气象学家魏格纳聚精会神地望着墙上的一张世界地图。他突然发现，大西洋两岸的地形之间具有交错的关系，特别是南美洲的东海岸和非洲的西海岸之间相互对应，简直就可以拼合在一起。此后他通过查阅各种资料，于1912年提出大陆漂移理论。产生这一灵感，除了魏格纳的地理知识积淀，与墙上的世界地图的激发也有不容忽视的联系。因此，对于公共关系项目策划者来说，想要产生出奇制胜的策划灵感，就要善于发现与利用身边的各种信息来进行自我灵感激发。

(二)因素组合法

在公共关系项目策划中，有"目标"而有相应的"公众"，有了诸多的"信息"，也就开始产生"主题"，继而又产生计划和工作步骤，这是从思维展开角度而言的。而从思维展开后又必须聚拢角度来说，众多的因素必须有机组合服务于一个策划目标和计划。这个创造性思维的过程，可以称为"因素组合法"。这一方法在各类庆典公关活动中尤为常见。

为了隆重庆祝美国福特汽车公司成立75周年，公司曾举办了一次大型的纪念活动。仔细剖析这次规模庞大、空间阔大、内容丰富的策划活动，可以发现它是由各种各样的因素组合而成。具体有："福特"诞生75周年、历年的广告、正在研制的最新型号的展览车、在全球起先锋作用的通信与气象卫星技术、1903年生产的A形老式福特车、代表福特75年历史的75辆汽车活动的展览、以百老汇大街为主的多个活动地点、"福特世界的旗帜"活动主题、媒介的跟踪报道、《福特世界》的电影等等。这些因素看似繁杂，实则统统紧扣"成立75周年庆典"这一主题，为公司提供了与公众交流的绝好机会，极大地提升了福特公司的形象。

(三)逆向思维法

人们在进行思考时，往往会按照习惯的思路去探求问题的答案。然而，在这种陈旧的思考问题的方法下产生的结果往往也流于俗套，缺乏新意。这就需要人们跳出习惯思维，突破常规定式，通过反向思维找到出奇制胜之路。这就是逆向思维法。在公共关系策划中，这也是策划者常用的创造性思维方法。

四、公共关系策划文案的基本格式

(一)封面

封面一般包括题目、策划者单位或个人名称、策划文案完成的日期、编号。在需要的情况下,可考虑在封面上简洁地加以说明性的文字。如策划方案尚属草稿或初稿,应在标题下括号注明"草案""送审稿""讨论稿""意见征求稿""修订稿";如策划方案已确定,可注明"实施稿""执行稿"等字样。

(二)序文

如果方案内容多,而且比较复杂,有必要以序文的形式作一个引导。如果方案比较简单,可以省略序文。

(三)正文

正文是对前述要素的表述和演绎。其主要内容是:活动背景分析,活动主题,活动宗旨与目标,基本活动程序,传播与沟通的方案,经费概算,效果预测,等等。

(四)附件

附件包括:活动筹备工作日程推进表;有关人员职责分配表;经费开支明细预算表;活动所需物品一览表;场地使用安排表;相关资料(主要是提供给决策者参考的辅助性材料,如:调查报告、新闻文稿范本、演讲稿、相关法规文件、电视片脚本、纪念品设计图等);注意事项(将策划方案实施过程中应当注意的事项作一重点集中的提示)。

第三节　公共关系项目执行

一、公共关系项目执行的要求

公共关系项目执行是整个公共关系活动的中心环节,是组织为实现既定的公共关系目标,充分依据和利用现实条件,对公共关系创意策划的策略、手段、方法设计付诸实施的过程。在具体推行的过程中应注意以下几个问题:

(一)做好执行前的准备工作

公关活动是一种时效性很强的活动,一般在公共关系策划方案正式执行之前,必须做好各种前期准备工作。执行前准备是公关活动实施成功的基础和前提条件。比如,要让所有参加这次公关项目执行的人员详细了解活动方案，确定目标公众和实施措施，做好危机预警，准备好备用方案，等等。

(二)做好执行工作的整体协调

整体协调就是在计划实施过程中使工作所涉及的方方面面达到和谐、统一的状态。协调不同于控制。控制是若一个组织的计划实施过程与公共关系计划的目标有差异或相背离，则采取措施进行纠正或克服；协调则强调实施过程的环节之间、部门之间及实施主体和公众之间关系的和谐化、合理化，尽量避免矛盾的发生。在所有参加本次公共关系活动的公关人员都了解了方案内容的基础上，应根据这些人员各自的特点合理地分配任务，并明确规定任务的具体要求和完成时限。

(三)做好执行过程的目标控制

目标控制指的是在公共关系策划执行过程中，保证公共关系实施活动不偏离原先的计划和目标，即在执行公共关系计划过程中，需要随时跟进，以便及时调整偏差，保证总体目标的达成。同时，也要建立必要的检查制度，这一方面可以督促各项措施按计划执行，把握整个活动的进程；另一方面也有助于及时发现问题、解决问题。

(四)做好执行过程中的反馈与调整

反馈是控制论中的一个重要概念，也是公共关系计划执行工作中的一个重要概念。由于人们通常要用这种反馈后所获得的信息来调整后续活动，所以又称之为“反馈调整”。例如，在没有意外事件干扰的情况下，公关人员应严格按照方案所确定的时间表实施各项措施。若有意外情况发生，可视其程度、范围的不同，对实施方案中的有关内容作相应的调整，并通知有关人员。

二、公共关系计划执行的特点

(一)执行过程具有动态性

公共关系项目执行是由一系列连续的活动构成的过程，是一个既定目标和实际需要不断变化、不断调整的过程。不断地改变、修正或者调整原定的策划方案、程序、方法、策略等是执行中不可避免的正常现象。当然，前提是不偏离最终的公关目标。

(二)执行过程中的创造性

公共关系项目执行的过程是不同层次的执行者充分发挥创造性思维和主观能动性的过程。执行者应该充分发挥自己的实施积极性、思考主动性和思维创造性。公共关系项目执行的过程不仅是对原策划方案进行艺术的再创造，而且还是不断丰富公共关系实务经验的过程。

(三)执行影响具有广泛性

公共关系项目执行的情况对组织形象有着持续深远的影响，某些规模较大的公关活动甚至会对某个区域的文化、习俗产生一定的影响。

(四)执行过程中的情感性

公共关系项目执行的过程实际上是一种组织与公众情感交流的过程。因此，公关活动的执行人员必须充分了解、利用公众的情感倾向和需求。重视情感投资，力求以情感人、以情动人、以情服人。重视情感交流，这是公众的需要，也是公共关系活动取得良好效果的根基。

三、公共关系执行的原则

(一)目的导向原则

这意味着公共关系项目执行人员必须按照既定的公共关系策划方案开展工作，并且在执行过程中不断将执行结果与既定目标要求相对照，找出偏差，及时校正，尽可能不偏不倚地实现目标。

(二)控制进度原则

这一原则指的是根据公共关系策划目标的需要，按照一定的程序明确工作进度，以避免避重就轻、不协调的现象。比如，某些赠礼活动已经通过媒体发布，但是礼品尚未制作完成，这可能导致活动无法正常开展，对组织的名誉和公信力也会造成一定的负面影响。因此，在公关活动执行过程中，执行者需要经常检查各方面工作的实施情况，及时发现超前或者滞后的情况并加以协调，以求各方工作协同配合、平衡开展。

(三)整体协调原则

协调的目的是让全体公共关系项目执行人员在认识和行动上取得高度一致，以保证执行活动进行时的同步与和谐，这有助于提高工作效率，减少人力物力的浪费。常见的公共关系项目执行协调有两种：一是纵向协调，即上下级之间的协调，上级部署，下级行动，下级也需要及时将新情况、公众的新需求反映给上级；二是横向协调，指的是同级部门或者实施人员之间的协调，以提高工作效率，确保良好的执行效果。

(四)时机选择原则

为了使组织的公共关系工作能更好地满足公共关系形象的建立与维护的客观要求，公关项目活动的执行需要时机的选择和策略的把握。显然，组织的发展变动时期是开展公关活动的最佳时期，同时还要注意周围环境因素的变动，以防与国际重大事件、全国性事件重合，导致公关活动难以引起公众的注意。

第四节 公共关系项目效果评估

所谓的公共关系评估，就是根据特定的标准，对公共关系计划、执行及效果进行检查、评估，从中发现问题，判断其优劣，及时修改校正，进一步调整和完善组织形象的过程。公共关系检测评估是公共关系工作程序的最后一步，它对于整个公共关系计划实施过程都具有重要作用。

早在20世纪20年代，美国公共关系先驱学者埃瓦茨·罗特扎恩(Evarts Routzahn)就说过，当最后一次会议已经召开，最后一批宣传品已经散发，最后一项活动已经成为历史的时候，就应该在自己的头脑中把所使用的方法重新过滤一遍，以总结出经验和教训，为下一次活动提供借鉴。在这里，罗特扎恩就已经意识到公共关系评估的重要性。

一、公共关系评估的意义

首先，评估有助于优化公共关系的各个环节。通过公共关系评估，公关人员可以得到大量的数据资料信息。他们对这些信息进行分析后可以总结出经验教训，为进一步改善公共关系工作提供可行经验。

其次，公共关系评估可以承上启下，是开展后续公共关系工作的必要前提。任何一项新的公共关系计划的制定与实施都不是孤立存在的，它总是以先前的公共关系工作及其效果为基础；前后执行的公共关系活动不可能截然分开，前一次公共关系评估的结果就是后续公共关系策划的主要依据。

再次，公共关系评估能提升组织成员的自信心，增强组织内部凝聚力。了解和掌握专家和社会舆论对公共关系成果的评价，尤其是来自权威机构的认可，对组织成员来说可以起到鼓舞士气、增强公关意识和组织凝聚力的效果。

最后，公共关系评估能够促进公共关系部门工作效率的提升。对公共关系进行评估，有利于对组织内部各个环节进行优化完善，摒弃烦琐无用的过程，有利于组织从业者以积极的态度投入到工作中，公共关系部门的工作效率自然会提高。

二、公共关系评估的程序

掌握评估标准，进行全面检查。只有掌握评估标准，才能够对组织的各项活动成果作出客观公正的评价。评估标准不能随意拔高或者降低，必须严格按照既定标准进行全面细致的检查。

根据评估标准，对公共关系工作进行分解评估。必须广泛地收集开展公共关系活动以来组织内部和社会公众方面发生变化的各种信息，运用各种评估方法对资料进行比较分析，观察计划实施前后公共关系工作是否得到改进，哪些达到甚至超过预期的目标，哪些还没有达到预期的目标，最后汇总成完整的评估报告。

向公共关系项目的策划者和组织的领导层汇报评估结果。在评估分析的基础上，提出计划实施过程中存在的问题，分析原因并以书面报告的形式呈给上级部门，争取在下一次公关活动中避免出现类似问题，以达到更好的效果。

评估的最终目的在于应用。评估的结果将对下一步的公共关系工作起到定向性的作用。通过抽象化分析，得出对指导公共关系活动具有普遍意义的思想、方法和原则，可以为公共关系学科建设提供丰富的专业实践经验和知识支撑。

三、公共关系评估的标准与方法

卡特里普将评估分为三个阶段：准备过程、实施过程、影响过程，并对不同的阶段提出了一些评估的标准和方法。

（一）准备过程的评估

1. 背景材料的评估

在整个沟通过程中，及时发现在环境分析中被遗漏的、对项目有影响的因素十分重要，因为公共关系有效评估只有在充分占有和详细分析背景材料的基础上才能实现。对背景材料的评估就是检验是否占有充分的材料、分析判断是否正确。比如，在确定公共关系目标公众时是否遗漏了关键公众？哪些关于公众的假设被证明是错误的？新闻界需要的材料是否都得到充分准备？组织环境中的所有因素是否都已确定？这里，实际上是在检验是否充分占有资料和分析判断的准确性。

2. 对信息内容进行评估

应重点检验组织说过、做过的一切事并进行分析，为未来开展项目提供有益的启示和经验。比如，公共关系活动中准备的信息资料是否符合目标公众和媒介的需求？沟通活动在时间、地点、方式上是否符合公众的要求？是否有对沟通信息和活动的对抗性行为？有没有制造事件或其他行动配合这次公共关系活动？相对于其他任务而言，人员与预算资金是否充分？

3.对信息表现形式进行评估

这一步是对人员的专业技能的检验，其主要目标是检验信息资料及宣传品设计是否新颖，是否合理，是否能达到给人留下深刻印象的要求。具体包括文字语言的应用、图表的设计、图片及展示方式等等。

(二)实施过程的评估

1.统计发送信息的数量

对发送信息数量进行评估的具体形式是直接计算在某一特定时间内，参与该活动的公关人员撰写了多少新闻稿和特写，拍摄了多少照片，寄发了多少信函，发出了多少宣传材料，等等。重点检查所有信息资料的制作情况和数量。

2.统计信息为传播媒介所采用的数量

统计信息被采用的数量可以评估宣传资料的影响力。通常，可以统计报刊索引、简报、广播记录、展览、公开讲话的次数。

3.统计信息理论接受者的数量

这指的是从理论上推测有多少人接受了所传播的信息。比如，从报刊的发行量、1张报纸的平均阅读人数的角度推测其理论上的接受人数。假定1张报纸平均有2人阅读，那么这张发行数量为50万份的报纸，理论上的受众就有100万人。

4.评估注意到信息的公众数量

需要注意的是，这是统计接收到信息的受众的实际数量，而不是理论上的数量。

(三)活动效果的评估

1.了解公关活动影响的公众数量

公共关系活动的目的之一就是要提高组织的知名度，增进目标公众对组织的了解和认知。因此了解活动影响的公众数量是必要的。

2.了解公众评价的相关情况

重点评估组织的公共关系活动是否引起了公众对组织的看法和态度的转变，对组织持支持态度的公众评价是否有所增加、增加多少。

3.发生期望行为和重复期望行为的公众数量

这是衡量公共关系活动效果的最高层次，即在实施公共关系活动之后，有多少公众按照活动导向采取或重复采取了组织所期望的行为。这是评估公关效果最重要的标准。

个体行为的改变往往受多种因素的影响，但有一点是可以肯定的：在个体行为发生改变之前，肯定接受了某些信息或在某些方面被劝服了。在掌握了实施期望行为的公众数量之后，还应了解重复期望行为的公众数量。所以评估一项公共关系活动在改变人们长期行为方面所取得的效果，需要较长时间的观察和统计。

四、公共关系评估报告

(一)公共关系评估报告的格式

(1)封面：主要内容包括评估书或项目的题目、评估时间、评估人(单位名称)以及保密程度、报告书编号。题目要反映评估的范围和对象。排版应醒目、美观。

(2)评估成员：要表明哪些人参加了评估工作，负责人是谁。

(3)目录：方便阅读报告书的人迅速了解报告全貌。

(4)前言：反映评估任务或工作的来源、根据、方法、过程以及其他特别需要说明的问题。有的评估报告书也把评估的方法、过程等写进正文部分。

(5)正文：这是评估报告书最重要、最主要的部分，也是评估报告书的主体。它包括评估的原则、方法、范围、分析、结论、存在的问题、建议等。

(6)附件：这是对正文内容的详细说明和补充，是正文的证明材料。

(7)后记：主要说明一些相关的问题。比如报告书传播的范围，致谢参加人员及相关单位等。

(二)撰写公共关系评估报告应注意的问题

公共关系评估报告书的写作是有难度的。在写作过程中，既要求执笔人员客观、公正、全面，又要求报告书简洁、明了、可读。为此，除格式方面的要求外，在写作过程中还应注意如下问题：

(1)定性与定量相结合。通常，评估结论是定性的，但必须用定量的指标作说明。注意定性与定量的密切结合。

(2)建议与策略应具有可操作性。只有切合实际情况的建议才具有可操作性。

(3)语言准确、精练。尽量用最少的文字、篇幅来说明问题，提出建议，切忌太多的学术词汇，导致评估报告的阅读者难以理解。

(4)结论客观具体。评估结论要客观，既要看到成绩、效益，又要看到缺点和不足。在结论中，要避免使用"可能""大概""也许"等模糊词语。所有的结论都应该找到相应的材料作证明。

第五节　新媒体环境下的公关流程变革

一、公关调查——从粗略到精准

传统的公关调查应用广泛的方法是在数据采集和数据处理技术都受到限制的条件下逐渐建立和发展起来的。在大数据时代，这些方法虽然仍有继续沿用的必要，却也日益显露出了自身的一些缺陷和不足，这对大数据时代公关调查提出了新的挑战。维克托·迈尔-舍恩伯格(Viktor Mayer-Schönberger)等人撰写的经典著作《大数据时代——生活、工作与思维的大变革》，提出了有关大数据的三个基本观点：大数据不具有随机样本，而是全体数据；大数据不是精确性，而是混杂性；大数据不是因果关系，而是相关关系。他们认为，在大数据时代，"样本＝总体"，抽样调查已经没有存在的必要。[①] 因此，传统的公关调查中使用的访谈法、观察法、问卷调查法等需要选择样本进行研究的调查方法亟待革新。维克托所论述的大数据所具有的典型特征，可以用"4V"来体现：①大数据具有体量上的特征，就是数据量大(volume)，大到用"海量""巨量"都无法形容。②大数据一般都不是静止不动的，而是时时刻刻都在变化的，而且变化速度很快(velocity)。比如互联网上的数据以及人体生物信息，时时刻刻、分分秒秒都在变化，高速变化的数据要求新的分析方法。③大数据的变化性更大(variety)，要在动态变化的情境下捕捉到大数据背后的规律，传统的数据分析方法就显得力不从心了。④大数据中的内容是与真实世界中发生的事件息息相关的(veracity)，因此，对于大数据的分析，本质上就是要透过数据迷雾，看到现实世界的客观发展规律和本质。唯有如此，大数据分析才有意义。[②]

---

① 参见[英]维克托·迈尔-舍恩伯格、肯尼思·库克耶：《大数据时代——生活、工作与思维的大变革》，盛杨燕、周涛译，浙江人民出版社2013年版，第19页。

② 参见顾佳峰：《大数据时代下中国社会调查的科学新观》，《大数据》2016年第2期。

但是，大数据时代也给公关调查带来了新的机遇。首先，大数据拓宽了传统的公关调查数据采集的渠道。在大数据时代，公关调查的数据采集不再局限于访谈法、观察法、文献法和问卷法等常规模式，数据获取的渠道被大大拓宽。其次，大数据技术的发展为调查数据样本库的及时更新和维护提供了充分便利的条件。公关调查在传统数据采集条件的限制下，面临的最大问题是数据样本库不完善。此外，传统的数据库样本的更新和维护还存在成本高、时效性差等缺点。在大数据时代背景下，数据样本库的更新维护，实质就是将实时变化的大数据信息进行有效的采集和整合，转化为公关调查时可用且有效的数据信息。早前"啤酒和尿布"就是基于大数据调查分析来预测超市里面顾客购买行为规律的经典案例。2012 年，京东将 8000 多万位网购消费者的购物习惯和生活喜好数据进行了全景呈现，发现了一些有趣的消费行为。例如，江苏的男性喜爱眼部护理，上海男人则倾向于清新干爽的面颊，北京男士最爱香水和防脱发洗发水，而狂野性感的豹纹装则最受辽宁姑娘欢迎。[①] 这组与生活息息相关的数据分析，为提高公关调查的效率、框定更贴合调查主题的受众群体奠定了良好的基础，也可以为后续品牌的公关策略带来更多的启发。由此可见，庞大的数据样本会彻底改变组织的公关调查方式和品牌策划手段。如何从繁复的数据中提炼出自己想要的信息，勾勒出更加清晰的消费者形象，并解读好数据背后的消费行为和组织行为的关联，我们需要从以往单向度的内容研究转向"内容＋关系"的多维度研究，这对品牌公关策略的设定影响重大。

二、公关策划——从单一到多元

在信息过剩的环境下，一个组织如果只具备硬实力，已经不足以支撑其在激烈的市场竞争中的存活和发展。所谓的"酒香不怕巷子深"的公关模式已经无法满足新媒体环境下组织的公关需求。同时，铺天盖地、花样翻新的各色广告已经让受众的感官神经变得麻木，难以激发受众的购买欲。商品广告的营销效果已经衰退，但其在播出时间和登载版面方面的费用却日益增加。因此，公关策划的重点就必须落脚于塑造品牌形象，用艺术化的品牌文化来打动公众，获得公众深层次的心灵认同。

随着我国社会主义市场经济的日益成熟，人们对各种消费品的要求也越来越高。消费者不再满足于它的实用性，而是更加看重它背后的品牌形象和

① 参见邓明:《大数据时代的品牌公关策略》,《公关世界》2014 年第 5 期。

组织文化。品牌是组织的无形资产，是公众用来和别的产品和服务进行区别的重要依据。良好的品牌属于一种声望效应。在如今的社会主义市场经济条件下，明晰的品牌形象和积极的组织文化可以吸引投资、扩大用户群、提升组织的社会地位和价值，进而带来经济效益。在广告效力日益减弱的今天，品牌形象的建构更依赖于组织的公关策划。

品牌文化是整个企业的一种应用型文化。公关作为一种管理职能，可以更好地塑造这种具有科学定位的文化，向民众展示组织的良好形象。品牌的艺术性不仅仅是考虑产品的工业设计、印刷包装等问题，而且还要通过艺术的方式对商业产品重新进行诠释和组合，形成对产品设计与品牌定位的新思考，将品牌与社会生活、精神世界相结合，形成新的艺术生态圈，让艺术的感染力成为品牌的感染力。艺术是人类社会共有的语言，可以借助艺术形式把产品的生命和灵性外化给品牌；当品牌具有了人性，品牌和人之间就能进行沟通，所以说是艺术架起了品牌和消费者之间情感沟通的桥梁。将产品的利益和物质的利益上升为品牌的精神价值，可以让消费者产生情感共鸣。

罗莱家纺的微电影公关策划可谓品牌形象艺术化的成功案例。传统的家纺电商给人的印象总是作风老派，创新之作寥寥无几。罗莱家纺作为目前家纺电商业的“领头羊”，想要保持自身优势，一切行动就要走在行业的最前端。2013 年 4 月 8 日，罗莱家纺电商品牌——LOVO 推出了首部主题为“LOVO，说出你的爱”的微电影。这部充满浓浓爱意的微电影在 LOVO 官方网站和罗莱家纺官方旗舰店首发，随后安排了众多权威媒体在全国范围内进行报道。这部主题为“LOVO，说出你的爱”的微电影通过讲述身边细小的生活琐事，让人感受到爱的正能量，温暖直击人心。罗莱家纺用最具亲和力和感染力的正能量来彰显品牌的独特魅力，将品牌文化通过故事、画面、人物直击客户内心。[①]

三、公关执行——从线下到线上

在新媒体环境下，公共关系项目执行的范围突破了电视、报纸等传统媒体限制，在新媒体环境下，组织还可以通过发起微博话题、利用微信“朋友圈”等方式，在公众心中重新确立良好的形象。以北冰洋汽水为例。北冰洋汽水曾是老北京人街头巷尾的记忆，经历了往日辉煌、合资浪潮、停产沉寂之后，再次

① 参见《罗莱家纺 LOVO 试水微电影》，罗莱生活网，http://www.luolai.com/media_reports_details_34，2013 年 4 月 9 日。

回归。2011 年北冰洋汽水全新上线至今，人们心中期待的“盛景”并未复现，而是被埋没在琳琅满目的饮料产品中。[①] 为此，北冰洋汽水针对消费者发起了线上的“熊孩子”系列互动活动。活动共分为三个阶段：第一阶段“熊孩子来啦！”，通过推出“北冰洋萌熊熊”微信拜年表情包、萌系朋友圈宣传广告和“再来一瓶北冰洋！”微博话题互动，北冰洋大白熊的形象成功引起了年轻受众群体的注意。而北冰洋汽水作为一款果味碳酸饮料，其主要面向的消费者就是这一群热衷于新媒体社交的年轻人。第二阶段“给我揪出那熊孩子！”，充分利用了 H5 标准，通过交互设计和数据库技术，在微信公众平台推出图文并茂且有奖品激励的小游戏，用最前沿的形式与受众进行了最新潮的互动。首先，北冰洋官方微信平台（北冰洋汽水）推出一款 H5 找茬小游戏，并邀请了“北京吃货小分队”通过微信公众号首发推广，通关者一人最多可免费兑换两罐（瓶）北冰洋饮料。随后，北冰洋官方微信平台再次推出“再来一瓶北冰洋”H5 互动活动。在 H5 页面中，已在购物页面购得汽水的消费者可以点击“开启瓶盖”，输入伙伴微信号码，将手机倾斜“倒至”伙伴手机，手机页面出现相应画面，伙伴即可获得一瓶北冰洋汽水。这一活动使得更多的消费者自发成了宣传员和传播者，召集同伴来分享饮品，为北冰洋营造了更大的影响力与知名度。第三阶段“熊孩子快跑！”，顺应了开学季的话题潮流，推出微信表情包“北冰洋萌熊熊 2.0”，配以学生生活常见情景。另外，邀请 3 位当红插画家以“我与北冰洋”的日常为主题，每人创作 1 幅作品。将这些作品印刷到北冰洋包装盒上，同时做成明信片（彩色版），作为小赠品放到分享装、礼盒装、家庭装的包装盒（袋）里。这些富有创意的互动形式，使受众在众多产品细节之中看到北冰洋汽水新的生机。除了针对消费者的活动之外，北冰洋针对供应商的策略也作出了相应调整，利用年轻人对团购的推崇和依赖，推出了“百店团购计划”；在美团、百度糯米、大众点评三家市场占有率最高的团购网站上，每家选取 100 家餐饮店家，与每家店家签订合作协议，进行“团购赠饮”活动。消费者到该店用团购就餐时，几人用餐就可得几瓶“北冰洋”汽水，以此来提升北冰洋汽水在年轻人中的知名度。为了确保上述活动实施顺利并有较高关注度，北冰洋汽水针对媒体也采取了相应的措施——在进行上述活动前期给媒体发送活动预告电子邮件，执行中期给媒体发布活动相关信息，后期发送活动效果消息。在沟通过程中重视邮件主题、正文、落款等内容，辅助进行媒体关系维系。该活动提升了

---

① 参见孔烨、胡月、罗奇华等：《“再来一瓶北冰洋！”——新新媒体环境下北冰洋（汽水）品牌活化与塑造年度公关策划案》，《公关世界》2016 年第 15 期。

媒体对此事的关注度，让活动的开展达到了事半功倍的效果。组织的凝聚力在品牌推广中起着不可或缺的作用，人心团结、齐心协力能省去不少后顾之忧，而人心涣散便会使活动开展举步维艰。因此，北冰洋汽水针对内部集体意识的培养也极为看重。首先，建立微信工作群，将相关活动页面（微信图文、H5 游戏、微博话题互动页面等）推送至群中，将每一位员工都变成一个活动推广的中心，以此来扩大活动的辐射面，提高员工的活动参与度。其次，给员工发送企业发展史主题电子邮件（北冰洋线上博物馆），让其了解北冰洋发展史，增强其品牌荣誉感。定期发送活动调研反馈邮件，调查员工对于活动的看法，增强他们的"主人翁"意识。

四、公关评估——从数据到人本

公关效果评估所包含的内容范围很广，在不同的时期、不同的平台，所评估的内容侧重点也各有不同。在传统媒体时代，评估的主要依据是成本、传阅率等纯理性客观的数字标准，对公众的感受、反馈等主观性较强的内容并不看重。但是在新媒体环境下，公关从本质上被视作一个双向沟通的过程，公众也不再一味地扮演接受者的角色，对个人意见的表达有了更高的要求。因此，公关评估更侧重于考量目标受众覆盖率、粉丝互动频次、话题提及率等等。另外，还有一些更为主观知性的考量内容，比如媒体认知度、圈层影响力。奔跑互动（北京）营销策划有限公司提出了 CFID 法则，分别从内容、功能、话题、数据这四个方面阐述了新媒体环境下公关效果评估的方法和变革。第一是内容（content）：根据内容吸引过来的粉丝，其黏性远远大于通过其他活动或广告吸引来的粉丝，这可以作为一个考量。第二是功能（function）：如今社交媒体营销中运用微信的非常多，微信的平台定位是"连接一切"。企业微信需要从用户角度出发，完善微信平台功能。无论是电商的话题，还是售后咨询等问题，都需要将微信打造为最便捷的功能入口，并给用户一个很好的体验，以便形成良性互动。第三是话题（interact）：富有创意和易于传播的活动，是企业获取用户的有效方式。在瞬息万变的社交媒体中，单纯的有奖活动并不可取。活动必须更加具备话题性和自传播性，要考虑受众的兴趣点，比如大家的关注点在哪里，企业在话题当中起到了哪些作用，等等。所有数据都可以由第三方监测到，并相应作一些分析。第四是数据（data）：长期积累的用户交互行为数据是一个巨大的宝藏。要充分运用"数据标签化"，对人群的特点作一些标注。同时，做一系列话题的时候，还要发现粉丝当中的 KOL（Key Opinion Leader，关键意见领袖），在下一次做活动的时候，就可以提前找到他们。同样一次活动，若转发量有很大的差距，就要分析粉丝所关注话题的不同之处，这又是一个标签化，可以运用到二次运营中。最后的评估不可或缺。评估数据会显示在二次运营中的投入产出比会不会下降，由此我们能很清晰地知道公关的效果，即通过组建、分析与挖掘有效数据库，指导企业设计更有效的营销活动及评估方法，最终达到提升ROI(Return on Investment，投资回报率)的目的。①

① 参见王竹君:《新时期的公关效果评估》,《国际公关》2016年第2期。

第八章 公共关系专题活动

公共关系专题是社会组织为某一明确目的、围绕特定主题而精心策划的公共关系活动，其主要目标是尽量促进组织与公众进行直接的、集中的、深度的沟通和交流，这与公关的总体目标相契合。公关专题活动的形式有新闻发布会、庆典仪式、公关赞助、展览展销、开放参观等。组织可以根据自身情况，策划与实施不同类型的专题活动，有重点地与特定公众进行沟通，以塑造自身形象，提升好感度。学者史蒂芬·布莱克威尔(Steven Blackwell)在研究公关专题活动的基础上指出，公关专题活动的主要优势在于不露声色地传达隐藏在事件或活动中的信息，成为帮助组织将信息传达给公众的媒介。新媒体的发展为公共关系专题活动提供了更便利的沟通方式，官网、门户网站、微信、微博、直播平台等都可以成为公关专题活动的传播渠道。

第一节 公共关系专题活动概述

公共关系专题活动是组织提升知名度、美誉度的重要形式，能够帮助组织以"润物细无声"的方式接近公众，并将组织信息传递给公众而不至于引起公众反感。与广告活动相比，组织公关活动在沟通、互动方面具有明显的优势。为了使公关活动的策划和执行富有计划性和创新性，组织可以从信息沟通类专题活动、对外开放展示类专题活动及庆典赞助类公关活动几个方面展开策划。

一、公共关系专题活动的基本特点

公共关系专题活动是公关实务的重要组成部分，是塑造组织形象的驱动器，在吸引公众、联络感情、促进沟通、树立形象、提高声誉等方面发挥关键作用。组织在进行公共关系专题策划时，要把握专题活动的具体特点，采取恰当的方法，以达到预期效果。

（一）针对性

公关专题活动是组织在审时度势地考查其内外环境的基础上，根据组织发展的实际需求，为了与公众进行有针对性的沟通而策划和实施的，其目标非常明确。有些专题活动侧重于知名度的提升，有些则侧重于美誉度的提升。有些专题活动主要追求短期收益，有些定位于长期的形象目标。有些专题活动主要针对外部公众，有些则针对内部公众。组织必须明确其活动的主要目标。一般而言，公关专题活动的主要目标有告知信息、增加好感、消除误解、劝说购买、协调关系、收集意见等。组织专题活动的策划和执行要紧紧围绕活动目标而展开，有的放矢地开展活动，以实现其效果的最优化。

（二）创新性

大多数情况下，公关专题活动是对公众进行"直接刺激"，活动的创意、策划和现场气氛尤其重要，这就需要组织者在创新性上下功夫。同时，组织往往会邀请一些媒体来进行采访和报道，活动本身如果新颖有创意，有利于记者发现新闻点，这对后期在报纸、电视、广播、网络等媒体上呈现组织信息，树立组织形象，争取更多人的好感有重要作用。创新性一般体现在活动创意环节上，别致新颖、杜绝平淡、突出特色是创意的基本要求。为提升组织的文化形象，这一环节可适度加入艺术表现手法，避免活动过度平庸化和媚俗化。

（三）仪式化

美国传播学家詹姆斯·凯瑞（James W. Carey）曾提出"传播仪式观"的理论，即建立传播和仪式之间的关联，将传播过程看作仪式化的社会群体互动过程；不是把传播看作"位移"，而是一种"仪式"，是一场以团体或共同的身份把人们吸引到一起的神圣典礼。公共关系专题活动的实施过程实际上就是一种公共仪式。在这种由组织主导的仪式化信息共享过程中，组织成员建立起认同感、凝聚力和归属感。通过公关专题活动，公众与组织之间的关系构建效果远优于大众媒体的信息传递形式的效果。在公关专题活动的策划中，一定要强化突出这方面的优势。

（四）沟通性

公关专题活动的一大特点是直接与公众互动，沟通性对成功的专题活动而言是必备条件。沟通是人与人之间、人与群体之间传递与反馈思想、情感的过程。沟通效果受多个因素的影响，包括沟通的主体、沟通的内容、沟通的技巧以及互动方式等。在公关专题活动的策划和实施过程中，沟通性的提高可以从组织沟通态度的真诚性、沟通内容的可接近性、沟通技巧的灵活性、提高公众参与度等几个方面入手，在活动的不同阶段始终把与公众的和谐沟通作为主要目标。

（五）灵活性

公关专题活动的灵活性是指在制定方案和开展活动时，都要多手准备，灵活应付活动执行过程中可能出现的各种状况。公关专题活动一般是由主办方、承办方与协办方共同合作完成，在这一过程中可能出现政府、企业、媒体、广告公关公司、供应商等多个参与者，任何一个参与者都有可能因为主客观原因临时修改或变更计划，所以公关专题活动在策划阶段就必须注意灵活性，有些公关公司甚至制定多套备选方案以备不时之需。在活动实施过程中既要尽量忠实于原定计划方案，按既定规划程序进行，又要时刻注意形势的变化，及时调整活动的细节，机智地处理执行过程中的突发状况，确保整个活动过程机制灵活又井然有序。

二、公关专题活动的一般程序

公关专题活动的策划和执行需要遵循一定的程序，在策划中寻求公众易于接受的方式，规划公众感兴趣的内容，提高传播沟通的效能，以建立完备的公关工作体系。通过此种有计划、有步骤的进度推进，实现与公众的“仪式化”沟通，以发挥专题活动独特的优势。

（一）明确目标

组织在制定公关专题活动之前，一定要在分析组织内外环境的基础上，结合组织的发展战略，明确活动的主要目标。专题活动的目标不能过于空泛、宏观，也不能过于抽象、含糊。一般而言，组织应根据其发展的实际状况来制定目标，例如根据组织内产品生命周期的不同特点，有针对性地制定活动目标。也有的组织会根据舆论状态来制定目标。组织是处于常态的稳定发展状态还是处于舆论危机状态，决定了公关专题活动的目标有常态沟通和危机公关之分。此外，组织也会因重大事件而开展公关专题活动，例如新产品上市、新领导就职、新店开业、周年庆、获得重大荣誉等。这种重大事件的分享仪式一般和新闻发布会、庆典等形式结合在一起，其主要目的就是传递高价值信息。

（二）构思主题

公关专题活动的主题是活动的点睛之笔，恰当的主题对专题活动来说至关重要。在主题构思过程中，可以从多个角度切入，比如活动目标、组织发展的理念、产品或服务的特点。在主题选择过程中，要结合公众、组织及社会环境的特点来综合考虑，既要符合公众的心理和兴趣，又要与企业的公关目标一致，还要符合社会环境的总体要求。例如在奥迪汽车的新品发布会上，奥迪结合其品牌定位特点，根据产品的具体特性以及在市场中的竞争态势等状况，为该发布会选定的主题为“王者基因”。这与奥迪品牌、产品特征、竞争态势都紧密结合，给公众以眼前一亮的感受，不仅增加了公众对本次发布会的兴趣，而且还在无形中强化了奥迪在汽车领域的王者地位。公关专题活动的主题构思可以通过头脑风暴的形式，在创意成员广泛参与、讨论、互动的基础上进行。理想的公关专题活动的主题既要体现活动主要内容，又要有丰富的文学艺术内涵，具备一定的格调。

（三）制定活动流程策划书

制定活动流程策划书是公关专题活动的核心内容之一。在明确了活动的目标和主题的基础上，需要策划人员根据内外环境的实际状况进行流程策划，选取恰当的活动形式，比如是采取新闻发布会的形式、庆典的形式还是以展览会、组织开放日的形式与公众沟通，哪种形式效果最佳。在确定了总体形式的基础上，根据实际情况制定活动明细，例如活动的时间、地点、参加人员、平台搭建、活动流程、媒体邀请、预算等方面。在时间选取方面需要注意特定日期，一般来说活动日期选在开业当天、节假日、周年庆的情况较多，尽量不选取在本地有其他重大活动的时间，因为这会造成时间冲突，淡化本组织专题活动的影响力。另外地点的选择也需要注意，一般而言组织倾向于在豪华酒店举办各类活动，这有利于组织树立形象。但是，随着对公共关系本质的认识的深入，越来越多的组织选择在公众活动集中的地点开展活动，目的是充分地与公众进行沟通和互动，这种亲民的思路与公众关系维护目标一致。在参加人员的选择方面，传统的新闻发布会、庆典、展览会经常邀请行业领军人物、政府领导、媒体嘉宾来参加活动，这可以促进组织与多方公众的良好互动。随着对公关认识的加深，公关专题活动的受邀人群里增加了非常重要的一类人，即直接关联公众。如果是学校举办的活动，那就将学生群体当作受邀重要人群；如果是企业活动，则将消费者作为重要受邀人群。这类直接关联公众往往数量庞大，组织可以通过多种形式邀请他们。随着新媒体的普及，越来越多的组织通过网络报名的形式征集参与者，而参与者的亲民身份往往会受到更多关注。比如现在越来越多的消费者通过网络报名参加样板房看房团，并将看房过程通过论坛、QQ、微信、直播、微博等形式实时呈现，这些信息的可信度被认为高于商家及媒体的宣传，所以受到的关注程度高，信息的在线互动性也强。公关专题活动的流程是组织策划的重点，需要考虑主持人的选择、演出形式的选择、流程的设置、现场互动形式的设计、展示内容的呈现、记者提问环节的把控等。在公关专题活动流程策划中存在的突出问题是活动形式的同质化和活动内容的僵化，容易使策划本身失去创造力。在媒体邀请方面，组织需要根据其地域分布、行业分类、媒体资源、话题规划等内容确定媒体邀请名单，并制作媒体邀请函，由专门的媒介沟通人员以恰当的形式与媒体进行沟通，协调媒体的出席、采访和跟进报道等相关事宜，在此过程中进一步建立和完善良好的媒体关系。预算规划是评价策划书的重要指标。在预算规划时，需要按支出明细制定表格，让组织方了解总体花费以及具体花费的明细。策划人员在撰写策划书时，一定要客观、合理、详细地制定预算表，如此才会获得组织的青睐。

(四)工作小组分工

根据专题活动策划书的内容，结合每个人的特长，将工作人员分成若干个工作小组，明确每个小组的任务，并敲定落实时间，以保证每个活动环节都有专人负责，团队各小组协作完成专题活动的执行工作。一般而言，专题活动的工作小组分为活动统筹组、场地布置组、演艺管理组、公众服务组、媒体接待组、现场控制组、应急处理组等；各小组协调配合，在活动开始前由各小组组长进行任务分配。

(五)活动执行

活动正式开始前需要做好充分的准备工作。以新产品发布会为例。各小组在供应商的配合下完成舞台搭建、展台布置、多媒体影音设备安装调试、公众招募、嘉宾邀请、安保工作布置、相关物料准备等工作，仔细核对每一个环节，做好活动的各项准备工作。活动开始时，各小组按原定分配的任务，有条不紊地展开工作。在工作中注意“全员公关”的意识，即每一位工作人员都代表组织的形象，要与公众进行平等、真诚的沟通，将组织信息有序、灵活地呈现给公众。活动结束后，媒介沟通人员要及时与媒体人员保持联络，提供有价值的信息，协助其将组织信息发布到媒体上，扩大活动的影响力。

(六)效果评估

正确、客观地评价公关专题活动的效果是必不可少的步骤。效果评估能帮助组织考察公关方案执行的程序，衡量公关活动的实际效果，调动公关工作人员的积极性，并为下一步的公关活动规划提供借鉴。一般而言，公关活动效果评估较难，可以通过媒体发稿量、公众访谈、专业人员评价、公众调查等方式来进行。公关行业通用的方式是发稿量的统计。根据媒体沟通情况，在活动执行后一定周期内，将媒体上发布的关于本活动的信息收集起来，并制作成剪报册，这样可以统计发稿媒体数量，并评估对该事件的报道程度。若想更细致地考察某次公关活动的效果，还可以通过对公众的调查、访谈或者专家评价等形式实现。

第二节　信息沟通类公关专题活动

信息沟通类公关专题活动主要是通过文字、图片、视频等的组合与策划，通过媒体传递组织信息的公共关系专题活动。信息沟通类公关活动主要包括新闻事件策划和新闻发布会两种类型。前者主要是在事件策划的基础上向媒体发布新闻，以新闻稿为主要信息载体，以期通过新闻传播达到告知公众信息的目的；后者主要是以新闻发布的会议形式，将组织内部的重要信息以仪式化的方式向媒体记者传递，媒体在采集新闻的基础上对组织信息进行报道。

一、公共关系专题活动之新闻事件策划

新闻事件策划是组织经常采用的公共关系手法，是指组织以客观现实为基础，根据组织传播需要，对与本组织有关的信息进行规划，发掘其新闻价值，以传播组织正面形象的策划活动。当前新媒体发展态势下，新闻事件策划往往会达到事半功倍的效果。在组织主导的新闻事件策划中，不仅要考虑宣传效果，而且还要顾及社会效应，避免事件策划走向新闻恶意炒作的一端。

（一）新闻事件策划过程中应注意的事项

在新闻事件策划中，应把握一定原则，注意突出事件传播的公共性。策划的基础是信息本身的真实和正面，新闻策划的核心是突出事件的新闻价值。事件策划要明确其目标公众，针对目标公众进行精准传播。在媒体选择上，要充分发挥社会化网络媒体的作用，实现网友的自发传播。另外，在价值取向上，要将公共利益和价值作为核心取向，传播的主要目的是与目标公众达成共识和实现公众对组织的认同。

1. 组织传播中的“公共性”理念

西方学者对公共性的解读各异。汉娜·阿伦特（Hannah Arendt）强调“公共性”是公众对“同一客体”的讨论，这一客体本身只有具备了公共特性，这样

的讨论才有意义。丹尼尔·贝尔(Daniel Bell)强调观点"共享"的意义,即"每个成员都像家庭成员一样循规蹈矩"并不是真正的公共性;主体之间的差异性和个性是公共性的前提,即不同的人都要参与到某一事件的讨论中来。尤尔根·哈贝马斯(Jürgen Habermas)也强调各主体应在公共领域内对事件进行讨论乃至批判式解读。

新闻事件策划也是在公共领域内将组织信息进行公开,以开放的姿态与公众进行互动,邀请各类公众主体参与到同一"客体"的评价中来。新闻事件策划是有规划、有目的地将组织信息公开化的过程,从策划到传播的各阶段,都要顾及新闻信息本身的"公共性"。公共性包含公开、公众参与和公益等维度。在新闻事件策划中,首先要注意信息的公开。组织要考虑如何公开组织信息、公开哪些信息、怎样公开信息等。公众是组织信息的重要传播主体,在组织信息传播中不应仅把公众看作被动的客体。应注意到,新媒体环境下每个人都可以发表对组织的意见,组织对公众的传播不是单向的说服性宣传,而是在充分尊重公众基础上平等地对话和交流,达成共识。应以积极的心态对待公众的参与,包括对信息的接收、评价与再传播等。多元公众主体的参与是公关活动的重要特征。新闻事件策划中尤其需要关注公益问题,即该事件是有益于公众的。由于公共性身份,在组织的行为和理念中应时刻注意形象,新闻事件策划要注重社会效应,不应把组织本身的利益作为唯一考虑的因素。

"赢在中国——碧水蓝天间"这一节目的相关新闻事件策划之所以会引起公众的关注,不仅仅是因为明星参与或赞助企业的知名度,而主要是因为当前空气质量、水质等环境问题已成为全民关注的焦点。众多企业在"双十一"做营销传播时,希望通过新闻事件策划让公众在海量信息中关注到本企业的信息,为此,有的企业通过"讲品牌故事"的形式,有的强调宣传促销力度,有的通过明星代言来博取关注。在这一过程中,企业传播的公共性诉求直接影响传播效果。消费者对"打折促销"的敏感度降低,甚至越理性的消费者越认为"双十一"折扣力度有限,而对"大处着眼"、具有大局观的企业则另眼相看。这里的"大处"就是指其公共性,即企业是否选择了合适的信息进行公开,是否鼓励多主体的参与,是否将公众利益和社会效益放在重要的位置。

2. 信息本身的真实性

新闻事件策划虽属策划,但一定要在客观真实的信息基础上进行策划。为了使组织形象更加正面,加深公众对组织的印象,有些组织在新闻策划时会有意夸大事实,这会对组织公信力造成负面影响。一个理想化的品牌故事对于公众有一定的吸引力，但是如果故事本身不真实又被公众发现真相，将会给公众造成不诚实的印象。有的新闻事件策划存在信息片面性的问题，只展示一部分内容，而遮蔽了另一部分内容，一定程度上也欺骗了公众。当公众发现真实情况后，往往会产生受蒙蔽、受欺骗的愤怒感。

还有的组织利用公众的“审丑”“猎奇”心理，在新闻策划时大搞噱头，用低俗化的手法进行传播，即使在当时吸引了注意力，但是这种缺乏新闻品格的信息会使公众产生反感、抵触情绪。北京某家餐饮企业为周年庆策划了“斯巴达300 勇士”游行活动，主要形式为赤裸上身的外籍男子手拿水杯，以斯巴达勇士的形象列队而行，吸引了众人合影、驻足观看、评论，很快被民警以扰乱社会治安为由制止、驱散。这场策划活动虽吸引了公众的关注，实现了轰动效应，但是活动策划本身的低俗、色情因素亦受到业内人士和媒体的批评，难以使公众对组织产生好感。

3. 注重新闻价值

在策划新闻事件时，要将新闻价值的挖掘作为重点。任何组织都希望通过媒体传播组织的正面信息，但是往往因提供的信息没有新闻价值而被媒体拒绝。所以在策划新闻事件时，要学会换位思考，从媒体筛选新闻的角度来选取信息，使信息具备新闻价值，这样才有可能被媒体采用。一个事件要成为新闻，需要具备真实性、吸引性、时效性、接近性等特点。组织为媒体提供的信息要保证真实，这是前提。同时该信息在内容上是新鲜、有吸引力的，这样才会激发公众的阅读兴趣。时效性是指信息是最近发生的事件，而不是时间久远的事件，否则不具备“新”闻的基本特点。接近性是指该信息对媒体的受众来说，有地域或心理上的接近性，例如组织在某市发生的事件，要在该市或该组织行业的相关媒体上报道，这样公众会觉得跟自己有关联性，进而产生兴趣。在进行新闻策划时，一定要将新闻属性放在首位，这样才会符合媒体刊发的要求。

例如政府为树立服务民众的形象，将其工作人员图片和工作内容提供给媒体，这在媒体看来是政府的分内之事，没有新闻属性。若要将该事件策划成新闻，可以从工作人员个体的视角来报道，比如“一个基层社区调解员的一天”，这就吸引了公众的注意力，适合刊发。交警部门为降低本地交通事故率，鼓励驾驶员遵守交通法规，可能会将违反交通规则的图片、视频提供给记者，希望记者报道违反交通规则的危害。这对媒体来说是一个难题，因为提供的信息没有明确的新闻属性。2016 年，多个城市的交警部门策划了“100 天无违法”的奖励活动，或赢取加油卡，或赢取红包。车主不仅可以关注、讨论该事件，而且还可以参与、互动，事件新闻策划的影响力较大。

4. 精准定位公众，充分利用社会化媒体进行传播

在进行新闻事件策划时，要将传播对象的范围锁定，明确该组织的目标公众，针对目标公众的特性策划出适合该类公众的事件。传统意义上的新闻策划往往需要具备一定的媒体资源优势，才有机会在媒体上传播。随着新媒体的发展，基于人际关系的社会化媒体兴起，网民的自发行为会使有价值的新闻得到迅速传播。立顿红茶于 2009 年策划了一场颇受好评的“玩味下午茶”的活动，定位的活动群体为立顿红茶的高频消费群体——办公室一族。该活动的创意点在于，只要在线填写“我要送茶”的信息表单，就可以选择自己的好友作为接收红茶的对象，立顿会根据你填写的地址为该好友送上红茶惊喜。活动共送出 25 万次红茶，立顿“拍客”为每次送茶活动拍摄视频，并在网站上分享，网友们也在社交网站上分享体验感受。该活动种子视频的播放量达 350 万次，不但传播范围广，而且线上线下都达到了良好的互动效果。本次活动成功的重要原因在于，立顿红茶的定位就是年轻群体；同时红茶又是好友送出的，增加了活动的神秘感和社会连接作用，扩大了活动影响力。同时，这项策划还可以产生“病毒营销”的效果，好友收到惊喜，可以继续为自己的好友送茶；每一次送茶影响到的人群不仅仅是这两位好友，而且还有办公室其他同事；若在网上分享心情，会进一步扩大活动的影响力。东阿阿胶的产品桃花姬的目标公众主要是女性。该品牌在北京等一线城市策划了“发现美 寻找桃花 lady”的线下活动，通过重点邀请写字楼白领女性的参与，将“美”的理念传递给公众，达到了良好的传播效果。

5. 传播目标上的共识和认同

新闻事件策划的目标不仅仅是扩大组织在公众中间的知名度，更重要的是使公众对组织产生认同感。当代传播越来越强调利益和价值的同一化，传播的主导者和接受者之间不是主体和客体的关系，不是将接受者客体化和对象化，通过宣传的手法使其屈服于传播者的意志，产生态度改变或行为改变。传统观点认为，企业和消费者之间是利益的“零和博弈”，即一方的利益以另一方的损失为条件。当前应摒弃这种观念。组织的传播行为是一种与公众“进行的主体间性”的对话，是互为主体的一种传播关系。在传播目标上，越来越强调公众与组织之间产生认同感，达成利益和观点的共识。以政府新闻事件的策划为例，随着社会公共治理理念的普及，政府会把社会每个成员与群体当

作社会治理的主体，鼓励社会不同群体参与到事件传播中来，传播的内容也与每个公民的利益息息相关，以期与公众共同构建更加和谐、稳定、健康的社会环境。

例如在 2016 年 11 月，“平安北京”官方微博策划了一场在线有奖征集活动。活动的主旨是问计于民，号召公众参与到政治公共议题中来。活动主题为“我为北京支一招”，活动的目的是建设更好的北京，征集对象是每位市民，而每位市民都是活动的受益者，所以公众对此活动的认同感强。[①] 胡百精在其专著《说服与认同》中提出公关的三个共同体的理念，即公关的组织与公众之间形成信息共同体、利益共同体和价值共同体的关系，这是公关传播“立言”的核心效果。[②]

（二）新闻事件策划的流程

从传播的视角来看，新闻事件策划的流程分为几个阶段，即资料收集、主题策划、信息加工、新闻发布、公众解码、信息反馈等。在各个阶段的规划中，要始终具备形象意识，将组织形象的塑造作为重要依据来进行策划。我们以信息传播的过程为主线，以组织形象塑造为价值诉求来看待新闻事件策划的过程。

1. 资料收集

在进行新闻事件策划之前，首先进行资料收集。在资料收集过程中，充分发挥互联网媒体的优势，就相关议题在网上传播的状况进行汇总，梳理出公众对该类议题的不同态度。若存在对组织的负面评价，应积极诊断问题，以发现问题、解决问题的思路来对待既有公共舆论。通过对数据、观点的汇总整理，提炼出当前对该类议题的意见类别，有针对性地对此后的信息进行策划。

例如在网络舆论中，对城管形象的社会认知多为负面，而此种意见形成的原因一方面是城管的刻板印象使然，另一方面是暴力执法的视频被公众拍摄后在网上传播，很容易使网民对此话题形成偏见共识，在不辨真相的情况下盲目进行二次传播。基于此种资料背景，城市管理部门不能等到负面事件发生后再“救火”，而应该主动从内部整改开始，强化人性化执法，制定冲突处理的流程和标准。在此基础上，为改变公众的既有负面认知，树立“服务市民”的形象，可积极进行新闻事件策划，积极传递正面典型信息，将城市管理者阳光、正

---

① 参见《“我为平安北京支一招”活动 十天收到建言近千条》，北青网 http://www.fawan.com/sdzz/zzdt，2016 年 11 月 17 日。

② 参见胡百精：《说服与认同》，中国传媒大学出版社 2014 年版，第 36～43 页。

面、文明、温和的人性化执法过程展示出来，同时以开放的姿态欢迎社会监督，通过微博、微信等平台曝光不文明现象，承诺不断改进执法过程，让公众充分认知到，城管执法的根本目的是维护整个城市市民的公共利益，从而让公众产生价值认同，再看待城管执法过程时就会多一分理解。

2.新闻稿主题策划

主题策划是在分析背景材料的基础上，根据组织发展的现状，策划出新闻传播活动的主题，并围绕这一主题进行稿件撰写和新闻发布等。新闻事件策划的主题要具有创新性，充满活力的鲜明主题能吸引公众的注意力，在传播过程中达到较好的效果。这种创新不仅是修辞表达上的创新，而且还需要视角的创新。过去组织在策划主题时视角单一，往往仅从自身角度来看待事件本身，所以报纸、电视上多是充满宣传意味的标题，比如某企业销售达500万元、某品牌第1000万件产品下线、某组织周年庆典等。这些主题对于组织来说意义重大，但对于公众来说，吸引力不大，甚至会因为媒体过浓的商业信息产生反感情绪。所以在主题策划时，要从公众的视角考虑问题，特别是要脱离组织本身的产品和服务本身来谈问题，要有大格局，将产品或服务的价值提升到理念层面，展示企业的社会责任和社会担当。

2016年5月，企业家马云、柳传志等在参加中国企业家座谈会时均发表了自己对企业社会责任的看法。马云讲道，自己最怕看“中国首富”之类的报道。他认为中国企业家应做“首负”，即首先要担负责任。马云说：“在公司里我作的重大决定跟钱都没有关系，企业家群体必须有担当、有责任。”谈到政商关系时，他提出“不行贿、不欠薪、不逃税、不侵权”原则。这“四不”原则也是企业家负责任的表现。[①] 组织在策划主题时，一方面要从公众的角度规划主题，另一方面要从社会责任的角度，而不应仅仅从组织自身的商业视角进行规划。马云谈“淘宝、天猫解决中国数千万人口就业”的主题，比谈“天猫”的盈利模式或营业额更能获得公众的好感。

3.新闻稿的撰写

新闻稿虽然具有商业属性，但是在撰写过程中必须遵循新闻写作的原则，从媒体记者的角度来考虑稿件内容。新闻稿必须具备六大新闻要素(5W1H)，即事件发生的时间(When)、地点(Where)、事件的主要人物(Who)、发生的事件是什么(What)、为什么发生(Why)和事件是如何发生的(How)。

① 参见马云:《首富首先要是负责任的“负”》,《新京报》2016年5月9日。

新闻稿的结构多种多样，通常采用“倒金字塔”式的写法，即先将最重要的核心信息在开头交代清楚，然后逐次展开，介绍事情的来龙去脉。这种结构的新闻由标题、导语、主体、结尾四部分组成，对新闻稿来说每个部分的内容相对固定，易于撰写。

标题是文章的眼睛，承载着传情达意、表现核心内容的功能，要求简洁、鲜明、易于记忆。为吸引公众注意力，导语部分可采用疑问法、描写法、悬念法等多种手法，吸引读者继续阅读下去。主体部分是新闻稿的核心内容。在组织内部，新闻稿一般有固定的内容模板，根据事件的不同类型可选择不同的模板。另外，新闻稿一定要注意新闻背景的介绍，这有助于媒体更好地理解组织，也有利于公众进一步认识组织及事件。结尾是收笔之作，一般来说可以总结事件的意义、价值或预测事件发展的趋势，可以采用小结式、启发式、感叹式、评论式或展望式等多种形式。

4. 新闻稿的修辞与叙事

在新闻稿的撰写过程中需要注意修辞和叙事策略。修辞不是“工于辞令”“巧言善辩”，而是注重表达上的文采和审美考量。亚里士多德提出修辞是品格、逻辑与情感的结合。在不同情境下，针对不同的对象，需要采用恰当的修辞手法。新闻事件策划的修辞可以从以下几个方面展开：首先，传播主体要具备一定的品格。在文字使用方面，要根据组织的特性和公众特点使用恰当的语句，并将情感要素、特别是组织对公众的人文关怀加入其中。在论证某一观点时，要层次分明、逻辑通畅、言之确凿。另外，恰当的修辞和叙事策略在公众“议程设置”方面的功效显著。在新闻事件策划过程中，叙事之所以重要，是因为这是一个现实环境在媒体拟态环境中形象重构的过程。在叙事策略上，采用严肃叙事法还是感性叙事法，用讲故事的形式还是讲道理的形式，都是需要考虑的问题。叙事方式和公众的接受态度密切相关，要根据新媒体环境下公众的接受习惯和偏好，巧妙地表达组织要传达的核心信息，学会讲好组织故事，避免公众在阅读新闻稿时产生排斥心理。在信息加工过程中，要避免老套的陈词滥调。公关新闻稿上“盛大开幕”“完美收官”“引领潮流”“引爆时尚”等词语随处可见，让公众感觉浮夸而无诚意，起不到应有的效果，应予以避免。

（三）新闻事件策划的传播与反馈

1. 新闻发布与议题设置

在文稿完成后，可适时进行新闻发布。传统的新闻发布以报纸、杂志、电视等渠道为主；随着移动互联网的普及，组织将新闻稿信息灵活嵌入到应用软件中，使用户在无形中接触到组织信息。新闻发布过程涉及与媒体合作的问题。目前可供新闻事件策划投放的渠道有微信、微博、门户网站、手机 APP 嵌入、论坛等，这些是比较常用的渠道。组织应注意新闻稿件的精准投放，根据大数据信息进行基于历史搜索记录的偏好定向投放。例如根据某位用户搜索词条“孕期健康”“会计师考试”“胎动”“预产期”等，可以判断此用户可能是一位打算进行会计师考试的待产妈妈，那么接下来一段时间内对其进行新生儿用品品牌的新闻稿件推荐或会计师培训机构新闻稿件的推荐是可行的。大数据定向投放面临的最大问题是用户隐私问题。在进行相关新闻稿件推送时，要提前征询用户意愿，比如在网站上设置“许可按钮”“屏蔽按钮”等。如果只为投放数量而不顾用户的感受，会适得其反，引起用户的反感。

有计划地规划、传播组织的新闻话题，可以达到议程设置的目的，使公众的注意力集中于组织设置的某项议题，有助于组织和公众就组织规划的议题进行良好的沟通。新闻事件策划是组织进行议题设置的有效途径，组织将信息隐含于新闻之中，会使某项策划议题由组织议题转化为媒体议题，再通过各种媒体形式的传播，形成公众的公共议题。

2.公众对信息的解读

新闻事件策划的核心环节是公众在接收此信息时的解码过程，不同公众的性别、文化背景、所属群体、个性、受教育程度等都可能对新闻稿件的解码产生影响。伯明翰学派的斯图亚特·霍尔(Stuart Hall)及其同事注意到，受众在面对信息时，不是被动的“靶子”，而是会产生多种解读方式，即解码模式。他总结的解码模式有对抗式解读、协商式解读和顺从式解读。当公众对组织存在敌意或偏见时，容易产生对抗式解读，在解读新闻时，倾向于用负面的、对抗的思维来解释信息；当公众对组织信息不甚了解或未有明确观点时，可能产生协商式解读；当公众本身和组织存在一致观点，或对组织好感度较高时，可能产生顺从式解读，即在解读信息时，趋向于用正面思维来解释其中的内容。新闻稿的公众解读和公众对该组织的既有态度有非常大的关系，所以任何时候组织都要具备形象意识，不能仅依靠新闻事件策划就妄想达到一劳永逸的效果。在进行公众解码的过程时，可以结合社会心理学的相应理论来思考，比如认知模式、从众心理、框架—启动效应、认知协调理论、刻板印象、文化与归因理论、印象管理等。

情景危机传播理论是由归因理论衍生的理论，由库姆斯(W T Coombs)提出。这一理论的基本观点是：在不同情境中，公众会判断组织危机产生的原因是主观故意的还是客观原因造成的，从而将组织的危机类型划分为“受害者型”“意外型”和“可预防型”，再根据组织有无类似的危机史的判断，形成不同的态度，产生不同的情绪。[①] 框架—启动效应是指公众在接受信息时，会不自觉地受自身认知框架的影响，用既有的认知框架来解读信息，这种框架影响情绪的启动。例如公众根据已有经验对“富二代”本身存在一定的认知框架，当新闻标题中出现“富二代”一词时，公众会启动原有的认知框架中的认知、情绪等来解码该信息。

3. 公众对事件策划的反馈

新闻事件传播进程中的一个舆论回路的环节是信息反馈，即信息到达公众之后，公众产生不同的认知、态度和行为，并通过评论、回复等形式反馈信息。互联网平台为公众表达意见提供了平台。通过收集公众反馈的信息，可以获取该条新闻传播回路上的意见流，这对组织来说尤其重要。公众反馈的意见，尤其是负面意见对组织往往具有重要价值，应积极主动地面对负面舆论，化解可能存在的危机，并在此后策划新闻事件时吸取教训。

2016 年猴年春节晚会前后，支付宝发布了全民互动事件策划——“集齐五福，平分两亿现金”活动。该活动一经发布就引发轰动，用户们相互加为好友，很快集齐“富强福”“和谐福”“友善福”“爱国福”四张福卡。随后网友们发现，“敬业福”非常稀有，纷纷在社交网站上求“敬业福”。随后有人爆料支付宝会在除夕夜发放大量“敬业福”。当晚，支付宝“咻一咻”互动平台共参与 3245 亿人次，共发放红包 8 亿元，仅有 791405 位用户集齐了“五福”，人均红包金额 271 元。[②] 随着大量网民的期望落空，网络上舆论声讨不断，业内针对此活动的负面评价也颇多。这场活动的出发点一方面是发红包，赢得公众好感，另一方面是通过相互加好友为支付宝赢取社交链。但是从公众反馈情况来看，效果没有预想的理想；众多网友表示“金额不在大小，而是图一个好兆头”，认为该结果与春节圆满、喜庆的氛围相悖。所以事件策划还应充分考虑公众的文化心态。

二、公关专题活动之新闻发布会

新闻发布会又被称为“记者招待会”，是最常见、最重要的公关专题活动之一。新闻发布会是组织通过构思、策划发布会的形式，将媒体记者聚集在一起，由新闻发言人发布特定信息，并回答记者提问的一种特殊会议形式。通过

① 参见刘茜、王高：《国外企业危机管理理论研究综述》，《科学学研究》2006 年第 1 期。
② 参见赢信：《“敬业福”春晚红包背后》，《企业研究》2016 年第 3 期。

新闻发布会的形式,一方面组织可以向社会公众传递信息,宣传组织形象;另一方面,新闻发布会还可以建立起组织和媒体之间的联络,使媒体记者更深入地了解组织,成为组织的媒体资源。组织在与媒体沟通的过程中,要本着尊重、理解、信任的原则开展工作,主动为记者提供有新闻价值的信息。组织媒介联络人员需要了解新闻采写的基本程序和原则,具备新闻意识,主动发掘有价值的活动或事件,将有价值的信息进行新闻话题规划,为媒体记者提前梳理好可作为新闻素材的资料。新闻发布会是一种两级传播形式:组织先将信息传递给媒体,再通过媒体向社会公众发布,其形式比较正规,易于引起社会重视。目前组织邀请的媒体不仅仅局限于传统媒体,大量新媒体记者与编辑也在受邀之列,这体现出组织对网络传播的重视。

(一)新闻发布会的筹备工作

1. 选取召开新闻发布会的时机

选好召开发布会的时机至关重要,举办新闻发布会一般要有充分的理由和明确的目的,组织要明确在什么背景下可以召开新闻发布会。一般而言,召开新闻发布会的原因有两类:一是组织有正面信息需要向媒体发布,二是组织要应对负面舆论而需要向媒体发布信息。组织内的正面信息一般有组织获得重大荣誉、新产品或新服务上市、组织作出重大战略调整、组织有重大纪念日等。组织可以通过扩大正面事件的舆论影响来塑造良好的形象。组织的负面舆论危机一般发端于媒体负面事件,造成不利的舆论影响,需要组织尽快澄清事实、说明原委、减少误会或求得谅解等。这种负面事件产生的原因包括产品问题、严重灾害、安全事故、政策不利冲击、谣言毁谤等。如何在舆论发展蔓延的适当时机召开新闻发布会,将负面影响降到最低,是公关人员需要谨慎把握的问题。例如 2010 年 7 月 14 日,香港“壹周刊”在报道中指出,由成龙等明星代言的霸王洗发水含有致癌物质“二恶烷”,引起社会广泛关注。当天下午,霸王集团在官网上公布《关于香港壹周刊失实报道的严正声明》表示,产品所含的微量“二恶烷”远低于世界安全标准,不会对人体健康构成影响,随后发布 15 条微博进行“二恶烷”知识普及和情况说明,并指责壹周刊不负责任的报道。之后,霸王又发布微博称,霸王集团已将样品送交第三方检验机构进行检验。霸王集团预期在 7 月 15 日举行新闻发布会,进行检验结果的公布和情况的进一步说明;但由于监测尚未结束,遂在 15 日上午发布《致消费者的一封信》,继续强调公司所有产品都是安全可靠的,其二恶烷含量远低于欧盟及美国地区含量标准,其产品代言人成龙、王菲等也表示继续信任产品。但是此时网络民意调查显示，73.6%选择不会继续购买霸王洗发水。此时，霸王集团的舆论危机达到顶峰，急切需要企业公布事实。7月16日下午，由广东省日化商会、广东省轻工业协会主办的日化行业新闻说明会在广州亚洲国际大酒店举行。当晚，国家食品药品监督管理总局通报：经过抽检，霸王（广州）有限公司制售的洗发水中，二恶烷含量不会危害健康。从负面新闻爆出到召开新闻发布会，霸王集团经历了两天的舆论风暴，直到召开新闻发布会和公布监测报告之后，这场危机公关中的舆论风向才得到扭转。[①]

2.确定主题

新闻发布会的主题要与发布信息的内容密切相关，主题表达要鲜明简洁、生动形象。新闻发布会的主题分为理性诉求的主题类型和感性诉求的主题类型两类。理性诉求的主题主要是直接表现发布会的主要内容、定位和功能等，表达上比较直接和直白，例如“2016年××企业新产品上市新闻发布会”。感性诉求的主题主要是对组织理念、产品或服务特点等内容的感性提炼，表达上一般简洁、自由、细腻，且往往使用理性诉求的副标题作为其主题内容的补充，例如“乐活青春——2016年××健身俱乐部成立十周年新闻发布会”。

3.选定主持人和新闻发言人

由于新闻发布会的形式是与媒体记者直接互动，所以对主持人或新闻发言人的反应能力和应变能力要求很高，需要他们具备思维敏捷、口齿伶俐、对组织了解充分、具有较高文化修养等特质。新闻发布会的主持人一般由专业媒体主持人或组织内公关部负责人担任，新闻发言人由组织内担任较高职位的领导来担任。这是因为高职位领导人对组织的整体战略、政策和计划有比较细致的了解，其发言比较有权威性和说服力，记者可以有针对性地就某些重要问题进行提问。例如济南车展上，某品牌汽车公司选择当地知名的电视台主持人主持新闻发布会，当地公众对该主持人非常熟悉，见到该主持人有很强的认同感和亲切感，会把对主持人的好感移情到汽车品牌上，起到很好的造势作用。

4.撰写发言稿和新闻稿

新闻发布会开始前，作为专业的公关公司或组织内的公关部工作人员，需要提前撰写发言稿和新闻稿，提前做好相关文案工作。发言稿是新闻发言人对外发布的核心信息，需要事先收集有关资料和情报，撰写准确真实、详尽生

① 参见《霸王洗发水事件》，百度百科，http://baike.baidu.com。

动的发言稿供新闻发言人参考。新闻稿即组织方提供给媒体记者的新闻通稿，主要是为媒体记者写稿提供便利。组织方一般在媒体接待时将新闻稿的打印版和电子版交给媒体记者，为其会后写稿提供参考。组织方撰写新闻稿的工作人员需要具备一定的新闻素养，在撰写新闻稿前需要先进行新闻话题规划，这一规划过程就是将组织信息转化为媒体新闻，需要挖掘组织信息中的新闻价值。当前，网络媒体传播是新闻传播的重要媒介，工作人员在撰写新闻稿时要考虑新媒体环境的传播特点，顺应网民的不同阅读习惯，甚至需要针对微博、微信、新闻客户端等不同的网络传播平台撰写不同的新闻稿。

5. 新闻发布会流程策划

新闻发布会的流程策划需要重点从会议的时间、地点和环节设计上进行规划。会议日期一般选择在重大事件发生前后，具体的活动时间包括开始时间、每个环节持续时间以及结束时间等。时间的设计要考虑媒体记者以及嘉宾的便利性，分布要合理，长短要适宜。地点的选取一般要求安静、舒适的环境。为便于布置会场，组织一般选取在酒店的会议厅举办新闻发布会。在正式活动开始前，组织方需要提前布置会场，包括舞台搭建、灯光音响的准备、签到板的布置、安保措施、物料摆放等。新闻发布会的流程策划是重点，一般包括暖场、主持人致辞、新闻发言人发布新闻、启动仪式、现场表演、媒体提问与专访等环节。如何在策划中体现创意和新意是策划的重点。同时，在新媒体环境下，众多新闻发布会在策划时都需要加入网络传播的环节，当前使用较多的方式是网络直播。在网络直播的策划过程中，更应提前做好统筹规划，以保证直播的顺利进行。另外需要根据实际情况及时调整活动内容。以车展为例，各城市每年都会组织几次车展，但车展活动内容大同小异，商家甚至将车模打造成关注的焦点。2015 年上海车展组委会出台新政，规定不允许车展现场有模特展示环节，这就要求企业打破常规，重新寻找车展亮点。众多企业转而将信息传递的重点放在了汽车本身，实现了与公众的深度互动。商家策划了各类模拟试乘试驾、安全驾驶竞赛、智能无人驾驶体验等活动，公众在参与中感受到企业文化、品牌定位、产品特性、设计理念等核心内容，达到了良好的沟通效果。

6. 发出邀请

要根据新闻发布会的性质对相关记者发出邀请，针对不同发布会内容邀请不同媒体、不同版面的记者参加。在被邀请的媒体记者中，除了常规的新闻采访外，组织会选取几家媒体记者作专访，进行大篇幅的深度报道。邀请最好以书面的形式发出，一方面显得真诚和尊重，另一方面也方便记者向单位提出参会申请。

(二)新闻发布会过程及其注意事项

1.接待与签到工作

组织工作人员需提前布置好会场，经过精心设计、安排，营造一种轻松、自然、和谐的气氛。专门的接待人员需经过严格培训，要求穿戴整洁、精神饱满，体现组织的精神面貌。媒体记者到场后，接待人员需及时热情迎接，引导记者在签到处签到，并礼貌地向记者索要名片，并将事先准备好的参会材料递交给记者。例如在某银行新闻发布会开始之前，需要银行员工、公关公司员工提前布置好会场，做好培训工作，等待嘉宾入场。嘉宾又分为媒体嘉宾和行业嘉宾。接待人员需明确分工，做好材料发放、领位等工作，接待全程需做到热情、真诚、细致。针对媒体嘉宾，主要准备新闻稿的打印版和电子版以及背景材料和会议议程等；针对行业嘉宾，主要准备纪念礼品、会议议程等，礼品可以是该银行的纪念邮票、发展历程纪念册等。

2.会议议程的执行

会议议程需根据策划书的规划内容进行，议程的执行需紧凑，不宜过于拖沓。一般来说，会议议程包括主持人暖场、发言人讲话、记者采访与回答等环节。为活跃气氛，某些商业性新闻发布会还会安排节目演出、产品展示及抽奖互动等环节。在议程的执行上要按原策划书的内容有条不紊地进行；若执行中情况有变，可灵活调整，以保证活动的顺利进行。会议议程的执行应根据需求安排得合适、恰当。例如在主持人的选择上，是选择本地知名主持人还是全国知名主持人，要根据品牌的影响力、品牌实力而定。不同组织的节目演出形式有所差异。企业的新闻发布会中，一般选用大气、有活力的节目表演形式；为活跃气氛，还会设置有奖竞答、抽奖等环节。这需提前为参与公众准备好小礼品，在时间和环节安排上要合理、恰当。

3.发言人的现场控制

会议开始时，由发言人介绍召开新闻发布会的背景以及本次会议的主要目的，将事件的经过或信息的主要内容告知媒体记者。坦诚地与媒体进行沟通，建立良好的媒体关系，对组织良好舆论环境的营造起到关键作用。发言人需学会与媒体打交道，及时、公开、透明地向媒体传递组织信息，以便赢得公众的理解和支持。另外，发言人还要活跃现场气氛，积极引导记者进行提问，为记者提供宽松、自由的交流环境。当记者提问的问题与主题偏离时，要及时将话题引向会议主题；当记者提问过于尖锐时，要注意随机应变，不回避问题，心平气和地将事情的真实状况告知记者，体现出发言人良好的涵养。这事关组织良好形象的建立与维护。怎样恰当地回应现场记者的提问是新闻发言人必须掌握的基本能力，原则上应坚持有理有据，客观真实，礼貌谦逊。

4. 参观或其他安排

新闻发布会结束后可以邀请记者及其他公众参观组织，这能够为公众提供直接接触组织的机会，能够促进公众与组织深入地接触，更全面地了解组织的理念、产品、内部关系和生产过程等，为促进双方沟通提供了条件。若新闻发布会地点离组织较远，可安排茶话会或自助餐等，为记者、公众与组织内部人员提供对话的机会，既有利于媒体与公众了解组织信息，又为组织积累了良好的媒体资源，与公众建立了友好联络关系。

5. 做好会议记录工作

会议全程要做好记录工作。组织要安排专人进行摄影摄像工作，完整记录会议全程，以便资料整理和档案留存。在新闻发布会开始之前，需要提前安排专业的摄影摄像师，为本次新闻发布会活动做好视频、音频、图像等采集工作。若需要在网络上进行直播，需在网络平台上提前做好宣传和准备工作。新闻发布会开始之后，通过相应设备的连接，实现网络上的实时播放，这能够提高传播效率。若新闻发布会有外宾参加并发言，需提前安排现场翻译、速记等人员。等待会议结束后，要将制作好的音频、视频、文字、图片等资料按目录归档，并将相应材料寄送给相关贵宾、嘉宾，使本次新闻发布会的多次传播效应得以充分发挥。

6. 跟进媒体报道情况

及时收集并整理媒体记者对本次新闻发布会的报道，并对内容进行分析。对于不利于组织的报道内容要判断其是否符合客观情况，若存在报道偏差，可以联系媒体记者，提供更全面的内容，及时说明真相，让公众了解真相；如果报道的内容属实，是组织内部失误造成了名誉损害，应积极和公众道歉，提出整改措施，并邀请媒体持续跟进事态的进展，以展示组织解决问题的决心和态度。在与媒体沟通的过程中，需注意沟通技巧，即使媒体进行了负面报道，也要耐心询问信源，及时澄清事实并提供材料，避免因情绪过激而引起误会，使媒体关系陷入僵局。如果媒体如实进行了正面报道，应给予感谢，并在日常生活工作中与媒体记者多联络，保持良好的互动关系。

第三节 参观展示类公关专题活动

参观展示类公关专题活动主要是以向公众展示组织实物的形式进行信息传递，这种展示既包括组织内部设施、场所、工作程序等的展示，也包括组织产品、理念等的展示。对组织来说，这是与公众进行直接面对面沟通的机会，不仅可以向公众展示信息，促进与公众的沟通交流，而且还可以征集公众的意见建议，改善组织工作。参观展示的核心价值在于为组织提供了与公众的非直接销售为目的的接触机会，减少了公众的戒备心理，有利于双方在一种良好轻松的氛围中实现交流和互动。

一、公关专题活动之开放参观

开放参观是组织将工作场所、工作程序向社会开放，邀请公众前来参观考察的社会活动，对组织和公众都有重要意义。对于组织来说，这是组织与公众进行直接对话的有效方式，能够迅速加深公众对组织的认知，提升组织形象。对于公众来说，这是了解组织信息的机遇，从而对组织作出更客观真实的判断。

（一）对外开放参观的作用

1. 主动开放，引起兴趣

对外开放参观是组织经常采用的对外交流沟通的方式，是特定参观者在组织工作人员的引领下，直接进入组织内部观察工作场所、工作程序的过程。参观者在进入组织后，可以通过直接观察了解组织的设备、工艺流程、产品质量、员工素质、卫生等。主动定期地对不同公众设定“开放日”，有助于组织知名度的扩大，主动开放的姿态也会赢得公众的好感和信任。组织内部信息对于公众来说较为神秘，特别是组织的特定区域一般是对公众封闭的，更容易引起公众的好奇。例如电视台的工作流程和工作环境对公众来说非常神秘，为与公众建立良好的互动关系，电视台会定期邀请观众进入电视台参观，让公众了解不同节目的制作流程，并安排观众喜爱的主持人与观众见面，让观众对电视台有更深入的了解，以增进对电视台的好感和对该台电视节目的兴趣。

2. 澄清误解，还原事实

受各种因素的影响，组织难免会受到误解和非议。为了还原事实、解除误解和扭转公众对组织的不良印象，组织也会安排对外开放活动。例如传言称某企业在生产过程中产生大量的废气、废水，会严重影响居民身体健康。这类传言肯定会引起公众对此企业的排斥心理和对其产品的抵制，严重影响企业形象。该企业通过邀请媒体和社区居民参观的方式，将企业生产流程对外开放，并将生产流程中有关排放量的检测报告公开，让居民了解该企业的生产是符合安全标准要求的。通过居民的参观和媒体的二次传播，企业化解了危机，缓和了和公众的矛盾。所以对组织来说，及时客观地公开必要的信息，会让公众产生信任感，化解潜在的危机。

3.沟通感情，建立联系

组织通过对外开放活动，可以拉近与公众的距离，建立与公众之间的亲密联系，这对组织来说非常重要。在参观过程中，组织工作人员通过讲座、座谈、现场对话等方式与公众对话，回答公众提出的问题。在这一过程中建立起一种双向的对话沟通模式。这种双向沟通的效果与组织在媒体上单向宣传的效果截然不同，对组织良好形象的塑造起到至关重要的作用。例如果汁饮料厂商可以通过对外开放活动，邀请公众参观其果汁从选材到成品的全过程，就公众提出的问题进行解答，将一个健康、积极、向上的企业形象展示给公众，为组织建立与公众的良好关系提供机会。

（二）对外开放参观的流程

对外开放参观是许多组织倾向选择的对外交流沟通的方式，特别是随着互联网媒体的发展，公众可以通过在线视频直播的方式，将参观过程实时传送到网上，这对组织来说是一个挑战，更是一个传播的良机。组织的对外开放活动需要成立专门的工作小组，制定周密的计划，按既定步骤有条不紊地开展工作。

1.明确目的

组织在对外开放之前需要明确此次开放活动的主要目的，此目的与组织发展的环境、状态、目标密切相关。组织可以根据目的来制定开放计划，例如对哪些公众开放、开放时间怎样、开放内容有哪些、以什么形式进行互动沟通能产生良好的效果等等。根据组织公共关系的目标，组织对外开放的目的一般分为常态下的公众关系维护和危机状态下的告知真相，最终目的都是塑造良好的组织形象，提升组织的美誉度。

2.成立专门机构

为了将对外开放参观活动办得周密细致、富有特色，组织需要提前成立专门机构来筹划和执行此次活动，可将其称为“活动筹备委员会”。此委员会成员一般由组织高层领导、公共关系部门人员、综合办公室人员、营销人员等组成；要对成员进行明确分工，可分为联络组、接待组、引领参观组、活动策划执行组、后勤组等，尽量细致周到地安排参观流程，使公众能够度过一段快乐的时光，留下良好印象。

3. 确定对外开放的内容和形式

在确定参观目的的基础上，组织会选择对外开放的公众。针对这部分公众的特点、兴趣，组织要确定对外开放的内容和形式。组织对外开放的内容一般有工作场所参观、情况介绍、现场观摩、实物展示和交流互动这几部分。工作场所的参观主要是让公众进入工作场所，观察工作流程和工艺，近距离地了解该组织工作状态和内容；在参观工作场所的时候，工作人员一般会介绍工作流程的具体情况，使公众对工艺、流程等有更深入的认识；组织还可以通过实物展示模型、样品等形式使公众对组织产品有更直观的了解，对有代表性的产品、专业技术等产生兴趣。组织对外开放的形式可以多样化，有的组织采用公众参观与座谈结合的方式，有的组织在对公众直接开放的同时策划了网络在线直播，以实现组织信息在网络上的多维传播。

4. 确定参观路线

组织在制定参观计划时，必须将参观路线提前规划好，以确保开放参观活动能够顺畅、高效、安全地完成。参观路线的规划需要考虑该路线信息的丰富程度，还要顾及公众的兴趣、公众的安全等因素。参观路线要尽量排除干扰性因素，将核心信息呈现给公众，在可能存在安全隐患的区域要提前设置警示标志。例如汽车生产厂商在对外开放过程中，会先向公众介绍整个参观路线图，然后将公众带进生产区域观摩工人现场冲压、焊装、涂装、总装等生产过程，之后到小型展览厅参观该厂生产的经典车型、概念车型，同时介绍该厂的核心技术优势，再进入会议室进行座谈交流，就公众感兴趣的话题进行互动，比如企业可以介绍下一步发展规划，最后可以让公众参加试驾体验。整个活动安排既传播了企业生产技术、产品质量信息，又将企业发展理念、策略贯穿其中，还通过现场的双向互动针对公众感兴趣的内容进行了集中讨论，并巧妙地设置了产品体验环节，使得整个活动丰富而又连贯。

5. 做好接待、解说工作

负责接待与解说的人员要接受集中培训，力求展示企业良好形象。对接待与解说人员的培训主要集中在两个方面：一是礼仪形象的培训，使其言行礼节符合公司形象要求；二是解说内容的培训，接待解说人员要对组织状况有全面、细致的了解，在回答公众问题时尽量提供准确、翔实的答案。另外，要求接待解说人员穿工装，统一佩戴公司标牌，用礼貌、热情、认真的态度对待公众，同时给公众提供舒适的休息场所，提供茶水、餐点等服务，在细节上充分考虑公众的便利和舒适。

6.做好欢送工作

参观活动结束后，组织人员要做好欢送工作，确保公众怀着愉悦的心情离开组织。在欢送公众时，要对其到来表示感谢，并恳请公众留下对组织的宝贵意见，留下公众的联络方式，热情地邀请公众以后积极参与到与组织相关的活动中来，还可赠送小纪念品。在活动之后，可以适度与公众进行联络，并可定期地将组织的优惠活动以短信或邮件的方式发送给公众，也可将公众提出的意见、建议的实施和落实情况及时予以反馈，与公众建立起友好、稳定的联络关系。

二、公关专题活动之展览展销

展览展销活动是指通过展览展销组织的产品和服务，传递组织的价值理念、形象风貌，以实现增加经济效益、展示组织实力的目的。展览展销活动的主要目的是直观地展示组织的相应信息，收集公众对组织的意见和建议，实现场景化传播。展览展销活动的影响力不仅限于现场公众，而且还会由于活动的影响力引起媒体的跟踪报道，扩大活动的影响力。展览活动和展销活动有共性，即都是在特定的时间空间内，通过策划活动，布置现场，搭建展台等形式，直观地展示组织的实物产品，从而传递组织的价值理念等。同时，二者又有所不同。展览活动主要是展示组织理念、新产品、新技术，其主要目的是传递信息，使公众对组织形成特定的印象，树立品牌知名度和美誉度；展销活动主要是展示产品基础上的销售，其直接目的是销售产品，达成买卖行为。所以两者在直接目的上有所不同。

（一）展览展销活动的类型

1.按展览展销活动的规模分类

按展览展销活动的规模，可以分为大型展览展销会和小型微型展览展销会。大型展览展销会的特点是覆盖范围广、参加人数多、涉及项目多，小型展览展销会一般覆盖范围与人群有限，还有的展览展销活动是组织自己举办的，主要目的是展示本组织的产品、服务等，所以组织要根据目标人群的范围和分布来考虑选择参加哪种规模的展览展销活动。

2. 按展览展销的性质分类

按展览展销的性质，可以将展览会分为宣传性展会和贸易性展会。前者主要目标是向公众展示某一观点或思想，传递组织的价值理念；后者主要目的是促进销售，扩大营销额，展出的主要是实体产品、服务或新技术等，这一过程往往将展示与订货融为一体。例如参加糖酒会的企业除了展出产品外，还可以借此机会寻找合作的经销商和代理商。

3. 按展览展销的内容分类

按展览展销的内容，可以将展览会分为综合性展会和专业性展会。综合性展会是指展览的内容丰富，参展的组织构成多样，可以展示不同企业的不同产品，规模和范围都较大。专业性展会展示的内容仅涉及某一专业或主题，展示的种类比较集中，展会的规模和涉及范围都较小。组织可以根据其定位、产品和服务的特点等来制定参展展会，并确定参与哪种类型的展会对促进形象传播和产品销售更有利。

（二）参加展览展销活动应注意的事项

1. 明确参展目标

在参加展览展销活动时，需要明确目标。组织参加展览展销活动之前，都需要分析组织发展的状态，明确参展目标。有些组织以沟通信息为主要目标，有些组织以展示实力、扩大企业影响力为主要目标，还有些组织则以销售为主要目标。组织要明确自己的目标定位，提升展览展销活动的效果。

2. 注重媒体沟通

在参加展览展销活动时，要将媒体沟通作为一项重要工作内容来安排部署。媒体报道在展览展销活动中起到二次传播的效果，所以组织在展览展销活动之前、之中、之后都需要与媒体充分沟通，确定报道的方式、时机与内容等。在展览展销的策划阶段，需要制定媒体沟通策略，即联系哪些媒体作为参展媒体，哪些媒体作为深度报道媒体，哪些媒体作为发稿媒体等。提前联系媒体，将展台信息、组织公关人员联络方式等告知参展记者。在展览展销当天，组织需要做好接待工作，将媒体记者引导至记者休息区，并将相应材料提供给记者，以供其参访所用。在采访期间，记者若有组织相关信息需求时，媒介联络人员需在第一时间为其提供准确、权威的信息。展览展销会结束后，应主动联络媒体，询问其在报道中是否需要协助、是否需要进一步的信息等。需要特别注意的是，媒体记者来参加展览展销活动，面对多家组织的报道需求，记者选择哪家组织作为报道对象，很大程度上取决于组织提供的信息和展会现场是否有新闻点。组织公关人员需要从记者的视角提前规划好新闻话题，帮助记者找到新闻点，为其报道提供便利。

3. 展位选择与展台搭建

展位对组织而言非常重要，组织需根据展厅的布局、自身的实力选择合适的展位。交通便利、居中的位置一般能吸引公众的注意力，但价格较高；位置偏僻、较易被公众忽视的展位，一般价格较低，但传播效果受限制。所以组织需权衡利弊，充分发挥创意思维，选取合适的展位。选择好展位后，组织需根据展位的尺寸设计展台和进行展台搭建。一般而言，需要首先规划出不同区域，例如展品展示区、客户洽谈区、媒体采访区或公众体验区等，再对不同区域进行规划设计，充分考虑不同群体的便利性，使不同区域发挥最大功能。

4. 展品的选择与摆放

展览与展销的重要环节就是展品选择与摆放。展品是展览展销期间公众关注的焦点，会给公众留下深刻印象，也是体现组织实力、产品形象、产品功能的代表。组织选取哪些产品作为展品对展览展销效果影响很大。应根据展会的目的、性质，选择能代表组织技术水平、生产能力、组织实力和创新水平的产品来进行展出。以车展为例，汽车品牌在车展期间一般选取销售量最大的车型、经典款、概念车、新产品等几种产品进行展示，尽量全面展示组织理念、技术水平和创新思路等。展品的摆放也需要组织构思和规划，合理摆放产品，可以让公众参观更尽兴，让媒体采访、报道更便利，使产品呈现最佳的视觉效果，这些需要策划人员提前规划设计。

5. 人员配备

展览展销活动需要提前做好人员分工，负责接待、现场问询、媒体沟通、演出管理、销售等不同工作。在展览展销开始之前，需要提前对人员进行培训，提高其专业知识和沟通技能；着重培训其礼仪礼节、服务意识、能动性等。活动开始后，各岗位工作人员各司其职，确保与自己相关的工作顺利开展，同时积极配合其他岗位人员的工作，共同协作，顺利地完成展览展销活动。

6. 安排好演出活动

为了烘托现场气氛，吸引人气，展览展销现场一般会安排演出。需要提前确定好演出形式、演出内容和演出人员；演出形式、演出内容需要与组织的风格一致。以车展演出为例。在车展上，选择舞蹈作为演出节目形式的较多。根据企业实力、定位和特色不同，不同企业选择的舞蹈种类差异很大。品牌形象定位为大气沉稳的企业倾向于选择民族舞、芭蕾舞等，品牌定位为个性时尚的企业倾向于选择街舞等代表年轻、个性形象的舞种。演出人员的选择也需要组织做好规划，一般而言组织可以通过经纪公司约定演出人员和演出内容，也可以自己通过不同渠道直接与演员联系。前者花费略多一些，但是在演出质量方面较有保障；后者花费较少，但是容易出现意外的情形，例如演员不能按时到场，演出质量没法保障等。组织在安排演出活动时，既要考虑成本，又要保证演出活动顺利开展。

第四节　庆典赞助类公关专题活动

庆典与赞助活动是指组织通过策划庆典活动或赞助社会公益活动的形式来提升组织形象。在庆典策划活动中，组织可以借助喜庆的气氛扩大影响力，同时可以开展一些促销优惠活动，吸引公众的关注。在赞助社会公益活动方面，组织可以主动承担社会责任，赞助文化、教育、体育等事业，不仅能够提高组织美誉度，而且还由此与社会团体建立起广泛的联系。

一、公关专题活动之庆典仪式

庆典活动是组织公关部门的重要活动专题之一，它是组织利用特殊事件在特定时间、地点举办的具有公共仪式形式的庆祝和典礼活动。庆典活动能够制造喜庆的气氛，对内提高凝聚力，对外扩大影响力。一方面，庆典活动需要组织内部成员齐心协力共同策划、准备，在筹备过程中提升了组织成员间的团队协作能力；同时，庆典作为一种公共仪式性的活动，能够进一步增强成员对组织的认同感和凝聚力。另一方面，庆典活动通过流程策划，巧妙地呈现组织的理念、产品、服务等，与公众进行对话和沟通，不易引起公众的反感和排斥，无形中提升了组织的知名度和美誉度。

（一）庆典活动的分类

1. 开幕庆典

开幕庆典一般是组织的开张、开工或开业仪式，是组织第一次以社会身份与公众见面，展示组织的精神风貌。组织的开幕庆典往往给公众留下重要的“第一印象”，所以在开幕庆典中要注意处理好消费者公众、社区公众、媒体公众之间的关系，从与公众双向对话的理念出发，将自身优势与公众需求充分结合起来，将良好的公众印象保持下去。

2.周年庆典

周年庆典是组织在发展过程中举办的各种周年庆祝和纪念活动,包括商店的店庆、学校的校庆、电视台的台庆、工厂的厂庆等内容。在组织周年庆典时,可将组织发展历程中的重要人物作为受邀嘉宾,将组织发展历程中的重要事件进行梳理和传播,提高组织成员的荣誉感,振奋组织成员的精神,扩大传播效应。同时,商业性组织在进行周年庆典活动策划时,会专门推出庆典优惠活动,吸引公众注意力和制造影响力。

3.节日庆典

节日庆典是组织在特别的节日举办的庆祝活动,这里的节日主要是指春节、国庆节、母亲节、劳动节、妇女节、儿童节、圣诞节等。组织一般会根据节日特色,策划不同主题的节庆活动,邀请公众参加,以联络感情和协调关系。节日活动的形式以娱乐性、联谊性、体验性互动活动为主。节日活动一般突出欢乐和特色两个特点,活动的策划既要突出节日气氛,又要与节日主题密切相关,进行有创意的构思规划。

4.特别庆典

特别庆典是组织为某个特殊的、有里程碑意义的事件而举行的庆祝和典礼活动,其目的是将有意义的重大事件通过庆典活动告知公众,提高公众对企业的认知度。例如,商业组织营业额达到一个新高度,或者发明了新专利,研发了新技术等,都可以通过庆典、庆功的形式将此类消息传播出去,使公众对组织的实力有更充分的认识,增加对组织的好感。

(二)庆典活动应注意的事项及实施步骤

庆典活动的举办效果对组织形象的影响很大。组织在筹备此类活动时需要注意以下几点:

一是要有明确的执行计划。庆典活动的开展必须按一定的计划展开,需要撰写活动计划书。庆典活动不是单独的事件策划,要通盘考虑,将活动纳入组织的整体战略规划中,在组织的理念和整体目标的指引下制定庆典活动计划书,使之与组织的整体利益相符合。

二是要注意与庆典公司的合作。庆典活动的策划与执行往往需要庆典公司的合作,在此过程中组织要注意实现对庆典公司的有效管理。在与庆典公司合作的过程中,也需要有全员公关的意识,保证庆典公司能专业高效地配合组织的相关执行工作。

三是要实现功能性与艺术性的统一。庆典要呈现公司的重要事件、组织理念、关键产品或服务特色等内容，在呈现过程中要注意功能性和艺术性的统一。公众对过度宣传的信息有排斥和抵抗心理。如何实现组织信息的艺术化表达，需要公关人员认真思考、精心策划，不能马虎对待。

四是要注意新闻点的挖掘。在庆典活动中，一般会邀请媒体记者进行采访。如何在常规性的庆典活动中挖掘新闻点是记者面临的难题。公关人员需要主动制造新闻，策划新闻事件，为媒体记者的写稿提供帮助。需要注意的是，过度炒作或通过"博眼球"的方式制造新闻会引起公众的反感，对良好公众形象的塑造无益。

组织庆典活动的流程一般分为以下几个步骤：

1.精心进行流程策划

在选定庆典活动时机后，要集中对庆典活动进行策划。目前，庆典活动的策划工作越来越专业，一般需要组织和庆典公司共同完成，就庆典的主要目标、时间、地点、邀请嘉宾、邀请媒体、流程安排、活动环节、预算等内容进行策划。庆典活动的策划是庆典顺利进行的前提条件，也是对庆典活动进行预算预估的重要方式。所以庆典策划书的完成需要多方参与意见，不断完善，以指导庆典活动的顺利开展。

2.拟定嘉宾名单并发出邀请

庆典活动的开展一般需要邀请上级领导、媒体记者、社区公众、同行代表、组织内部员工等作为嘉宾共同参加，组织需提前拟定嘉宾名单并发出邀请；对于特别重要的嘉宾，可以上门邀请，以体现组织的诚意。邀请可以通过通信工具实现，也可以用书面的邀请函，以示对嘉宾的重视和尊重。发出邀请函后一定时间内进行回访，确定参会人数；若有不能参会的情况，可邀请其他同类人员前来参加。确认参会嘉宾名单后要及时发送庆典议程，以便嘉宾能按预期安排参与庆典环节。

3.安排接待工作

庆典开始前，在嘉宾入场阶段，需要安排好接待工作。组织公关人员需以热情饱满的精神状态接待嘉宾，引导其到专门的休息室或接待室，并做好服务工作。需要嘉宾入场、签到、剪彩、留言时，公关人员要礼貌地指示和领位，做到彬彬有礼，有条不紊。

4.保证庆典顺利进行

庆典活动需依据庆典策划书按步骤展开，主持人做好庆典的流程控制，统筹整个庆典活动的逐步推进。各工作小组成员需各司其职，高效地完成自己负责的工作，并积极配合其他小组的工作，保证庆典活动在热烈、喜庆的气氛下顺利进行。庆典活动的细节较多，签到、接待、放鞭炮、摄影、演出、引导等环节都需要专人负责，工作人员需细致、认真地开展工作。

5.安排活跃气氛环节

庆典活动除了常规的剪彩、签约、信息发布等环节之外，为活跃气氛往往还会安排舞龙舞狮、锣鼓表演、烟花表演、歌舞演出等环节。这些环节容易吸引公众的注意力。需要提前做好策划，确定演出内容并联络演出人员，保证庆典活动既有隆重庄严的环节，又有活泼欢乐的环节。

6.安排典礼后的活动

庆典活动结束后，组织会安排来宾就餐、参观等活动。要统筹规划、周密安排，保证行程合理适当。庆典活动一般在上午举行，活动结束后可安排工作餐，工作餐之后为了让嘉宾更深入地了解组织，可安排嘉宾参观，以更充分地展示组织的理念、产品、服务等，树立组织良好的形象，也可以借此征求嘉宾对组织发展的意见和建议，以利于组织更好地发展。

二、公关专题活动之公关赞助

公关赞助是指组织通过提供资金、物品等形式来支持某项社会活动，以此来扩大组织影响，提高组织形象的活动。社会活动因组织的支持而得以顺利开展，组织通过赞助活动获得好评，提升社会形象和美誉度。公关赞助活动能够使组织赢得公众的好感，促进公众对组织有全面的认识，这是有效的宣传机会，其效果甚至比商业广告更好。公关赞助活动还可以促进组织与政府、社团建立紧密的联络关系，为之后参与社会活动创造条件。同时，公关赞助活动是企业承担社会责任的表现。组织通过赞助公益性质的社会活动，塑造了组织的社会公益形象，这些在很大程度上提升了组织的知名度、好感度和美誉度。组织赞助社会活动的范围包括文体活动、福利事业、市政建设等。我们经常看到，服装企业为体育代表队赞助服装，饮料企业为体育代表团赞助饮品，还有些企业主动为教育项目赞助经费等，这些赞助活动不仅表达了企业的爱心，而且还体现了其社会责任心，有利于宣传企业形象。所以公关赞助是一种多赢的活动形式，被越来越多地运用到公关策划中。

(一)公关赞助的益处

组织赞助公关活动能够提升组织的形象，获得更多的认可和信任，提升组织的美誉度。同时，通过公关赞助活动建立起与政府、社团的联络关系，可为组织持续参与此类活动积累资源。

1. 赢得公众好感

组织通过公关赞助积极参与社会活动，增加了组织和公众沟通的机会，公关赞助本身的公益性质会帮助组织赢得公众的好感。这是组织处理与媒体公众、社区公众、政府公众、消费者公众等各类公众关系的时机，有利于通过赞助活动获得公众好感，从而提升组织品牌形象。

2. 与政府、社团建立紧密联系

组织开展的商业活动容易使公众产生戒备心理，而政府和社团也多从组织盈利的角度看待商业活动。而公关赞助活动是组织协助政府、社团主办的社会活动，以提供物品或资金的方式支持该活动，在此过程中不仅提高了自身的影响力，而且还与政府、社团等建立起紧密的联系，为之后参与更多的社会活动创造了条件。

3. 承担社会责任

组织资金或物品的无偿付出，需要一定的经济实力作为支撑。组织通过赞助社会活动，承担社会责任，向社会证明自身的实力，赢得公众的信任。目前，组织在发展战略的制定上，越来越多地将社会责任的承担作为其重要部署，这符合组织可持续发展的思路。在社会责任的承担方面，公关赞助是其常用的方式。

企业赞助活动的开展对提高组织形象具有重要意义。联想集团非常注重企业的社会责任的承担，其策划的公益活动分为四项内容，分别是“缩小数字鸿沟”“贡献教育事业”“环保行动”“扶贫救灾”。这四个方面涵盖了社会慈善的诸多领域，体现了企业的品牌担当。以“缩小数字鸿沟”为例，主要内容是为偏远地区小学捐助电子教室，让数字技术覆盖不到的地区的孩子也能用上电脑；同时采用PAD(平板电脑)下乡的形式，让老人体验到数字化影音娱乐带来的乐趣。这一主题的公益活动很有现实意义，不仅有利于企业宣传，而且还通过企业社会责任心的展现，使得公众对企业形象的认知由产品层面上升到理念层面，这对塑造品牌形象具有重大意义，这些公关活动的开展赋予了联想巨大的品牌价值。

(二)公关赞助的分类

公关赞助是组织公关活动的重要手段。正确开展公关赞助活动对组织的发展大有裨益，能够增强组织的社会影响力，获得媒体的关注，赢得公众的认可和支持。公关赞助的形式多种多样，最常见的形式是赞助体育事业、文化娱乐事业、教育事业、社会福利事业等。

1. 体育事业

体育活动是公众普遍关注和热心参加的活动，涉及的层面广、范围大。根据组织的传播目标来选择所赞助的体育事业的种类、规范和级别，能够有效锁定目标公众，展示企业形象。以奥运会为例，品牌赞助商会根据自身的定位以及运动项目的特点、项目的受关注度、关注该项目的人群、运动员的公众形象等选择相应项目和运动员进行赞助，最大限度地提高组织的知名度和美誉度。运动品牌李宁在2016年里约奥运会期间为中国乒乓球队、羽毛球队、跳水队、射击队等赞助了比赛装备及场边外套。这些比赛项目是夺金重点，也是中国观众最期待的项目，受到瞩目。奥运健将张继科、吴敏霞、张梦雪等的比赛装备均是由李宁提供，李宁品牌Logo（徽标）曝光率也得到保障，宣传效果不同凡响。

2. 文化娱乐事业

文化娱乐活动是社会生活的重要内容，丰富多彩的文化活动可以陶冶公众情操，提高其文化艺术素养。随着多种媒介形式的普及，文化艺术活动又易引起媒体关注，得到更广泛的传播。组织选择文化活动作为赞助对象，能够使公众在享受文化艺术美感的同时接触到组织信息，更容易增加对组织的好感。互联网新媒体的发展，使得文化艺术节目能够实现跨屏传播，组织在媒体上曝光的概率增加，能够提高传播效率。组织选择赞助文化活动的形式越来越多，甚至出现几个组织联合赞助的形式，增加了赞助力度，扩大了活动的影响力。例如加多宝、苏宁、娃哈哈、爱奇艺等赞助的选秀节目《中国好声音》（第一季），999感冒灵、英菲尼迪、思念等企业赞助的《爸爸去哪儿》，这都是企业联合赞助的综艺节目，综艺节目的热播也为企业带来了巨大的品牌传播效果。

3. 教育事业

教育是立国之本，教育问题是整个社会普遍关注的焦点问题。组织赞助教育事业是关心教育发展，参与社会公益事业的重要形式。组织可以为学校、教育机构等直接提供基础设施的赞助，例如教室、运动场、图书馆、实验室、自习室等，也可以为学生奖学金、专项学术活动、杰出人才等提供专项资金支持。另外还可以以设备、器材、图书、资料、文具等物品的赞助为主要形式，为学生的学习提供更好的条件。例如邵逸夫、田家炳等以资助教学楼、图书馆著称，李嘉诚以创办长江商学院等学校著称，霍英东等以设立教育基金而闻名，还有的企业以资助贫困小学、提供支教服务、设立专项教育基金等形式支持教育事业。这些赞助活动都使得个人或组织的美誉度得到提升。

4. 社会福利事业

赞助社会福利事业是指组织关注社会需要帮助的人群，通过为其提供物资帮助或义务服务等形式，承担社会义务和责任。参与社会福利事业能够使组织和政府部门、社区公众以及其他公众建立起紧密的联系，为其持续参与慈善活动提供便利条件，获得社会好评。组织可以赞助养老院、福利院、康复中心等社会福利机构，也可以为受灾地区提供资助、救助等，还可以关注社会特定群体，通过自身行动呼吁全社会奉献爱心。例如2011年以来，爱佑慈善基金会建立了"爱佑新生"病患孤儿养护项目。截至2016年，已有6625名孤儿得到救助。这项活动得到各界人士的普遍关注，现已有一汽大众奥迪、万科、阿里巴巴、腾讯等企业参与，在全国建立了15个养护中心，帮助病患儿战胜病魔、重获新生，得到社会的一致好评。

（三）公关赞助活动的开展

1. 调查研究，确定赞助项目

组织可以根据自身的公关目标，结合自身定位、实力、项目影响力、项目的主要受众、组织与项目的相关度等因素，合理选择公关赞助项目。例如汽车品牌、啤酒、饮料类企业在赞助时常常选择体育项目作为赞助对象，因为这类企业产品的主要消费群体为男性，而体育项目最受男性的关注，所以赞助此类活动会精准把握目标受众，并给企业的产品形象附加运动、活力的额外价值。电视娱乐节目往往受家庭主妇关注较多，一些与家居相关的品牌就热衷于赞助此类电视节目，例如电饭煲、洗衣液、感冒药、网店等赞助娱乐节目的比例很高。公益事业是很多企业希望赞助的主题，要选择合适的公益主题进行赞助，从而形成良好的舆论氛围。这不仅有利于社会公众，而且还有助于组织美誉度的提升。

2. 制定计划，撰写行动方案

组织的公共关系赞助活动需要制订行动方案，用来指导活动的进程。在调查研究的基础上，需要就赞助的目标、对象、形式、预算、传播方式等内容进行规划，同时将具体的人员分工和执行过程作详细的解析。公关赞助活动的方案需要具有可行性，充分考虑内外环境因素，以保证赞助活动的执行效果。

3. 有序执行，注重实施过程

组织需要在行动方案的指导下推进实施公关赞助活动，根据活动的内容提前准备好赞助活动需要的物资，与相关政府、社团做好接洽工作，为活动的举办提供力所能及的支持。在执行细节上，要注意执行技巧，制造融洽和谐的氛围，扩大活动的社会影响。在新媒体环境下，还可以借助网络媒体平台扩大活动的影响力。目前，公关赞助活动的形式不再局限于线下活动，诸多公关专题活动都采用线上线下同步的形式，将线下公关赞助活动通过网络直播的形式在线同步展示。这种直播形式决定了传播内容的巨大变革，打破了传统公关赞助活动受地域、时间限制和传播形式单一的不足，提高了人群覆盖率和公众的关注度。

4. 评价效果，总结经验与不足

制定公共关系赞助活动要立足于企业的长远发展。每次公关赞助活动结束之后，都需要对其效果进行评估，总结活动的经验与不足，为进一步开展公关专题活动准备条件。一般而言，多通过媒体的报道数量、对公众的调查、合作组织的评价、销售量和搜索量的变化等来评价活动效果，要客观地看待公关赞助活动的效果。在新媒体环境下，对赞助活动的效果评估渠道更多元，可以通过活动新闻的评论、活动视频的"弹幕"以及其他口碑进行效果评估。

新媒体环境为每种公关活动的策划和开展提供了便利条件，组织可以通过更加多样和灵活的形式开展活动，与线上线下公众进行充分、平等、双向的沟通和交流，使公众在更深入认知组织信息的基础上对其产生好感。而在网络环境中做公共关系专题活动，不仅仅是将互联网当作工具，更重要的是具备"互联网思维"，即组织需要具备公众意识、平等意识、开放意识等，抛弃传统的宣传意识，以公众视角来思考问题，将公众利益放在首要考虑的位置并力所能及地为公众提供便利。互联网逐渐打破了信息的不对称，组织的内部消息、负面消息越来越多地呈现在公众面前，因此更要真诚、平等地对待公众，从思想上摒弃欺骗蒙蔽的信息封锁做法。策划公共关系专题活动能够促进品牌展示、提升服务价值、促进互动交流、降低营销成本等。随着新媒体的发展，组织应具备互联网公众至上思维，摒弃与公众的"零和博弈"，与公众建立起充分沟通、对话、互动的双赢伙伴关系。

第九章　危机公关管理

危机公关指的是组织在危机时期的公共关系处理。具体来说，就是社会组织为了解决给公众造成困扰、给组织形象造成侵害的危机事件，以及预防、扭转或者改变组织发展的不良状态所采取的公关策略与措施。为了能够在危机发生时及时止损和组织的长远稳定发展，对危机公关进行有序管理就显得格外重要。通过危机公关实践我们可以发现，了解危机产生的原因，把握危机处理的基本原则，是在危机发生时能够有条不紊地由危机防御阶段转入危机处理流程的重要保证，也是新媒体环境对危机公关提出的新的要求和挑战。

第一节　危机的产生

美国危机管理专家诺曼·奥古斯丁(Norman Augustine)曾经这样形容："危机就像普通的感冒病毒一样，种类繁多，难以枚举。"的确，经营管理不善、市场信息不足、同行竞争，甚至遭到恶意破坏等等，或者其他的自然灾害、不可控事故，都可能置现代组织于危机当中。分析危机产生的原因，对于制定正确的预防和处理对策有着十分重要的先行指导意义。对于组织来说，危机产生的原因有很多，一般来说，大致可以分为组织内部环境原因和组织外部环境原因。

一、组织内部环境原因

(一)员工自身素质良莠不齐

人的素质主要包括人的认识、观念、思维等，从这些方面综合考量，就是一个人的整体素质。具体到一个组织的素质，就是指一个组织内部所有普通员工和领导层的素质的综合。这两类人群的素质低下对组织来说都是引发危机的“定时炸弹”。特别是领导如果素质不过关，更容易使组织陷入危机境地。有一部分领导知识结构不够完善、个人素质和管理水平都不过关，对员工缺乏威信和感召力，同时，对目标公众缺乏平等交流的意识和必要的尊重，这都会使公关危机一触即发。而员工群体庞大，素质管理难度较大。一个员工的不端行为就可能成为一个组织在公众中的“话柄”。因此，在组织的经营中，员工的素质必须与其所从事的事业相互匹配，避免引发了危机再“亡羊补牢”。

（二）组织缺乏危机意识

有很多组织在取得一定的成绩、进入稳步发展之后安于现状、沾沾自喜，以为自己已经发展到了相当完备的阶段。领导层的骄傲自满使得其带领组织前进的动力不足，反而容易滋生腐化堕落的不良风气，对员工的工作积极性和严谨务实的工作精神都造成了负面影响。在这种“居安不思危”的思想的驱使下，组织对公关危机就放松了警惕，最终崩塌溃败。

（三）组织内部管理混乱，缺乏严明规范

对组织内部的管理强调的就是严明和规范，要制定严格的管理制度，规范员工的行为。管理缺乏规范包含两个方面：①组织成立时的基础工作不完善，管理规章制度不健全，工作无定额，技术无标准，计量无规矩，操作无规程。②员工行为缺乏规范，员工工作时无计划、无目标，不讲求质量，不讲求服务，不讲求信誉，不讲求职业道德，甚至严重损害公众利益，滥用公众对组织的信任和感情。

（四）组织经营决策出现重大失误

这是造成公关危机的重要原因之一。在现代社会中，组织作经营决策时必须将公众的需求放在第一位，同时兼顾社会环境的利益和要求，否则就可以说是出现了决策失误。经营决策失误主要有方向的失误、时机的失误、策略的失误等等。与公众的需求和期待相悖的经营决策会使得公众逐渐丧失对组织的信任，一次重大的经营决策失误往往会将经年累月搭建的公众信任的基台一次性毁灭。不符合环境要求的经营决策也会使组织负责任的社会参与者的形象受损。

（五）组织法律意识淡薄

现代社会是法治社会，组织是否具有法律意识，是否知法、懂法、守法，是否实现组织经营活动的透明化管理，对于组织开展经营活动、树立积极向上的社会形象有着重要影响。然而，事实上，有一部分组织法律观念淡薄，对国家的部分规定置若罔闻，依然我行我素，以个人利益为大前提，不顾公众的权利和呼声，最终酿成不可逆转的公关危机。

(六)公共关系行为失策

公共关系行为失策主要包含以下几个方面:

1.策划不当,损害公众利益,伤害公众感情

例如,某些商场为了应对当下的网购冲击,经常推出各类返券的促销活动,但是当消费者日后使用返券的时候却经常遇到"新款不可用券""部分店铺不可用券""打折商品不可用券"等等问题。这样一来,返券的价值大幅"缩水",这极易引发消费者的不满情绪。

2.公关活动缺乏必要的准备

作为组织来说,产品质量过硬、服务到位是必要的,但是如果没有准备完善的公关活动进行宣传推广,也很难在日趋激烈的市场竞争中打出品牌。尤其是,越激烈的市场就存在越大的恶性竞争风险,如果没有做好防范和应对的准备,等到造成公众误读再做公关疏通,就为时已晚。

3.面对公众的摩擦纠纷,组织没有及时给出恰当回应

组织在与外部公众的交往过程中,在与消费者的交易过程中,难免会因为各自的利益冲突而引起摩擦和纠纷,这时就需要组织及时恰当地作出积极和解姿态,使公众感到被尊重、被重视,在无形中消除摩擦和纠纷。处理得当,这会是组织树立良好公众形象的契机;处理不妥,则会引发一场危机风暴。

4.忽视与公众的信息交流

随着社会的发展和进步,公众的需求也不可能一成不变。例如:对于食品,公众越来越将绿色健康放到首位;对于服务,公众越发倾向于方便、快捷和贴心。如果组织忽视与公众的信息交流,充耳不闻公众的需求,闭门造车,那么轻则使得组织发展速度变缓,重则导致公关危机。

5.忽视了公关调查

之前我们提到,公共关系流程的第一步就是公关调查,这也是不可或缺的一步。公共关系调查有两个最主要的功能:一是收集资料,反馈信息,客观真实地反映组织的公关状态;二是分析资料,透过现象看本质,从而揭示组织公关状态,并据此提出加强和改进组织公关的策略、方法和措施。忽视了这一环节,后续的公关活动都容易偏离目标,带来危机。

二、组织外部环境原因

在市场经济条件下,组织所处的外部环境是相当复杂的。外部某一方面发生不利于组织的变化,尤其是突如其来的变化,都有可能给予组织重创,使

组织陡然陷入难以回旋的境地，组织形象面临严峻的挑战。

(一)自然灾害

这包括天然性的自然灾害和建设性的破坏两个方面。天然性的自然灾害，比如风霜雨雪等气候环境形成的灾害。天然性的自然灾害是不以人的意志为转移的，带来的打击和损失往往也是最强烈和最严重的。这些灾害具有突然性、无法回避性和损失重大的特点，有时甚至会使组织面临灭顶之灾。建设性的破坏灾害是一种人为的灾害，它指的是人类因目光短浅、工作疏忽、决策失误等问题，没能按照客观规律行事所酿成的破坏。这种建设非但不能增强组织实力，反而形同一种“破坏”，而且建设的规模越大，破坏的威力就越强，损失也就越惨重。所以，与自然灾害相比，建设性破坏影响面更广，若没有得到足够的重视，就可能成为组织潜在的致灾源。建设性破坏不仅包括人工诱发的滑坡、工业“三废”引起的城市污染、乱砍滥伐带来的水土流失及沙漠化、烟雾事件和城市噪音等新公害，而且还包括组织规划和设计欠妥造成的组织防灾抗灾能力低下等弊病。

(二)恶性竞争

恶性竞争作为组织公共关系危机的一个重要外部因素，指的是本组织受到外部企业的打压、排挤等不正当竞争，面临严重的经营危机和信用危机，从而发展为组织的公关危机。在现实中，一些市场参与者通过散布谣言、恶意中伤等手段恣意抹黑竞争对手形象，或者盗用竞争对手的 Logo、名称生产假冒伪劣产品，或者通过意有所指的比较性广告贬低对手的能力，或者采用非正常的行径严重扰乱对手的市场秩序，这些都属于恶性竞争行为，都可能导致组织陷入严重的公关危机。

(三)政策体制不畅

国家的经济管理体制和经济政策是组织难以控制的外部因素。如果体制不畅，政策对组织发展不利，那么组织就可能在经营活动中遭遇很大的风险，出现严重问题。另外行业封锁、产品垄断、条块分割所产生的种种弊端，甚至可以把组织逼向绝境。

(四)社会公众的误读

公众对组织的了解不可能是全面的，有的会因为获得信息途径的单一对组织形成误解。尤其是当组织在产品质量、原料配方、生产工艺、营销方式、竞争策略等方面产生了新的变化、新的发展、新的探索，但公众一时还不能适应，或一时跟不上时代的要求，用老观念旧眼光，草率下结论，更容易造成一些危机事件。这主要包括以下几个方面:①服务目标公众对组织的误读;②内部员工对组织的误读;③传播媒介对组织的误读;④权威机构对组织的误读。无论哪一个群体对组织的误读,都有可能引发组织的公关危机。特别是传播媒介和权威机构的误读,更会使事态无限扩大,形成病毒式传播,形成对组织极为不利的舆论环境。

(五)公众的自我保护意识增强

随着消费者权益保护相应法律的不断完善,消费者越来越意识到可以用法律手段保护自己,组织原来认为合理的、正常的东西,现在被消费者重新衡量之后,可能就变得不甚合理,消费者对组织的所作所为心存疑义,组织由此面临新的危机。

(六)全新媒体环境的出现

进入新媒体时代,每个人都被赋予了充分的话语权。公众的每一个不满、组织的每一个失误都可能被网络放大,造成更深层次的破坏性影响。

总之,除了上面列举的原因,还有劳资争议、员工罢工、恶意谣言、媒体泄露组织机密、组织内部的贪污腐败等等原因可能引发危机。组织只有在广泛收集有关信息的基础上,对造成公共关系危机的原因进行深入分析,才能拿出充分的依据,为公共关系危机管理奠定坚实的基础。“把握症结、对症下药”应成为组织危机公关的信条。

第二节　危机的处理原则

对于危机的处理,中外的公关专家都曾基于实践提出过整套的处理原则。中国关键点传播集团董事长游昌乔先生首创了“危机公关 5S 原则”,为企业或机构的危机处理提供了非常重要的理论工具和方法,在国内为众多组织采用。“危机公关 5S 原则”包括:承担责任原则(Shoulder the Matter)、真诚沟通原则(Sincerity)、速度第一原则(Speed)、系统运行原则(System)、权威证实原则(Standard)。[①] 英国危机公关专家里杰斯特(Michael Regester)在《危机管理》(*Crisis Management*)一书中提出,危机处理时把握信息发布的关键点具有重要的意义。关键点一共有三个,均可用以“T”开头的短语表述,因此被称为“3T 原则”,具体来说就是:①Tell You Own Tale(以我为主提供情况),强调

① 参见游昌乔:《危机应对的 5S 原则》,《中国中小企业》2004 年第 9 期。

政府或组织要牢牢掌握信息发布的主动权；②Tell It Fast(尽快提供情况)，强调危机处理时政府应尽快发布的信息；③Tell It All(提供全部情况)，强调信息发布应全面、真实，而且必须实言相告。在《危机传播管理》一书中，中国人民大学教授胡百精为危机管理总结出了六大原则，分别是：战略先行原则、预防第一原则、制度保障原则、全局利益原则、勇于担当原则和积极主动原则。这六大原则将危机管理上升到了战略层面，从观念树立、制度建设和实践操作等方面进行了剖析，为危机公关处理划定了“有所为而有所不为”的边界。

综合以上的内容，我们可以将危机公关的原则归结为以下几点，即预防为先—勇于承担—速度制胜—整体运作。

一、预防为先原则

从管理学方面来说，任何企业或者组织都可能要经历来自内部或者外部的危机，所以，危机管理的重点应该放在预防和建立危机预警机制上。危机管理的最高“法门”，就在于防患于未然，预防为先，而不是在危机四起时再力挽狂澜。海尔集团总裁张瑞敏曾说“我在战战兢兢、如履薄冰地经营着我的海尔”。正因为“战战兢兢、如履薄冰”的意识，使得张瑞敏和他的员工对危机格外警惕，全员坚持从态度上赢得人心，从品质上征服世界。一个企业是否能在危机发生后拟定危机应对计划、快速反应、协调沟通，是验证企业是否把“危机管理”当成重要课题的关键时机。危机管理首先要“务虚”，这里的“虚”包括三个层次：一是树立危机意识，二是形成危机观念，三是构建危机思想。危机意识是对盲目自大的摒弃，是对居安思危的唤醒；危机观念是对零散的、自发的危机意识的整合和提升，形成预控和应对危机的观念框架；危机思想是对危机观念的丰富和体系化，形成足以指导危机管理实践的思想体系。在科学、规范、明确的危机管理思想的指导下，组织应规划出方向性的、持久的危机管理战略。

二、勇于承担原则

作为社会活动的参与者，企业或组织应该认识到，自己作为社会系统中某一特定权利和义务的主体，在危机降临的时候，要想平稳渡过难关、获得更长远的发展，就必须勇于承担起相应的危机责任。天使投资基金创始人徐小平说过，最好的危机公关就是老老实实承认事实，拿出补偿来弥补过错，采取措施来防患于未然。承担责任主要有两个方面：首先是对利益相关者负责，坚持公众利益至上的信念，着力维系和保证公众的合理合法权益。其次，要对真相负责，实事求是、真诚坦率地面对公众，保障公众的知情权，避免有所隐瞒，更要杜绝欺骗。另外，在危机稍有平息的时候，切忌放松警惕、随性而为的心态，而是要更加谨慎地处理后续事宜，比如对利益相关者的真诚致歉、经济补偿、精神安抚以及组织内部的总结和检讨工作。因此，企业在危机公关的过程中，要以真诚和坦诚来赢得处理危机的时间。

三、速度制胜原则

在互联网时代，引爆舆论往往只是一瞬间的事情。如果为危机公关处理的各个原则的重要程度做一个考量，时间应置于一切要素之上。在危机初现苗头的 24 个小时里，信息会像病毒一样，具有极强的传播力，以裂变的方式迅速扩散，各种流言和猜测也会应声而起。但是这个时候，公众还是相对理智的，对各种消息仍抱半信半疑的态度。如果把握住这个时机，用充满诚意的官方声明引导舆论，控制事态，使负面言论不扩大、不升级、不蔓延，那对后续妥善处理危机将产生至关重要的影响和效果。危机处理，决不可拖延推诿；信息发布，决不可"真相欠奉"，最需要的是：快发而不是慢发，首发而不是转发，真发而不是假发，实发而不是虚发。所有危机问题，解决在萌芽状态是最彻底最高效的。博雅公关亚太区总裁鲍伯·皮卡德（Bob Pickard）也曾表示：企业要直接与每一个消费者或公众沟通，充分利用"黄金一小时"法则，让信息更早更快地公布于众，而不是否认或者遮掩、拖延。这一法则要求企业和组织在遭遇危机事件时，要树立强烈的见微知著的意识，及时控制危机事件的量变，最大限度地防止危机事件发生质变。如果在初期采取置之不理、任突发事件自由发展的态度，那么公众在长期等待官方的解释和声音却没有结果的情况下，对组织的信任和耐心势必会消磨殆尽，进而成为负面消息的传播者；更有甚者，会转而寻找其他更加激烈的方式宣泄自己的情绪和不满。而宣泄不满的重要方式之一就是造"谣"、信"谣"和传"谣"。在这种情绪的左右下，公众容易丧失判断力，任何一则小道消息都可能让公众信以为真。由此可见，把握第一时间引领舆论走向，积极主动地去解释和修复危机，不仅能在态度上体现诚意，而且还有助于避免外界的猜疑和流言的肆虐。

四、整体运作原则

在危机公关的过程中，组织的各部门、各成员必须要优势互补、协同配合，在处理一种威胁的同时也不能忽视潜在的危险，切忌慌乱中顾此失彼。只有组织内外整体运作，才能直击危机现象的本质，创造性地处理问题，将危机转化成组织提升形象品质的机遇。在处理过程中，首先应当及时向公众公布事件调查进程。如果时间紧迫，可以先发声明表明态度，并给出新闻发布会的准确时间。为保证结果的公正性，还可以邀请具有社会威信力的第三方介入调查，借第三方之口发布客观、可靠、让公众信服的消息。另外，在披露调查信息时，要把握信息披露的度，不恰当的、过度的披露将会引起更多的质疑。要做好这一点，就要求组织在日常做好员工的公关素质培养工作，当外部发生公关危机的时候，先做好内部沟通，让员工优先了解事件的真实情况，建议他们不要以个人名义发表态度、公开信息。在这一点上，屈臣氏的危机处理作出了很好的示范。2012 年 8 月 8 日，一条“屈臣氏面膜疑致消费者死亡”的消息在网络上蔓延。一时间，屈臣氏被推上舆论的风口浪尖。虽无证据证明福州女子猝死与屈臣氏面膜产品有关，但是屈臣氏的危机处理方式受到业界一致好评。首先，在危机爆发之后，屈臣氏并没有惊慌失措，企业表现得极其冷静，统一下架涉事面膜，统一员工的态度和口径。其次，主动与离世女子家属联系，表达深切关怀，承诺一定会给出公正答复，并联络媒体、政府，公开表达愿意配合接受调查的态度。最后，针对事故的“症”，也是公众在乎的——面膜的质量，寻找“药”，主动将面膜送往检测机构，利用第三方权威机构之口替自己澄清。在检验合格之后，屈臣氏也没有懈怠善后工作，而是向消费者作出承诺，凡是购买涉事面膜的消费者可凭购物小票退货。如若遗失购物小票，按系统内价格退货。这样规范的危机公关处理，使危机事件在最短的时间之内以最高效、最彻底的方式解除。“危”中寻“机”，在危机公关中构建起更有责任心的企业形象。

总之，组织要学会在困境中寻找机遇。在危机发生之前，做好危机公关的应急预案工作，防患于未然；在危机来临之时，第一时间直面问题，践行自己的社会责任，履行对公众的承诺；在危机处理步入正轨之后，注意各部门的配合和协调，将危机圆满解除。

第三节　危机公关的步骤

在危机发生之后，缩短反应时间、提高反应速度对于高质量、高效率地处理危机来说非常重要。在危机发生之前，平时花少量的精力预防就能达到事半功倍的效果，而在危机发生时则需要花大量的人力、物力、财力来“治疗”。

因此,要变过去的"消极防御型"危机公关为更科学高效的"预先行动型"。只有做好日常应对危机的预防准备工作,才能在危机来临时迅速作出反应,处变不惊,从容应对。因此,组织的危机管理工作的重点应从以往的事后解决和处理为主转向事前防御为主。

一、防御准备阶段

(一)建立危机管理小组

危机管理小组是组织危机管理的最高权力机构和协调中枢,它由组织内外拥有不同专业背景、履行不同职责任务的人员构成,在组织的授权之下,它全权负责组织的危机管理工作,拥有绝对权力来合情、合理、合法地调动和配置各方资源,从而帮助组织应对危机,并在危机境况下代表组织作出决策,采取行动。总体来说,危机管理小组实质上是组织在危机状态下聚合内外部有利资源、集中力量解决关键问题的一种应急管理模式。在危机来临时,平时分散在不同部门的危机管理人员紧急聚合,迅速转型为危机处理的领导核心,权责统一,承担起统领小组的主要职能。在危机来临前,它也可以通过情报搜集、分析和提前识别危机,防患于未然。

(二)调查和预测危机

危机调查的内容包括过去和现在组织生产经营方面和社会环境方面的各种信息。可以从消费者、市场营销、财务状况、人事任免等方面尽可能全面地搜集显性和隐性的危机信息。

在危机调查当中,可以通过回想本组织曾经经历过怎样的危机或者同类的其他组织发生过什么样的危机,来对照自身检查是否存在可能诱发危机的潜在因素。一般来说,导致组织出现危机的不外乎以下情况:生产意外、环境不友好、劳资关系分歧、产品质量不过关、恶意谣言或者大众媒体泄露组织内部机密。在着力检查这些方面是否存在隐患的基础上,危机调查人员应针对可能出现的危机状况制定相应的预防措施,着眼于消除危机的诱发因素,引导事件向着正常化和有利方向发展。

(三)及时进行危机预警

所谓危机预警,指的是采用定量分析和定性分析相结合的方法,在危机初现端倪的时候结合危机的诱因进行的检测和预判,并根据结果作出的相应管理行为。从整个危机管理过程来说,建立危机管理小组,调查和预测危机都应属于组织的日常工作,但是,危机预警属于危机事前管理的范畴。可以说,危机预警是组织从日常管理进入危机管理的转折点。作为承接组织前后不同管理状态的重要一环，危机预警一方面是组织日常风险管理的延续和提升，另一方面也是危机管理投入实战运行的起点和开端。因此，及时准确的危机预警，对组织后续有针对性地清除危机根源、高效率地化解危机有着重要的指导意义。

二、危机处理阶段

第一步，全方位扫描检测，了解危机事态现状。

危机一旦爆发，组织的危机管理小组就要马上集结起来，调动组织内外部既有的资源，集中力量尽快地摸清危机的来龙去脉，以求有针对性地解决危机。而深入了解危机的第一步，就是对本次危机进行全方位的监测扫描。这一步骤既包含弄清危机发生的诱因，即组织在哪些方面引发了公众的不满情绪，或者是否存在某些失实信息导致公众的误解误读，另外也要对报纸、电视、网络等媒介平台刊载的内容、观点、评论等进行系统的梳理，对事态发展的程度作实时总结，详尽掌握公众已经接收到了哪些信息；同时，危机管理小组要通过抓取网络数据进行舆情监控和分析，了解负面报道的转发量和公众评论的倾向，与各路媒体保持沟通，尽可能详尽地了解媒体进一步跟进危机事件的计划，从而对危机下一步可能的发展方向进行评估和预测。在对危机缘起、事态现状、发展方向都有了一定了解之后，危机管理小组应及时确定应对方案，实事求是地向组织上级汇报，在得到管理层许可认同之后迅速将后续的危机处理步骤付诸实践。

第二步，积极与媒体交涉，防止危机扩散蔓延。

在了解了危机事态的全部情况、应对方案被决策层准许实施之后，应立刻规划出针对媒体的交涉策略和方法，防止媒体的进一步失实报道使得危机扩散蔓延。同时，应尽可能在最短时间之内屏蔽网络上的炒作、谣言、猜测等对组织不利的信息。针对不同性质的媒体，危机管理小组也应用不同的方式去交涉和应对。具体来说，针对传统的平面媒体，例如报纸、杂志等，危机管理人员应请求媒体从业者尽量在最新出版物上刊载组织的其他信息，把公众对组织的关注重点转移到组织的其他方面；同时，在危机曝光之后，第一时间联络发布组织负面信息的媒体，以诚恳的态度与媒体积极沟通，争取媒体的谅解和对危机事件的弱化处理。针对网络媒体平台，例如新浪新闻、搜狐新闻、微博、微信等，如果是不实消息或者误会造成的危机，危机管理人员可以向媒体阐明真相，要求网络新闻媒体删除消息，如果转发、评论数量过大，不方便删除，可以通过立刻补发辟谣、更正信息的方式终止公众的误解误读；如果确实是组织行为欠妥造成的危机，危机管理人员应表明自己对公众负责的态度，恳请网络媒体更换新闻发布的位置，撤出头条首页，来防止负面信息进一步扩散。针对贴吧、论坛等网络社区，在真相尚未澄清之前，可以采用联系社区管理员沉帖、补发辟谣帖或者“封帖”“封楼”等等网络技术手段来防止危机进一步蔓延。

第三步，有针对性地公布真相，消除公众心理阴影。

与媒体的交涉只能防止危机的辐射面进一步扩大，但是对于已经接触到组织的负面消息的公众来说，内心的阴影和疑虑已经形成。如果这部分人群发现媒体稿件的变动却迟迟等不来组织方面的解释，负面信息还会从这些人的口中再次被传播，危机也会再度爆发，而且会比初次爆发更具冲击力和爆炸性。因此，在这一时刻，淡化危机的最佳方法就是危机管理人员利用组织的官方平台有针对性地公布真相，采取不回避问题、不主动披露的手段，目的在于让已经被负面信息影响的公众既能看到组织坦然和诚恳的态度，又能高效客观地了解真相。2015 年 5 月 17～18 日，一场突如其来的暴雨夹杂着冰雹袭击了长春，造成了长春城区多处发生了严重积水，也将一汽—大众奥迪拖入一场公关危机事件。位于长春的一汽—大众奥迪停车场，200 多辆新车全部被暴雨浸泡。5 月 21 日，一汽—大众奥迪发布官方声明，就车辆进水一事作出回应，证实了由于长春暴雨导致了 283 辆奥迪 A6L 浸泡受损，并保证这些车辆不会进入销售渠道。[①] 5 月 22 日，为彻底解除消费者的担忧，奥迪公司再次发布公告，并且将 283 辆受损车底盘号全部公布于众。[②] 公告一经发布，公众心中的忐忑和疑惑被彻底压下，也为一汽—大众奥迪赢得了坦诚待客的形象。这一步骤的关键点就在于把握好公布真相的“度”，最好是能够恰到好处地解决公众心中的怨气和疑问，又不会牵涉组织其他更多的信息，以免引起情绪尚未平复的公众的其他不满和挑剔，节外生枝，这也会给组织的不利境遇雪上加霜。所以，在公布事实真相、化解组织危机的阶段，危机管理人员要洞悉公众的需求和心理，做到该说的必须说，不必说的不要说。

第四步，主动满足公众需求，重塑组织良好形象。

① 参见奥迪官方微博：《一汽—大众奥迪部分商品车浸泡受损情况说明》，http://weibo.com/iaudi，2015 年 5 月 21 日。

② 参见奥迪官方微博：《一汽—大众奥迪公布浸泡受损车辆底盘编号》，http://weibo.com/iaudi，2015 年 5 月 22 日。

一次成功的危机公关，不仅仅要重新获得原有目标公众的信任和忠诚，更要着力于将因为此次危机而初步认识本组织的人群变成自己的目标公众，通过沟通改善双方关系，将危险转变成新的机遇。虽然这部分人与组织的“相识”过程不甚愉快，但是危机却可以让其迅速地对组织有所了解，形成比较深刻的印象。因此，组织需要主动出击，而主动出击的第一要务，就是迎合目标公众的需求，重塑组织的良好形象。

在组织经历危机风暴之后，很多不为公众认可的问题浮现出来，这时候就需要组织坚定地“去伪存真、去弱留强”。同时，组织通过危机也更好地认清了公众的心理期待和需求，了解了自己真正的优势在哪些方面，这无疑是组织进行自身基因更新重组的最好时机。在有针对性地调整组织的发展战略之后，组织可以借助第三方平台，例如行业专家、权威媒体、公众意见领袖等等，将全新的组织形象内涵和价值取向等向公众传递，让更多的人变成组织的潜在目标公众。除此之外，组织还可以利用媒体发布会等形式，开诚布公地对此次危机进行总结，诚恳地承认自身的不足，表达知错愿改、知错能改的态度，并向公众介绍组织整改后的情况和计划，欢迎公众和社会各界媒体的监督。这不仅能够强化组织勇于承担、做事有始有终的形象，而且还能让公众对组织日后的发展更有信心，提高公众的忠诚度。

第五步，积极策划推广活动，提升组织美誉度。

所谓“得民心者得天下”，对于组织的发展而言，亦是如此。在公众对组织仍保持较高关注度的时候，组织应以维护公众利益为核心，策划实实在在让公众受益的活动，比如购物返现让利、免费参观内部生产线等等，让公众感受到组织在公开总结危机时给出的承诺不是一张“空头支票”。例如，2013 年农夫山泉“标准门”事件严重影响了企业在消费者心中建立起来的良好形象。但在危机事件后，企业积极作为，采取行动再塑企业形象。2013 年 8 月，农夫山泉邀请消费者先后在广东万绿湖国家森林公园、浙江淳安千岛湖看水源、看工厂，开展“寻源”之旅，让消费者亲身见证农夫山泉的品质。此外，农夫山泉还携手媒体在乌鲁木齐开展“和谐社区电影展”活动，通过这些公关活动证明“农夫山泉一直致力于为消费者提供健康安全的饮用水”，重塑消费者对企业的信任。[1]

实际上，公众不会彻底忘记危机给他们带来的影响，因此，组织也永远不

① 参见雷利：《从农夫山泉“标准门”事件看网络环境下的企业危机公关》，《新闻世界》2013 年第 9 期。

能懈于履行自己的承诺。一旦危机事件平息,组织又将进入新的危机预防阶段,此次危机中暴露出的不足和危机处理的经验也应为后续危机管理工作所借鉴。加强危机管理意识、提高预防危机发生、抵抗危机打击的能力是组织每天的“必修课”,危机预防、处理和善后工作又是一个循环往复、不断总结提高的过程,是组织危机管理永不终止的任务。

第四节　危机公关的误区和启示

随着互联网的普及和公众维权意识的提升,危机公关逐渐成为组织必须时刻做好应对准备的重要任务。不少组织因为不恰当的公关方式和存在错误的公关意识,导致公关过程步履维艰。当前危机公关存在以下几方面的误区。

一、当前危机公关存在的误区

误区一:危机公关=花钱消灾。

在现如今的危机公关事件当中,一些组织仍然用狭隘的眼光看待危机管理,认为危机公关就是动用组织平时积累下的手段和资源,竭尽所能地收买各方力量来摆平新闻媒体和相关职能部门,依靠媒体的导向性软文报道来平复民心、混淆视听,依靠相关职能部门的官文来压制民声。因此,在危机事件发生之初,许多组织并不是反思自身的不足,冷静地分析问题,找出问题的症结所在,第一时间发出客观诚恳的官方声明,积极承担自己的社会责任,而是一味地希望通过金钱买卖和人际关系疏通,依靠旁门左道的手段减少损失,避免负面舆论的扩大化。但危机公关≠花钱消灾,通过金钱打点关系的做法也许能求得一时事件的平息,但是从长远来看,这并不能从根本上解决危机。如果任由这些不合规的问题继续发展,那么更加严重的危机迟早会再度爆发,而且一定会更加难以挽救、覆水难收。

误区二:沉默应对,隐瞒真相。

新媒体发展使得组织很难把握网络平台信息传播的节奏,在危机公关策略选择时也难免失策,导致组织在新环境下依然秉持老旧保守的方式来对抗危机,最终百口莫辩、积重难返。在保守的“家丑不可外扬”的思维模式中,组织不愿意被动地成为公众关注的焦点和茶余饭后的谈资。在传统媒体占据主导地位的时代,由于信息传播路径的不畅达和出版频率的限制,组织不置可否的态度也许可以让危机事件的热度自行消退,为组织赢取冷静处理的时间。

时至今日，仍然有不少组织在危机发生时的第一反应是三缄其口，千方百计地封锁消息，和公众“打太极”，采取“鸵鸟”策略，寄希望于用时间将事件冲淡，让危机在沉默中灭亡，而不是正面回应、积极解决。然而在新媒体环境下，这种消极的应对方式不仅不能给危机事件“降温”，而且还会引起公众的猜疑，催生谣言和各种不实信息的蔓延传播，最终给组织造成更深重的负面影响。由此可见，推卸责任、隐瞒真相只能使危机变得更加复杂，学不会倾听公众的需求、不与公众平等沟通的组织可谓不具备危机管理的能力。尤其是在网络环境中，建立与公众双向沟通的机制、自上而下地秉持公众至上的理念才是提升危机管理能力的当务之急。

误区三：反应过激，激发公众逆反情绪。

在危机频出的新媒体环境下，组织很容易在变化多端而无休无止的危机环境中产生慌乱心理。有些组织在危机爆发的初期，在进行有逻辑的规划和调查之前，过于急迫地澄清事实和表明态度，可能使得本来就具有最强传播能力的初期危机变得更加混乱不堪，使得公众眼花缭乱、难以甄别真假。如果在后续的调查过程中出现了与已经公布的信息不一致的情况，那么组织就会给公众留下行事草率、反复无常的印象，加速了组织形象的崩塌。虽然在危机公关中速度是制胜的关键，但是组织的危机管理人员也要牢记“欲速则不达”——把握每一个阶段管理运作的“度”。过度的危机公关不仅不能帮助组织稳定公众情绪，为组织赢得进一步公关的时间，而且还会激发公众的逆反情绪，使得危机牵涉范围扩大化。2012 年 4 月 17 日，中央人民广播电台播发了可口可乐（山西）公司由于员工操作失误，导致含氯可乐流向市场的消息。当天，可口可乐（中国）官方微博就发布澄清消息，在取得有力证据前就否认了问题的存在。而 4 月 28 日山西省质监局发布的检测结果表明，可口可乐部分产品“含氯超标”属实，责令其停业整改。可口可乐官方微博又一次发声，致歉并承诺整顿，却出现了“杜绝此类事情不再发生”这样的语病，同时绝口不提问题可乐的召回事宜，令广大消费者寒心。虽然后续官方微博从各种角度进行解释，但是都已经于事无补。[①] 前后不一的说辞和傲慢强硬的态度一次又一次地挑战着公众的宽容底线，最终导致公众厌恶情绪的爆发。

在网络中，公众意见的表达具有即时性、偶然性和间断性的特点，舆论信息越来越碎片化，网络信息舆论环境本身变得零碎且混乱。在危机事件发生

① 参见杜冬柏：《网络时代的企业危机公关——以可口可乐“含氯门”事件为例》，《新媒体与社会》2013 年第 7 期。

之后，大量非官方的质疑和讨伐充斥着网络平台，抢夺公众的信任感和注意力。因此，组织官方平台的第一次发言就显得格外重要。第一次发言的客观、严谨和诚恳可以为未来成功的危机公关奠定良好的公众情感基础。如果组织出于盲目自信，急于表态，态度强硬，后续却被更加权威的发布主体“打脸”，那么只会加深组织与公众之间的隔阂，使组织彻底丧失公信力。

误区四：只看到“危”，忽视了“机”。

对于危机公关来说，成功并不仅仅意味着平息危机事件，打消公众的疑虑，更重要的是要在危险的境地中寻找机遇，让组织在公众心中的形象更上一个台阶。组织的危机管理者要善于从辩证的视角看待危机，通过实践检验与经验总结，进而在未来的管理中有针对性地调整战略结构，促进机构有机重组。

澳大利亚昆士兰州旅游发展局的危机公关就是一个经典例子。2009 年，一条“100 万年薪面向全球招聘大堡礁管理人员”的消息在网络上传开，这个被称为“世界上最完美工作”的招聘启事吸引了全球超过 30 万人浏览，甚至导致了昆士兰旅游局网站的瘫痪。但是，这次特别的招聘其实是昆士兰州政府的一次巧妙的危机公关行动。澳大利亚大堡礁是世界上最大的天然珊瑚礁岛群。由于全球气候变暖、港口扩建以及周围居民生活垃圾污染的影响，在过去的 27 年里大堡礁一半的珊瑚消失。在这则特别的招聘启事被广泛宣传的同时，昆士兰州政府积极宣传环境保护对于人类生存的重要性，同时开展保护珊瑚对环境优化的作用等一系列的知识讲解。几乎是一夜之间，澳大利亚的大堡礁为世界所倾慕和熟知，世界游客蜂拥前往目睹大堡礁的美丽风景。昆士兰州不但每年收获了巨额旅游经济收入，而且大堡礁还被联合国教科文组织列为自然保护遗产，成为澳大利亚一个国宝级的旅游品牌。对于昆士兰州政府来说，大堡礁作为世界遗产名录中的在录景观，在短短 20 年的时间里逐步变成了世界遗产保护“危险”名录中的一员，其严重污染无疑是对政府保护不力、宣传不到位的有力佐证。但是在这次面向全球的危机公关当中，昆士兰州政府利用公众对大堡礁“完美工作”的关注度，积极宣传人与生态和谐共处、保护珊瑚、优化环境的理念，在打开昆士兰旅游新局面、推动大堡礁被联合国重点保护的同时，也在全球公众心中树立了生态政府、环保政府的正面形象。正像昆士兰旅游局在回应这份工作招聘启事时说的那样：“这不是骗人的，这是一个替昆士兰旅游局宣传大堡礁岛屿的绝好机会。”因此，至今在提及昆士兰州政府时，公众心中第一时间浮现的是生态政府的形象；在提及大堡礁时，更多的也是令人心驰神往的碧海银沙。

二、危机公关带来的启示

危机公关的误区给组织带来的损失是巨大的，从这些危机公关活动当中，我们也可以得到以下有益的启示。

（一）建立有效的双向沟通机制

20世纪上半叶，从伯内斯到卡特里普，“公共关系”这一概念完成了第三次飞跃。其标志在于伯内斯式的公共关系停滞在单纯地满足公众需求的层面，以公众的态度为出发点，强调组织应该在确切了解目标公众的需求的基础上进行宣传工作，通过“投公众所好”来实现组织的目标；而到了卡特里普时期，“双向沟通、双向平衡、公众参与”成为公共关系理论研究的原则和重心，反映了现代竞争所提倡的双赢机制和双方共进的意识，将公关理论推到了更为成熟的高级阶段。双向沟通是公关从业人员必须遵守的黄金法则，这种双向性主要表现在：一方面要采集公众的需求信息，用于协助组织作出经营决策；另一方面又要把组织的信息传播出去，在社会上形成有利的舆论环境，从而达到树立良好组织形象的目的。

组织的危机事件初现的时候，通常会引起新闻媒体和公众的广泛关注，而且，组织的社会知名度越高，危机事件的波及范围就越广，引起的社会连锁反应也会越剧烈。如果在危机发生之后组织不主动与媒体联系，那么媒体就会通过自己的方式寻找信源，获取相关信息。而信源的不确定性在无形中就增大了谣言的滋生概率。在当下的网络环境下，高度的开放性和言论的自由性极易导致谣言的病毒式传播。等到流言四起，谣言被过度炒作和传播，事态的发展远远超出了组织掌控的范围，再开放组织的官方信息传播渠道也是为时已晚，于事无补。所以在危机初现时，组织就必须及时掌握话语的主导权，迅速开放公众与组织信息交流的平台和渠道，把必要的、公众渴望知道的信息公布于众，让公众在第一时间了解到组织处理危机事件的措施和组织对此次危机的重视态度，以此来切断不确定的信源，防止谣言的产生。另外，组织主动联系媒体的行为能及时地中止媒体对危机事件的进一步报道，在一定程度上改变了媒体与组织的对立立场，增加了组织与媒体之间的亲密度。如果能够让媒体给予组织更大的信任，那么对组织成功地管理危机将起到积极作用。因此，有效地双向沟通，是组织“内求团结、外图发展”的必要手段。

（二）适时进行舆论引导

在危机管理的过程中，组织应该善于发现和抓住最有利的时机主动进行舆论引导，以防舆论的引导权落入不理智的公众和媒体手中，导致组织陷入负面舆论环境难以脱身。组织要第一时间积极主动地与相关媒体取得联系，引导媒体站在公众的立场和角度客观公正地对事件进行报道，协助组织向公众说明事件的来龙去脉，并及时地向公众传达组织的歉意和解决问题的决心。组织需要引导新闻媒体谨言慎行，在事实水落石出之前，不要依据不可靠的信源对危机事件的起因、后果等方面进行推测性报道。而组织也不要采取“无可奉告”的回应方式，这会加重公众的猜疑。相反，组织应该主动说明暂时不能给出解释的理由，获得公众和媒体的理解，为自己进一步弄清事态状况争取更充裕的时间。具体来说，组织的舆论引导工作可以分为三个部分：首先，要把握住引导舆论的有利时机。引导舆论主要有三个重要的时机：一是要尽量在危机事件大规模爆发前进行引导，也就是事前引导，这是引导新闻传播走向和舆论走向最主动的办法和最有效的措施。二是要在适当的时机进行及时引导，要在新闻媒体刚刚发布第一篇危机报道的时候及时联系，引导新闻媒体坚守客观公正的态度，对组织保持信任和理解。三是设法进行事后引导。如果错失了前两个时机，导致媒体带有一定偏向性的报道在公众中广为流传，那么舆论引导的重点就应该转向与媒体沟通协商，通过发布补充报道说明客观情况，防止负面报道进一步扩散。其次，要借第三方之口发布客观、可靠、让公众信服的消息，以此将舆论引向有利的方向。在危机管理中，代表组织发布官方消息的一般是新闻发言人，这个职务一般由组织中的高层管理人员或者专业的公关管理人员担任，在公众心中具有权威性和可信度。通过新闻发布会等正式的方式，将组织面对危机勇于担责、积极求解的态度以及组织要发布的信息、组织作出的努力等等情况告知媒体和公众，可以起到缓解危机、引导舆论走向的效果。最后，要通过发布全面、真实的信息将舆论引向有利于组织树立全新形象的方向。这是引导舆论过程中最为关键的时机。只有发布的信息足够真实全面，而不是漏洞百出、敷衍了事，才能得到公众足够的信任和理解，进而才有可能与公众重新建立信任联系，为组织树立全新的形象，赢得社会美誉。

（三）秉持生态公关理念

在危机公关的管理过程中，组织和公众、媒体之间“相互联系和相互依赖”的关系充分体现。而这种相辅相成的关系，恰恰契合了生态学的主张。1866年，海克尔创造性地提出了“生态学”的定义，认为它是“一门关于活着的有机物与其外部世界,它们的栖息地、习性、能量和寄生者的关系学科"[①]。20 世纪 50 年代以后,生态学不断与其他学科交叉,诞生了个体生态学、群体生态学、人类生态学、文化生态学等分支学科。生态学既是一种世界观,又是一种方法论。作为世界观,它强调世界是由相互联系的复杂网络组成的有机整体;世界是变化着的有序的整体;人类的价值和意义也包含在自然整体的自组织进化过程之中。作为方法论,它不主张孤立地考察单一的事物,而是把它与周围环境中的事物种群一起考虑,从整体着眼,了解事物之间的关系,进而对事物作具体分析。[②] 挪威生态哲学家阿伦·奈斯(Arne Naess)认为,生态学的范式可以分为形而下的浅层生态学和形而上的深层生态学,它们代表了两种全然不同的生态价值观。浅层生态学的思想基础是"人类中心主义",这种范式引领下的公关强调的是功利伦理观,即遵循功利主义,强调策略方法,侧重公众说服和民意操纵;而深层生态学的思想基础是"生态中心主义",这种范式引领下的公关强调义务伦理观,强调伦理方法、责任义务、关系质量和社会和谐。[③] 这就赋予了公关形而下和形而上的双重理解。公关生态论认为,公关在本质上是一种"关系居间者"[④],其本质属性是"公共性",它坚持第三方立场的中间道路,通过伦理方法、文化影响和制度改造等方式,追求组织利益、公众利益和公共利益的平衡与统一,最终建立信任和谐的关系生态。因此,在危机公关的管理中,组织的危机管理小组需要将组织视作一个承担特定社会责任的有机体,制定危机的处理策略时要从社会的整体利益出发,一方面为组织高效止损,将危机对组织利益的损耗降到最低,充分发挥浅层生态学以自身功利为重心的思想范式的作用;另一方面,还公众以真相,还社会以安宁,最大限度地维护公众利益和公共利益,将深层生态学倡导的人与自然、社会参与者与社会系统的协调一致、共同发展付诸实践。

(四)与公众保持情感互通

危机公关,指的不仅仅是在危机事件发生之后组织查明真相、发布声明,更不是用各种招数试图转移公众视线,而是利用组织深层的文化底蕴和价值观来赢得公众的宽容,用长期以来与公众建立的情感基础来换取一次重建声

---

① Stauffer R Haecker, "Darwin and Ecology, "*Quarterly Review of Biology*, 1957, Vol. 32, pp. 138-144.

② 参见陈先红:《公共关系生态论》,华中科技大学出版社 2006 年版,第 155~156 页。

③ 参见陈先红:《以生态学范式建构公共关系学理论》,《新闻大学》2009 年第 4 期。

④ "关系居间者"的概念来自马丁·布伯的关系哲学,他认为人是关系的居间者。

誉的机会。1922年出版的《公众舆论》一书中,李普曼就着重强调了公众舆论形成环境的复杂性和多变性:“事实本身的朦胧与复杂,它们共同损害着感性认识的清晰度和公正性。”[①]要在复杂多变的网络环境中保持良好的信用记录,不是一朝一夕的工夫,而是需要日复一日的兢兢业业、恪尽职守。因此,组织应该更加注重日常与公众的交流互动,用情感认知来培养公众的信任感和忠诚度,而不是用危机发生之后的辩解来挽留公众。

① [美]沃尔特·李普曼:《公众舆论》,阎克文、江红译,上海人民出版社2002年版,第62页。

第十章　公共关系理论的重构

21世纪，互联网技术不断革新，新媒体技术迅速发展，推动组织与公众的沟通更加便捷，技术革命也引发了人们观念和行为上的变革，促进公共关系理论的革新。中国社会正处于改革开放的“深水区”和社会转型的关键时期，社会矛盾相对突出，社会关系较为复杂。在新媒体迅速发展的背景下，传统的公共关系理论不能充分揭示当前公共关系发展的规律，亟待公共关系理论的传承与创新。发展新型公共关系理论，一方面需要立足当前的社会发展实际，另一方面也需要从传统公共关系理论中汲取营养。因此，本章拟对国内外公共关系理论的发展历史进行梳理，探索公共关系理论在新媒体环境下所面临的挑战，并介绍当前国内主要的新型公共关系理论。

第一节　公共关系理论发展的历史

现代公关事业肇端于1890～1920年的美国进步运动，这场运动旨在克服工业化、城市化所造成的社会危机，谋求物质和精神的对等繁荣。[①] 此后近百年里，公共关系事业在曲折中迅速发展，学术界和业界对其普遍规律、基本逻辑和核心价值不断探索，公共关系理论也不断推陈出新。台湾世新大学张依依教授采用历史比较分析法，将1975～2006年之公关理论，以十年为单位，分为三个时代：公关理论的第一个十年（1975～1985年）是说服的年代；第二个十年（1986～1995年）是管理的年代；第三个十年（1996～2006年）则是关系/

① 参见胡百精：《新启蒙、现代化与20世纪80年代中国公共关系史纲——中国现代公共关系三十年》（上），《当代传播》（汉文版）2013年第4期。

语艺的年代。①

这种分期方式仅从1975年开始计算，对公共关系产生初期的理论研究不足。本书在张教授的研究基础上对公共关系理论的发展演变进行梳理，总结不同时期公共关系事业的不同精神内涵。

一、产生于说服理论时代

公共关系在产生初期发展缓慢且长期受到说服理论的浸润。笔者认为，可将张依依教授对公共关系理论的第一个分期的时间段向前延伸至公关产生之初。现代公共关系的思想需要追溯到美国"扒粪运动"。20世纪初，美国出现诸多尖锐的社会问题，如财富垄断、阶层分化、政治腐败、文化衰落等，由记者和作家领导的"扒粪"运动层层揭开统治集团和大财团对普通民众的欺压黑幕，这迫使统治集团不得不重新调整组织与公众的关系。公关先驱艾维·李参与了"扒粪运动"，并于1903年创办了公关公司，以"讲真话"著称，致力于将企业组织的公共信息传达给普通民众，推动公众知情权的实现，以此种方式推动社会改良和进步，缓解公众与企业组织之间的紧张局面。另一位公共先驱爱德华·伯内斯给予艾维·李很高的评价。他认为艾维·李的贡献在于推动政府和企业的观念从"公众该死"转换为"公众该被告知"，而他自己则提出公关应该致力于组织与公众的相互理解和调整，要保持共同的善意(common good will)，后来又明确将公关定义为组织与公众之间的"双行道"(two-way street)。② 伯内斯的这些观念在第一次世界大战中不断更新。第一次世界大战中他进入了美国军方组建的公共信息委员会，将宣传和说服的有效传播策略运用得炉火纯青。在公共信息委员会中，伯内斯与李普曼合作交流，深受其精英民主主义的影响，认为"少数聪明人""隐蔽的宣传家""公关顾问"可以通过告知和说服的方式来整合公众的态度与行为，最终协调社会关系和形塑社会认同。因此，在公共关系事业发展初期，虽然各种原则蔚为大观，但是就公众与组织的关系而言，公众的地位较低且被认为是可以被说服、被操纵的对象，说服理论大行其道。

20世纪30年代正是"魔弹论"(或"皮下注射理论")传播繁荣之时，它也从

---

① 参见张依依：《从"说服"到"管理"到"关系"——1975～2006年公共关系理论与范式演变的历史比较分析》，《国际新闻界》2007年第12期。

② 参见胡百精、董晨宇：《现代公共关系的哲学基础与民主悖论——以伯内斯的公关思想为研究和批判个案》，《新闻大学》2013年第2期。

传播学角度解释了此时期公共关系理论为何体现“说服”特色。该理论认为大众传播具有强大威力,能够左右公众的态度和行为。受众就像射击场里一个固定不动的靶子或医生面前的一位昏迷的病人,完全处于消极被动的地位,只要枪口对准靶子或者针头扎准人体部位,子弹和注射液就会迅速地产生神奇效果。第二次世界大战期间及战后,耶鲁学派卡尔·霍夫兰(Carl Hovland)和一些心理学家进行了大量实验,并提出了说服理论;他们从传播心理学的角度出发,对说服者的条件、信息本身的说服力及问题的排列技巧等进行了深入的研究。传播效果理论和说服理论为公共关系理论注入了新的活力,同时也使早期的公共关系理论呈现较为明显的说服特色。1975～1985年,公共关系理论仍然继承了耶鲁研究的“信息处理模式”,注重传播者对受众进行单向度的信息发送和说服,企图实现受众从态度到行为上根本的改变,以达到企业组织自我宣传和缓解其与公众矛盾的目的。这其中使用的主要理论/模式/概念有说服矩阵、情境理论、创新传播、传播运动模式、共向模式、议题建构和公关角色理论等。[①] 此时期的研究取向以实证观点为主,研究方法是量化、因果研究和效果研究。

1975～1985年,公共关系理论和实践刚刚传入国内,中国基本处于“西学东渐”的状态,尚无成熟系统的公共关系理论。1984年齐聚了诸多公共关系的标志性事件,如:广州中国大酒店、花园大酒店、白天鹅宾馆、东方宾馆等合资涉外企业设立了公关部,北京长城饭店因成功举办了美国总统里根访华答谢晚宴而轰动一时,白云山制药厂组建了国企首家公关部等,因此1984年被称为“中国公关元年”。[②]

二、发展于管理的时代

1986～1995年,公共关系理论由“说服”转向“管理”。20世纪80～90年代,美国社会正遭遇危机。美国债台高筑,1980年里根当选总统时美国的债务利息支出为520亿美元,到1986年超过1420亿美元,相当于当年美国所有收入的20%;而实体经济也面临衰退,进入了“后工业时代”,大量的制造工厂因此被废弃,失业率居高不下,社会矛盾突出。在这一时期,美国传媒产业发

---

① 参见张依依:《从“说服”到“管理”到“关系”——1975～2006年公共关系理论与范式演变的历史比较分析》,《国际新闻界》2007年第12期。

② 参见胡百精:《新启蒙、现代化与20世纪80年代中国公共关系史纲——中国现代公共关系三十年》(上),《当代传播》(汉文版)2013年第4期。

展较快，初步形成了集群趋势，并逐步进行了跨产业、跨国界的运作。传媒产业的发展离不开对受众的重视和研究，大众传播的效果不再被认为是“魔弹论”时期那样的威力巨大，取而代之的是“适度效果论”。受众不再是消极被动的信息接受者，而是信息的积极解读者和信息的选择性接受者。因此，在公共关系活动中，很难直接把一方的观点和立场强加给另一方，双向和双赢成为公关的重要目标。这一时期主要的理论是系统论、公关四模式、卓越公关理论、博弈理论、冲突管理、议题管理、风险沟通、危机管理、危机沟通和营销公关/整合营销传播等。[①] 詹姆斯·格鲁尼格是公共关系管理学派的重要人物。他认为，“公共关系是一个组织与其公众之间的传播管理，其目的是建立一种与这些公众互相信任的关系”[②]。他的理论主要包括：公众的情境理论、公共关系的实践模式、卓越公共关系的特征、关系测定与信誉管理。其中他提出的“卓越公关理论”影响最为深远，它有十个原则：①公共关系人员参与组织的战略管理；②公共关系人员在组织的“统治集团”中有向组织的高层管理者直接的报告权；③整合的公共关系功能；④公共关系作为一种管理功能分离于组织的其他管理功能；⑤公共关系部门由一位管理人员而不是技术人员担任领导；⑥公共关系工作采用双向平衡的模式；⑦内部传播交流有一种平衡体制；⑧担任管理角色和开展双向平衡公共关系工作的人员需要有足够的知识背景；⑨公共关系工作角色有多样性；⑩有职业道德和社会责任感。[③] 这种理论强调，公共关系在组织中必须发挥管理的功能。实现这种管理性功能有两个条件：第一，公共关系必须进入组织的权力结构中心；第二，组织必须能够实现传播沟通的“双向平衡模式”。整体而言，这个阶段的公共关系管理理论呈现一种“管理”史观，格鲁尼格把系统论的“和谐”和“适应”等概念升华为双向对等公关概念，使得公关远离了说服史观从而进入一个更高的层次。这将公关与其他营销手法区别开来，而居于一个较为利他、超然的位置。

在同一时期，中国的公共关系事业在历经“公关热”后发展放缓，公共关系理论也深受管理思想的影响。中国公共关系在 20 世纪 80 年代中后期火热登场后，进入 90 年代大抵经历了如下发展阶段：1989～1992 年徘徊和迂回，“公关小姐”评选和一些唯利是图的“公关培训班”恶名远播；1993 年起，公关行业

---

① 参见张依依：《从“说服”到“管理”到“关系”——1975～2006 年公共关系理论与范式演变的历史比较分析》，《国际新闻界》2007 年第 12 期。

② 转引自陈先红、何舟：《新媒体与公共关系研究》，武汉大学出版社 2009 年版，第 73 页。

③ 参见[美]詹姆斯·格鲁尼格、郭惠民：《公共关系是一种传播管理》，《国际新闻界》1998 年第 2 期。

加入市场经济建设大潮，分享其澎湃发展动力，亦感染了贪婪投机、权力寻租等道德病症。[①] 中国公共关系的实践在曲折中前进，而公共关系理论也在不断深入发展。中国学者在借鉴西方学说的基础上针对公共关系的定义、特征、作用、原则等多个问题进行了本土化的探索，其中格鲁尼格对当时的中国公关影响最为突出。他的情境理论、公关四模式论、卓越公关理论在中国得到了系统介绍。1993年年底，青岛化工学院于里在《公共关系报》连载了由他翻译的格鲁尼格的长文《美国公关研究的发展及其在传播学中的地位》。该文详细介绍了卓越公关理论的特征，国内学界最熟悉的便是其中的“双向均衡”——在组织与公众的互动中，应坚持沟通的双向性和权力的均衡性。[②] 中国公共关系学者亦着手构建适应中国国情的公共关系理论，在借鉴西方理论的基础上，将视线转向了中国传统文化，试图从中寻找到公共关系的精神内涵，比如许斌的《公共关系与中国传统文化的渊源——对构建中国公关理论体系的思考》、杨谦的《中国传统文化价值观与当代中国公共关系》、何香枝的《试论儒家学说中的公关意识》。

三、发展于关系理论时期

20世纪90年代晚期，公共关系理论实现了新的发展。这一时期，一个新词“Public Relationship”取代了“Public Relations”，“关系”成为公共关系领域新的热点，从此公关行业挥别公共关系管理史观，跨入了以“关系”为核心的公共关系理论的年代。莱丁汉姆(John A. Ledingham)认为“关系管理观点是一种在众多的观点中，能够孕育出一个新的关于公共关系形式和功能的有吸引力的观点之一”。公共关系管理学派一直忽视“关系”的核心概念作用，始终是以管理为中心，将研究重点放在公众的传播策略的制定、传播效果的评估上。进入“关系”时代后，学者们将研究重心放在受众身上，开始研究如何维持和提高组织与公众之间关系的质量；公关行业也更关心受众的感受，更加重视和受众的关系，将公关的使命放在如何对一个组织及其内外环境之间的关系进行良好的管理上。此时，公共关系学的核心就是帮助公关主体建立和利益相关者之间的关系。公关的目的就是建立相互理解的信任关系，善尽社会责任，这才是公关行为的属性。所以真正意义上的公关行为应该是指公关主体基于相

---

① 参见胡百精：《合法性、市场化与20世纪90年代中国公共关系史纲——中国现代公共关系三十年》(中)，《当代传播》(汉文版)2013年第5期。

② 参见胡百精：《中国公共关系30年的理论建设与思想遗产》，《国际新闻界》2014年第2期。

互理解而达成协调一致的行为。以操纵他人为目的的传播行为不被认为是公关行动，而是“策略行动”。[①] 其中“关系”的观点被运用于各种公共关系功能研究中，比如议题管理、危机管理、社区关系、媒体关系、政府—市民关系等。如果只从管理角度着手，则公关只能从如何辅助销售和管理、如何促进组织绩效的角度出发，学术上难有深度。关系视角的出现，使得公共关系快速从传统上狭窄地聚焦信息制造和传达转移出来，进入一个以目标为导向的、以解决问题为目标的更宽阔的管理功能视野领域。从这个角度来看，关系理论将管理概念视为关系管理过程的一部分，将公共关系从技术驱动的战术努力提升到战略计划的核心地位，由此使公共关系的管理角色更加名正言顺并进一步增加了公共关系专家跻身高层管理的机会。[②] 在关系理论的构建中，批判学者也加入其中，多从政治经济理论、文化研究和后现代论点角度批判公关，其研究以质化论述居多，量化研究在此范畴趋于沉寂。[③] 关系视角为公共关系的理论带来了新的发展机遇。

此时期，中国公关行业迎来新的发展机遇，关系理论在此时的中国公共关系中亦有建树。中国进入了现代化建设的重要时期，工业化、城市化发展迅速，社会主义市场经济体制逐步完善，创造了举世瞩目的辉煌成绩。但是在辉煌成绩的另一面则是风险社会的降临，比如自然灾害、公共卫生事件、环境危机、群体性事件、企业与行业危机、政府形象与公信力危机等，“危机在一定程度上拯救了饱受污名之苦的公关，而公关则被用来化解无处不在的危机”[④]。为应对种种危机，国家在战略层面上提出了“科学发展观”和“构建和谐社会”的理念，前者要求平衡发展，正确处理质量与数量、效率和公平的关系，后者则意味着要追求各类关系之间的和谐，这就与公共关系中的“关系管理”的精神内涵相符合。从“关系理论”来看，中国公共关系学者尚未对西方“关系理论”有所发展，对“关系”的研究仍旧以社会学为主，比如费孝通在《乡土中国》中提出中国的社会结构呈现以个体为中心、依靠情感和资源维系的“差序格局”关系。而中国公关事业起步比较晚，发达国家已经转向公关的“关系”时代，中国

---

① 参见陈先红：《公共关系学的想象：视域、理论与方法》，《现代传播（中国传媒大学学报）》2016 年第 5 期。

② 参见陈先红：《新媒介推动下公共关系理论范式的创新》，《国际安全研究》2006 年第 4 期。

③ 参见张依依：《从“说服”到“管理”到“关系”——1975～2006 年公共关系理论与范式演变的历史比较分析》，《国际新闻界》2007 年第 12 期。

④ 胡百精：《社会转型、专业化与新世纪以来中国公共关系史纲——中国现代公共关系三十年》（下），《当代传播》（汉文版）2013 年第 6 期。

则是多元化的公共关系流派并存的局面，流行的口号是“公共关系服务市场经济”。此时公关主要发挥了三个作用：一是作为一种管理职能，公关被用来理顺企业内外的多级、多维利害关系。诸如媒体关系、客户与消费者关系、政府关系、产业关系、意见领袖关系、社区关系、投资者关系、员工关系等。二是作为一种营销手段，公关与广告、促销等各种营销传播方式一道服务于产品定位与推广、品牌塑造与维护、参与竞争或缔结联盟。三是公关本身即意味着一种价值选择——对话而非对抗。[①] 这三个作用的实现，都需要将公共关系的重心放在公众关系的维护上，虽然有劝服和管理的色彩，但是单向的对抗已经成为没有必要的或可以避免的，亦应将之导向更加朗阔的利益和价值空间，借由对话促进和谐与公共之善。总之，公关数十年来的发展，从单向到双向，从说服到关系；分析的对象，即在乎的对象，也从信息发送者转为信息收受者；而世界观，也从零和逐渐往合作双赢转变。

四、传统公共关系理论受到挑战

公共关系理论创新与传播技术的革新息息相关，数字技术的日新月异催生了更多的新媒体，它们的出现极大地改变了公共关系运行的生态环境，改变了公共关系从业者传递信息、与受众互动和处理危机等的方式，也对原有的公共关系理论和模式提出了挑战。新媒体技术赋予了普通公众跨时空、跨地域进行自我表达的权利，公众在公共关系中的地位崛起；“去中心化”“碎片化”的传播特点使公关传播方式日益复杂，公共关系理论和原则需要重新被检视。

第二节 公众主体地位崛起带来的挑战

在新媒体技术的推动下，公众主体地位的崛起成为必然。互联网的“无国界、无时空”的特点使得公关传播跨越了地域、技术的壁垒，使得信息的获取、发布、扩散更为容易，公共关系传播不再是某些特定阶层、传媒集团的垄断特权，而真正意义上实现了技术层面的“全民公关”。在新媒体环境下，“人人公关，人人被公关”。公众在公关活动中的作用日趋重要，他们不再是“劝服时代”“管理时代”被随意宣传灌输内容的对象，公众能够娴熟地利用新媒体获取资讯，表达意见诉求，与相关方互动直至实现需求。不同类型的新媒体事件在

① 参见胡百精：《社会转型、专业化与新世纪以来中国公共关系史纲——中国现代公共关系三十年》(下)，《当代传播》(汉文版)2013 年第 6 期。

互联网上广泛传播，这亦对公众媒介素养的提升有所裨益。公众对媒介所传播的内容多了一份清醒与理智。公众在公共关系活动中的主体地位逐步被构建起来，对传统的公共关系理论提出挑战。实际上，从历史上看，公共关系理论的发展史在一定程度上可以理解为公众主体地位的崛起史，这也是人的价值被重新发现的过程。

公众主体地位的崛起是一把“双刃剑”，虽然促进了公共关系理论和公关活动的繁荣，但是也带来公关伦理破坏的问题。根据 2018 年 8 月发布的第 42 次《中国互联网络发展状况统计报告》显示，截至 2018 年 6 月 30 日，我国网民达 8.02 亿，互联网普及率为 57.7%。[①] 网民作为公众的一个重要组成部分，在意见表达和舆论形成上发挥着重要作用，推动着公众地位的提升，影响着公关活动的形式和内容。利用微博、微信等社交媒体，公众可以随时自由表达言论，对危机公关中的第一时间“信息公开”有着积极意义，有利于实现组织与公众的良好沟通，维护企业形象和构建企业品牌。但是，公众中还有一种特殊的组成——网络水军，他们是指出于商业或私人目的而专门组织起来的网络群体，借助在网络上大量发帖和回帖等手段来实现某种目的。在新媒体公关活动中，网络水军常有出现。商家雇用的网络水军可控制商家产品的公众口碑，如果商家聘请到有足够实力的网络公关公司，则网络公司可以通过已控制的网络水军发表的文章或评论来吸引不明真相网民的注意力，从而进一步影响他们的购买行为，制造出一种商家所期望的产品热销氛围。除此之外，公众中不乏各行各业的意见领袖，他们在抵制、揭秘公关活动中也发挥着作用，某些公关互动可能会因这些专业人士的揭露而功亏一篑。“自由而充分的发言成为了众口一词的赞美或不留余地的责骂，信息海洋之中金沙漂浮，污泥沉底，而公关被认为是其中推手。当交易和寻租证明新技术提供的所有可能性都抵不过权力和利益的时候，道德也就成了道具。”[②]新媒体赋予公众自由表达的权利，但若是这种权利丧失了道德与法律的制约，公众的主体地位则可能会遭受质疑，公共关系活动的发展前景堪忧。因此，新媒体技术促进公众主体性地位的崛起，动摇了传统公关理论中对公众地位和作用的认知，仅仅凭借“劝服”和“管理”时代的单向度公共关系理论可能无法解释当前的公关活动，公共关系理论在新媒体环境下亟待革新。

① 参见中国互联网信息中心：《中国互联网络发展状况统计报告》，http://www.cnnic.net.cn/hlwfzyj/hlwxzbg/hlwtjbg/201908/P020190830356787490958.pdf。

② 胡百精：《新媒体、公关“元话语”与道德遗产》，《国际新闻界》2010 年第 8 期。

复杂多样的传播形式是新媒体的重要特征之一。新媒体依托数字技术，将不同类型的信息通过声音、图像、文字、视频等多媒体方式传播扩散，打破地域和时间局限，实现跨区域全时段传播。传统公共关系理论是以单向传播为主，而新媒体则是以多向互动传播为主。新媒体在传播模式上由传统的“点对面”变为“点对点”，这给公关主体进行差异化传播提供了可能。互动媒体能够让公关公司（企业公关部门）通过非常精准的渠道，把具体信息（包括各种品牌形象）传达给目标群体，而目标群体对特定信息的反馈也能迅速传达给公关人员，这些信息将帮助组织修正公关策略以树立良好的品牌形象。具体而言，受众在公共活动中地位的提升激发了他们参与公关活动的积极性，他们主动参与活动，选择和反馈信息；公关人员亦可通过大数据和新媒体技术等手段，为目标群体定制个性化的公关方案，不仅可以实现更高的内容到达率，而且还满足了受众的需求，最终实现了双赢的目标。特别是在危机公关中，公关主体能够迅速了解并掌握网络舆论，并及时利用新媒体开展传播沟通工作，通过微博、微信等社交媒体发布相关信息，及时把握公众的诉求，化解危机，与公众达成共识。

多样化的公关传播形式提高了公关内容到达率，促进了公关行业的细分。在新媒体环境下，公众地位的崛起促使学界和业界对公众更加关注，并发现公众的注意力呈现“碎片化”特点，即注意力碎片化，专注度降低。为提高公关内容的到达率，有必要对公众进行细分。而大数据技术记录用户的行为和言论偏好，对受众的需求进行了模拟，在技术上实现了对受众进行细分的可能。不同受众感兴趣的产品不同，对社会公共事务的认识差异较大，日常所偏好的媒介渠道不同，通过多样的传播形式，覆盖更多类型的公众，最终提升了内容到达率，实现了良好的公关效果。例如：老年人群体可能更偏好传统媒体传播形式，如电视、报纸、广播等；青年人群体可能更偏好微博、微信等新媒体传播形式。当然，在具体的公关活动中，需要根据受众的具体信息选择更为具体的传播方式。秉承“小即是美”的理念，现实生活中逐渐形成自媒体公关、校园公关、电商营销、移动互联营销、财经公关、公益营销等形式，从而确保“碎片化”公众的个性需求。[1]

---

① 参见余平：《新媒体视阈下的公共关系范式研究》，《新闻知识》2016年第8期。

第三节　新媒体环境下公共关系理论的重构

新媒体传播不同于传统传播，公众主体性地位的崛起，多种公关传播方式的形成，虽然在一定程度上促进了公关行业的繁荣，推动了公关行业的细分，但公关活动中的伦理问题却比较突出。近百年形成的几种经典范式都无法概括新媒体公关传播的特点，公共关系理论亟待新的完善与建构。

一、“公共性”与“关系”之争

在新媒体环境下，公共关系的研究对象、“元理由”等基本问题需要被重新讨论，其中公共关系的研究究竟是以“公共性”还是以“关系”为第一要务的争论最为激烈。坚持“公共性第一”者认为，公共关系在理念上代表着基于公众又超出“公众”这个概念的思想和意识。从历史上看，美国“公关”源起于处理劳资纠纷，即处理公众与组织之间的关系；随着公关事业的不断发展，历经“劝服—管理—关系”三个公关理论时代，公众问题一直都是一个焦点，受到美国公共关系学术研究的高度重视。但是，若公共关系仅仅停留在如何更好地满足公众需求上，可能使公共关系仅停留在产品营销的层面上，而对社会公共利益的贡献却涉及甚少。“即使各种公众利益的自然集合体也未必就是公共利益，因为各公众利益间时常有矛盾、冲突，所以搞好公众关系，并不意味着就一定有良好的公共关系。”①因此，公共关系中的“公共性”包含了公众和社会公共利益两个层面。坚持“关系第一”者认为，关系是新媒体环境下公关的“元话语”，具有以下特征：首先，在核心价值上，公关的基本观念是构建组织与利益者的关系共同体，而不只是通过传播构成的“信息共同体”，公关的角色由“信息传播者”过渡为“关系管理者”。其次，在业务模式上，公关所提供的不只是合理化的信息产品及其服务，而是更进一步——建立、维护组织与利益相关者之间的关系网络。最后，“关系管理者”和“社会资本生产者”身份的获得，皆须公关攒足道德资粮，无论在常识层面，还是在社会网络理论的复杂论证之中，诸如诚实、信任等道德原则，都是关系网络得以生存和持续的基本前提。② 但是，无论是坚持“公共性第一”还是“关系第一”，都无法完全揭示新媒体环境下公共关系的本质。当前公共关系理论的研究存在以下误区：一是模糊性，笼而

① 郭惠民：《解码“公共·关系”》，《国际新闻界》2007年第12期。

② 参见胡百精：《新媒体、公关“元话语”与道德遗产》，《国际新闻界》2010年第8期。

统之地将“公众”作为自己的研究对象，实际上与社会学有较大程度的重合，其结果是丧失了自己独特的研究对象而难以获得独立存在和发展的合理依据。二是片面性，将公共关系研究范围中的某一方面或几个方面作为自己的研究对象，比如国际上对“关系管理”的研究主要集中在组织——公众关系的研究上，缺乏或者忽视对组织——环境的研究，这导致了公共关系学的研究对象的缺失。三是单一性，孤立地从主体层面、客体层面或者组织层面揭示公共关系学的研究对象，比如仅仅是把“单一的组织”“孤立的公众”或者“有效的传播”作为其研究对象，而没有把“组织、公众、环境”作为一个关系整体进行研究。① 国内对公共关系理论的新研究试图对此作出回应，其中相对成熟的是“公共关系生态理论”和“公共关系对话理论”。

二、公共关系生态理论

公共关系生态理论是由华中科技大学陈先红教授所提出的。她运用生态学范式的世界观与方法论来建构公共关系学的理论体系、基本观点和研究方法，提供共同的理论模型和概念框架。从生态学的观点来看，传统公共关系理论只是研究组织与顾客、竞争者、消费者等生命系统的公众变量，而忽视了对政治、经济、科技和文化等非生命系统的环境变量的研究，环境只是作为一种背景出现的。这样就使得公共关系理论仅限于一种微观层面的战术研究，而无法涵盖宏观层面的战略研究。在《以生态学范式建构公共关系学理论》一文中，陈先红将“组织—公众—环境关系”作为公共关系学的研究对象，这种提法并不是主观杜撰的，它具有以下特点：第一，强调了关系而不是公众是最基本的分析单元，关系是公共关系研究的出发点和归宿点；第二，强调了组织—公众关系是最核心的构成要素，是最重要、最具活力的一部分；第三，强调了组织—环境关系是最广泛的存在，是最具影响力的部分。陈先红对公共关系中“关系”发展的三个阶段进行了横向分析，提出“关系资源网、关系传播流和关系生态位”，将其作为宏观公共关系学的三个基本范畴，从而使关系管理的结构体系更加全面完整。

关系资源网就是由组织—公众—环境系统所构成的具有资源配置功能的关系网络。具体来说，它包括两大子网络：“组织—公众”关系网和“组织—环境”关系网。其中，“组织—公众”关系网主要包括组织—员工关系、组织—持

① 参见陈先红：《以生态学范式建构公共关系学理论》，《新闻大学》2009年第4期。

股者关系、组织—消费者关系、组织—社区关系、组织—媒体关系、组织—政府关系、组织—竞争者关系、组织—金融关系等等。"组织—环境"关系网主要指组织与政治、经济、文化和媒体技术之间的关系。按照生态关系的性质,这两大子系统又可以分为合作者关系网、联盟者关系网、威胁者关系网和制约者关系网(见图10-1)。在这一范畴,公共关系主要研究如何有效地建立与管理关系网络,让各种资源畅其所流,流于其必需之处,止于其当止之地。

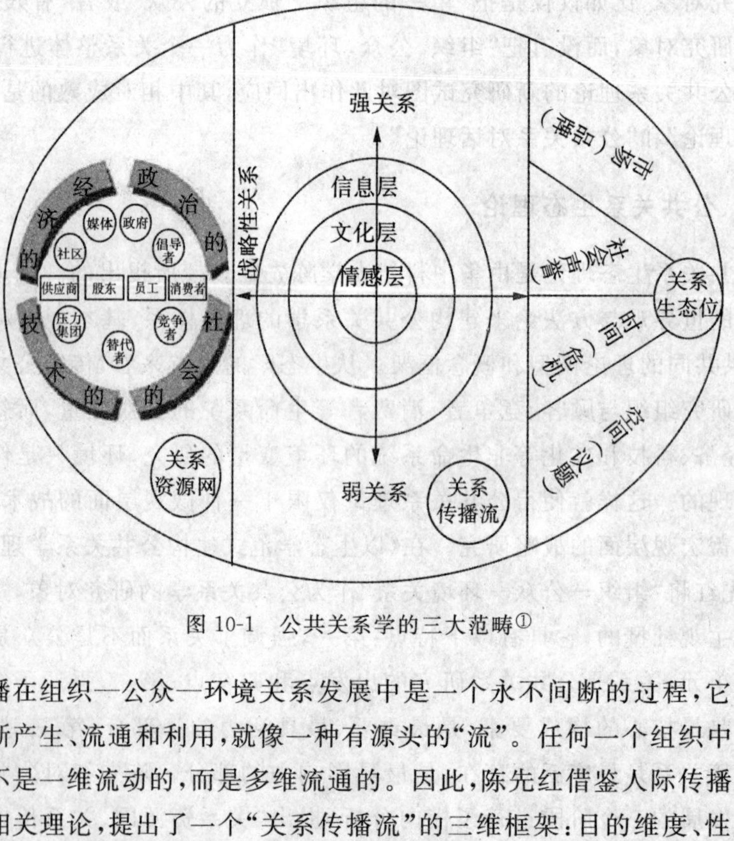

图10-1　公共关系学的三大范畴①

传播在组织—公众—环境关系发展中是一个永不间断的过程,它在组织内外不断产生、流通和利用,就像一种有源头的"流"。任何一个组织中的关系传播都不是一维流动的,而是多维流通的。因此,陈先红借鉴人际传播和社会网络的相关理论,提出了一个"关系传播流"的三维框架:目的维度、性质维度和内容维度。目的维度包括由战略性关系和日常性关系构成的连续统一体。性质维度包括由强关系到弱关系的连续体。内容维度包括从信息流向文化,从文化流向情感的连续统一体。目的维度和性质维度构成了四个象限,而内容维度以三个同心圆置于其中,形成一个立体多维的传播分析框架(见图10-2)。从目的维度来看,关系传播流是一个从完全无意识、无计划的日常性

① 参见陈先红:《以生态学范式建构公共关系学理论》,《新闻大学》2009年第4期。

传播到完全有意识、有计划的战略传播的变化连续体;从强弱维度来看,关系传播流就是一个从强关系到弱关系的传播变化连续体。从内容维度来看,关系传播流包括信息流、文化流和情感流,具体地说就是由“社会层面”的关系、“文化层面”的关系和“人际层面”的关系所构成的一个传播连续统一体。其中,社会层面的关系体现了一种以社会分工信息为主的角色关系,文化层面的关系体现了一种以文化信息为主的价值观关系,人际层面的关系体现了一种情感关系。

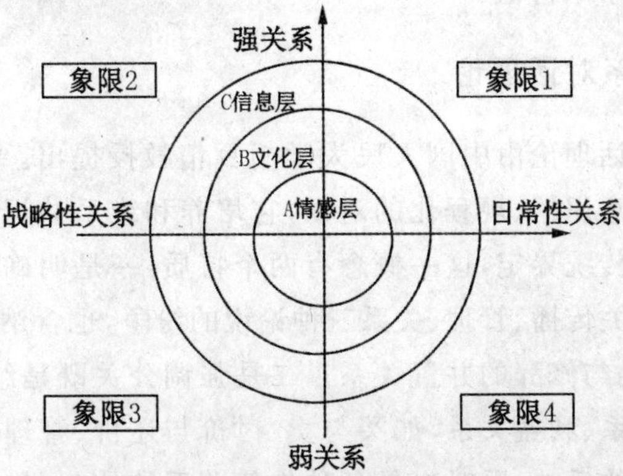

图 10-2 立体多维传播分析框架

关系生态位是指一个组织的关系要素及其性质的集合,它是组织—公众—环境之间关系的某种定性或定量的表述,它不仅包括空间概念,而且还包括时间概念,反映了一个组织对关系管理的适宜程度和对公众的吸引力程度。它包括两层含义:一是反映组织—公众—环境关系管理的价值,这是一种抽象的性状描述。比如关系管理是一种花费还是一种投资?关系管理的结果是建立了信任还是促进了合作?关系管理是否增强了组织魅力,增加了社会资本?关系管理在形成、维持和改变社会资本方面扮演何种角色?二是反映组织—公众—环境关系管理的结果,即组织在所处的生态系统中的时空位置。每一种组织在多维生态空间中都有其理想生态位,而每一种环境因素都给组织提供了现实生态位,理想生态位与现实生态位之差就产生了生态位势。关系管理的任务就是一方面帮助组织去寻求、占领良好的生态位,建立声誉,塑造品牌,能动地去改造环境;另一方面也迫使组织不断地适应环境,调整自己的理想生态位,通过议题管理、危机处理,实现组织和环境关系的和谐发展,使现实生态位与理想生态位之差最小。所以,从公共关系角度看,可以把品牌、声誉、危机、议题看作某种生态位的具体体现。从功能性质角度看,品牌体现了组织所处的市场生态位，声誉反映了组织的社会生态位；从时空角度看，危机体现了组织在某一时间点的特殊生态位，议题反映了组织在某一时间段的空间生态位。可以说，对关系生态位的管理就是对声誉、品牌、议题、危机的管理。总的来说，陈先红致力于将公共关系理论的建构从策略方法导向伦理方法，从强调外在的公共关系技术、手段和策略，到强调内在的公共关系理念、文化和哲学，其目的就是要重新建构公共关系理论体系，还原公共关系建立社会信任、追求真善美这一本来价值。

三、公共关系对话理论

公共关系对话理论由中国人民大学胡百精教授提出。他认为，公关是组织与公众之间有意识的、规程化的对话，它培养和维系共识，促进利益互惠和价值分享。较之传统界定，这一概念有两个特质：一是明确提出公关即对话，它包容了既往有关传播、管理、关系三种论说的纷争，也含纳了单向与双向、对等与不对等、行动与修辞的并置关系。二是强调公关既是组织与公众之间事实层面的权力关系、利益关系，如买与卖、讨价与还价、管理与被管理、纳税与公共服务等关系的反映，同时也是各种价值关系的体现，如信任与被信任、尊重与被尊重等。从认识论层面看，胡百精认为公关本体是对话，而对话是人类的“在世”状态。与此相应，公关的基本观念是通过对话建构组织与公众的命运共同体，而不是单方谋求良好形象或者刻意向他者“示善”，再或者作为一方的“我”如何“做得好”“说得好”。对话意味着打破“你”“我”之间的“主体—客体”结构，转而构建“主体—主体”之间的整体关系。从方法论上看，发展出由多级路径构成的公关策略体系。其中，一级路径为事实对话和价值对话，所有公关手段皆依循这两个导向；事实层面的二级路径包括告知、叙事和转化；价值层面的二级路径包括契合、引领和结晶。每一二级路径又可生发出若干三级路径。在事实之维，告知路径具体包括告知核心主张、告知差异要素、整合性告知等，叙事路径包括公关新闻、制造事件、人际叙事等，转化路径包括话语同一、议题转移、制定规则等。在价值之维，契合路径包括寻找共意、寻找视野、寻找尺度等，引领路径包括大局观念、共同体意识和公共精神等，结晶路径包括舆论结晶、话语结晶和价值结晶等。如此往复，在三级路径之上，又可以衍生出若干四级、五级乃至更多层级的路径。

进入新媒体时代后，中国公共关系理论面对公众主体地位的崛起，正在建构新的理论体系，由此可以看出公共关系理论开放、变革的新的时代特征。

主要参考文献

一、著作类

[1][美]阿尔·里斯、劳拉·里斯:《公关第一 广告第二》,罗汉、虞琦译,上海人民出版社2004年版。

[2][美]艾伦·森特等:《森特公共关系实务》,谢新洲等译,中国人民大学出版社2009年版。

[3][美]爱德华·伯内斯:《舆论的结晶》,胡百精、董晨宇等译,中国传媒大学出版社2014年版。

[4][美]奥蒂斯·巴斯金、克雷格·阿伦诺夫、丹·拉铁摩尔:《公共关系:职业与实践》,孔祥军、何镇飚、谢葵等译,中国人民大学出版社2008年版。

[5][美]戴维·米尔曼·斯科特:《直达买家》,袁长燕译,重庆出版社2011年版。

[6][美]道·纽森、朱迪·范斯里克·杜克、迪恩·库克勃格:《公共关系本质》,于朝晖等译,复旦大学出版社2011年版。

[7][美]菲利普·莱斯礼主编:《公关圣经:公关理论与实务全书》,石芳瑜等译,汕头大学出版社2004年版。

[8][美]詹姆斯·格鲁尼格:《卓越公共关系与传播管理》,卫五名等译,北京大学出版社2008年版。

[9][美]格伦·布鲁姆、艾伦·森特、斯科特·卡特里普:《有效的公共关系》,明安香译,华夏出版社2002年版。

[10][英]大卫·菲利普斯:《网络公关》,陈刚、袁泉译,北京大学出版社2005年版。

[11]陈先红:《现代公共关系学》,高等教育出版社 2009 年版。

[12]杜岩、黄淑玲主编:《公共关系学》,高等教育出版社 2010 年版。

[13]宫承波主编:《新媒体概论》,中国广播电视出版社 2009 年版。

[14]胡百精:《危机传播管理》,中国传媒大学出版社 2005 年版。

[15]胡百精:《中国公共关系史》,中国传媒大学出版社 2014 年版。

[16]居延安:《公共关系学》,复旦大学出版社 2005 年版。

[17]匡文波:《新媒体概论》,中国人民大学出版社 2012 年版。

[18]黎泽潮、郭丽等编著:《网络公共关系》,合肥工业大学出版社 2011 年版。

[19]李泓欣、冀鸿、冯春华主编:《公共关系理论与实务》,北京大学出版社 2011 年版。

[20]廖为建主编:《公共关系学》,高等教育出版社 2011 年版。

[21]廖为建:《公共关系学简明教程》,中山大学出版社 1993 年版。

[22]刘军主编:《公共关系学》,机械工业出版社 2006 年版。

[23]齐杏发主编:《网络公共关系实务》,华东师范大学出版社 2014 年版。

[24]唐绪军主编:《中国新媒体发展报告(2016)》,社会科学文献出版社 2016 年版。

[25]唐雁凌、姜国刚主编:《公共关系学》,清华大学出版社 2011 年版。

[26]陶应虎主编:《公共关系原理与实务》,清华大学出版社 2010 年版。

[27]王挺、王玉主编:《公共关系学》,北京交通大学出版社 2010 年版。

[28]阳翼:《数字营销》,中国人民大学出版社 2015 年版。

[29]杨华玲、李宏、祖洁主编:《公共关系学》,北京理工大学出版社 2012 年版。

二、论文类

[1]曹林:《微博传播的十大特点及对言论生态的影响》,《新闻记者》2011 年第 9 期。

[2]陈先红:《公共关系学的想象:视域、理论与方法》,《现代传播(中国传媒大学学报)》2016 年第 5 期。

[3]陈先红:《论新媒介即关系》,《现代传播(中国传媒大学学报)》2006 年第 3 期。

[4]宫贺:《公共关系的范式竞争与"文化分析"路径的提出》,《国际新闻

界》2015 年第 6 期。

[5]郭惠民:《公共关系学派之辩》,《国际公关》2008 年第 4 期。

[6]胡百精:《公共关系的"元理由"与对话范式》,《国际新闻界》2007 年第 12 期。

[7]雷利:《从农夫山泉"标准门"事件看网络环境下的企业危机公关》,《新闻世界》2013 年第 9 期。

[8]李郸:《管理学的历史演进:研究范式的角度》,《财经科学》2005 年第 5 期。

[9]李筱悠:《2007 年报纸读者阅读习惯的变化——兼谈报纸与其它媒体的受众竞争》,《中国报业》2008 年第 2 期。

[10]彭兰:《从社区到社会网络——一种互联网研究视野与方法的拓展》,《国际新闻界》2009 年第 5 期。

[11]孙耀君:《现代管理学的发展与回顾》,《经济管理》2001 年第 2 期。

[12]王妃:《新媒体时代企业危机公关策略研究》,江西财经大学硕士学位论文,2015 年。

[13]徐立军、王京:《2012 年全国电视观众抽样调查分析报告》,《电视研究》2013 年第 2 期。

[14]鄢灵慧:《网络环境下企业危机公关策略研究》,南昌大学硕士学位论文,2013 年。

[15]游昌乔:《危机应对的 5S 原则》,《中国中小企业》2004 年第 9 期。

[16]张依依:《从"说服"到"管理"到"关系"——1975～2006 年公共关系理论与范式演变的历史比较分析》,《国际新闻界》2007 年第 12 期。

[17]周伟、赵东:《精准与规模的兼得——论新媒体竞争环境下广播广告的精准和互动营销》,《中国广播》2012 年第 8 期。

[18]朱亚多:《中国企业危机公关管理误区浅析》,《现代商业》2013 年第 29 期。

[19]David Huffake, "Dimensions of Leadership and Social Influence in Online Communities," *Human Communication Research*, 2010, Vol. 36, pp. 593-617.

[20]Kang S and Norton H, "Colleges and Universities Use of the World Wide Web: A Public Relations Tool for School Excellence in the Digital Age," *Public Relations Review*, 2006, Vol. 32, pp. 426-428.

后记

公共关系学是一门新兴的综合性应用学科，它涉及哲学、管理学、社会学、心理学、传播学、经济学、市场营销学、行为科学等诸多学科的理论知识，主要研究管理中组织与公众之间传播沟通的现象、行为、规律和方法。本书旨在探讨公共关系的基本概念、职能、要素、工作程序以及公关调查、公关宣传和综合性公关活动策划等内容。学生通过本书的学习，可以了解公共关系作为一种管理哲学，在企业管理、市场营运、广告传播、行政管理及其他诸多领域的独特功能。它除了提供与周围环境相协调的观念与沟通技术以外，还为我们提供了规范行为、适应环境、参与现代社会竞争的诸多手段。公关教育还有利于培养学生的良好个性和健康的心理素质，有利于学生知识结构和能力结构的拓展，更有助于激发学生的创新能力。

公共关系学作为一门发端于美国，并在近百年内得以迅速发展的新兴学科，进入21世纪后更焕发出勃勃生机。经过百年的理论探索与实践，公共关系学显示出极强的生命力。但同时，在新媒体的挑战下，组织环境变得更加复杂，公共关系学科也必然面临着调整和重构。

本书的主要特色在于以下两点：

1. 变。强调当下媒介变革给公共关系学带来的变化，并结合国内已有的公共关系学的共识，在新媒体环境下对公共关系的基本理论、观念和实务作了必要的修正和补充。

2. 通。强调通识性。本书以对理论知识的实用性介绍为原则，致力于汇聚学界共识，力求用简洁通俗的语言阐述理论问题，以促进公共关系学在社会上得到普遍认同。

本书由李欣人拟定编写大纲。具体分工如下：第一章、第二章由许翘楚负责撰写;第三章、第四章由张俊笑负责撰写;第五章、第六章由朱亮负责撰写;第七章、第九章由刘玮负责撰写;第八章由郑晓迪负责撰写;第十章由何明敏负责撰写。全书最后由李欣人修改定稿。郑晓迪也参与了大量书稿的校对工作。在编写过程中,参撰人员学习、借鉴了国内外专家学者的诸多教材、著述和研究成果,谨向各位专家致以诚挚的谢意。由于参与者学识水平有限,书中疏漏之处在所难免,恳请各位同仁及读者指正。

编　者

2020 年 8 月